中国城镇化

稳健快速的发展之路

马先标 ◎ 著

中国社会科学出版社

图书在版编目（CIP）数据

中国城镇化：稳健快速的发展之路 / 马先标著 . —北京：中国社会科学
出版社，2019.8

ISBN 978 – 7 – 5203 – 5030 – 3

Ⅰ.①中… Ⅱ.①马… Ⅲ.①城市化—研究—中国 Ⅳ.①F299.21

中国版本图书馆 CIP 数据核字（2019）第 191851 号

出 版 人	赵剑英	
责任编辑	张 林	
特约编辑	刘健煊	
责任校对	冯英爽	
责任印制	戴 宽	

出 版	中国社会科学出版社	
社 址	北京鼓楼西大街甲 158 号	
邮 编	100720	
网 址	http://www.csspw.cn	
发 行 部	010 – 84083685	
门 市 部	010 – 84029450	
经 销	新华书店及其他书店	

印 刷	北京明恒达印务有限公司	
装 订	廊坊市广阳区广增装订厂	
版 次	2019 年 8 月第 1 版	
印 次	2019 年 8 月第 1 次印刷	

开 本	710×1000 1/16	
印 张	17.5	
插 页	2	
字 数	271 千字	
定 价	89.00 元	

前　　言

　　当前，我国处在城镇化加速阶段，并向实现城镇化的目标迈进。但是，与世界上已经完成城镇化的发达国家——美国、英国、日本，以及新兴工业国韩国相比，如果扣除逾亿的候鸟型农民工的数量占比，我国完全意义上的城镇化率要比上述国家低 30 个百分点左右。由于城镇化率低以及城镇化进程长期缓慢，引起了连锁的经济负效应：仍有庞大的富余农业人口滞留在零散细碎的土地上，农业机械化耕作、规模化经营与商业化运作虽有一定的推动，但是仍未获得普遍而充分的展开，直接阻碍了农业全面现代化的进程；因滞留而形成的农地零散割据，使得城市圈拓展的空间受到抑制；与此同时，作为最稀缺的要素，土地因不能滚动开发而导致巨大的财富白白流失；再加上庞大的农业劳动人口对工业消费品形成的有效需求仍然不足，使得内需尚不能得到有效提振。

　　该如何推动庞大的农村富余人口转移入城，通过城镇化的稳健快速发展，以走出上述城乡发展双重阻滞的困境，进而实现城市与乡村的共同繁荣呢？对此，学界现有的论述多从加强土地制度创新、户籍制度改革、城乡统一的教育与社会医疗保险体系构建、加快发展城市服务业与城市公共基础设施等方面展开。但是，这些制度创新和政策措施力度尚不强，效果也不甚理想，没能真正达到加快发展城镇化的战略目标，特别是带来了诸如"留守儿童"和暂住证式的农民工难以管理的两难问题，在相当程度上导致中国城镇化发展缓慢而不彻底。理论探索和政策实施的出路何在？这可能也需要从货币供给扩大的视角出发，结合国情设计一系列制度安排与政策措施，以服务于中国城镇化稳健快速发展这一时代命题。本书正是围绕货币供给扩大下的中国城镇化稳健快速的发展路径，进行相关的理论和政策解读。

本书对中国城镇化稳健快速发展这一命题的研究主要是沿着如下的逻辑顺序展开的:第一章为导论,主要涉及研究背景、研究目的与研究方法等,构成本书的第一部分。第二章与第三章分别主要就与城镇化相关的经济学科理论,以及城镇化理论本身的范畴做回溯;第四章对世界城镇化历程进行了简要回顾,以期从中找寻出有助于中国城镇化稳健快速发展的启示,这三章构成了本书的第二部分。第三部分包括第五章与第六章,第五章讨论了中国城镇化稳健快速发展的关键问题,提出“投入—产出”是货币供给扩大后城镇化稳健快速发展效果的有效的检验工具,第六章以中国为案例,运用“投入—产出”的分析工具对城镇化发展的风险与收益进行总体测算。第七章是本书的第四部分,以天津为案例再次运用“投入—产出”的分析工具,进行了风险与收益的总体测算。

政府体系应该远离城镇化这一“战场”,而完全让市场机制自由调节包括劳动力在内的各类资源在城乡之间流动,以实现一种所谓的自由演进的城镇化吗?答案是基本否定的。世界城镇化,特别是发达国家已经走过的成功的城镇化道路表明,城镇化的确是“自然的历史演进过程”,但是,之所以这样说,主要是指城镇化具有不以人的意志为转移的客观性,是一国现代化的必由之路,而绝不意味着城镇化是自由放任的、完全由市场机制调节的过程。相反,根据本国国情或区情,政府体系及时制定有效的法律法规和相关政策,依法依规积极引导城镇化,从而在“政市协调”“两手互动”的情境下走出成功的城镇化发展之路,才是不二法则。站在世界看中国,在这一点上,中国当然概莫能外。

基于上述这一理念,本书设计了促进中国城镇化稳健快速发展的制度体系,并给出了基于国情特点的具体应对政策。制度体系主要包括:中国城镇化稳健快速发展的模式;政府调控(这里的政府是广义层面的含义)的组织体系与流程;货币供给投放的运营机制;进城农户在就业、保障性住房、生活补贴等基本生活保障方面的制度安排。针对上述制度体系的具体应对政策主要包括:(1)以农户而不是单个劳动力为迁移单位的公共政策思维;(2)“目标城市”的准入选择与社会管理。包括从农业大国、城市大国和城镇化大国等“三大国情”出发,引导发达的地级市和县级市积极实施“就地城镇化”战略,以及城市体系向高层次人才(特别是高层次科技创新人才)敞开户籍大门的政策等;(3)公共工程建设与农户就业的"捆绑政策";(4)通过三大"管道",扩大货币供给以支持城镇化稳健快速发展。

本书第一次提出,货币供给扩大与进城农户的就业、保障性住房、生活补贴等基本生活保障问题,是中国城镇化稳健快速发展能否顺利实现的两个最关键环节,因而本书解读的重点聚焦在货币供给扩大的投放运营模型设计,以及进城农户社会生活保障问题的解决上,展开详细的政策分析与制度安排。作者第一次提出,用"三证一协议"式的制度设计,解决庞大的农户转移进城这个中国城镇化发展中最难的枢纽问题,以稳健快速地推动城镇化发展,并指出了在中国的国情与各地差异化区情下,这种制度安排的必要性与可行性。

城镇化的稳健快速发展,与新农村建设问题或乡村振兴战略,不仅不能相互妨碍,反而要基于城乡统筹的大前提,进而采取有效的制度安排或措施,促进两者相互协调、双重优化,以积极走出一条健康的、可持续的新型城镇化道路,这一点,是要着重附加说明的。

需要强调的是,任何理论的适用都存在约束边界的问题,在运用本理论的政策建议时,要注意到"一个国家,三个世界"(甚至"四个世界")的中国区域发展极不平衡的现实状况,以及各区域相差很大的经济地理区位、资源禀赋等特征决定的有差异的城镇化发展方式。进一步地讲,那些经济较为发达、政府财力比较充裕、信用体系建设水平较高以及政府依法依规执行力较强的地区,才具备全面选择本书构建的城镇化稳健快速发展的制度体系。这无疑也在表明,正在蓬勃发展的中国城镇化,因凸显"巨型大国城镇化"的复杂性和艰巨性,从而对央地政府体系提出了积极应对的挑战。当然,在此过程中蕴含的磅礴多重的城镇化红利,只有在妥善应对挑战的过程中才能获得,这就自然而然地萌生出一个激动人心的时代命题——在促进中国城镇化稳健快速发展中锻造现代服务型政府。与此命题相适应,当下,各地区应从本地实际出发,选择性参考或运用本书理论模型中的若干制度安排,而不顾所在地区主客观条件是否成熟,生搬硬套本书的制度安排,简单地搞地区城镇化竞赛,肯定是不适宜的。

城镇化涉及的问题广泛性和复杂性,加上中国城镇化面临的特殊国情,以及缺少现成的从货币供给扩大视角探讨这一问题的具体理论与已有经验支持，这构成本命题研究的第一个难点；城镇化不仅是一个经济现代化的过程，同时也是一个以人为核心的社会现代化过程，对于它的政策模型设计，要考虑的经济、政治、文化、历史、习俗等方面的变量很多，这构成了本命题研究的第二个难点；经济上的效率性与社会公平性、道德合情性之间往往相互冲突，这构成了本命题研究的第三个难点。

三大难点引发的研究的不足表现在：在城镇化率与比例配额的确定上，还有待更多的实证资料支持，而当前相关资料的缺乏，使得本书的研究成果肯定具有一定的"主观性"，再加上作者水平有限，书中肯定会有诸多不当和疏忽之处，恳请专家、学者和其他关注本专题的同人给予指正。这些不足，也正是我今后研究中要进一步努力的方向。本书内容的完成，参考了国内外诸多同人的研究成果，也引用了不少权威部门的数据资料，笔者也在此表示深深的感谢；如果有引用借鉴，却忽略标注的地方，请来信告知，定当及时修正。

本书所给出的促进城镇化稳健快速发展的制度体系与政策措施，是在中国城镇化稳健快速发展方面进行跨学科研究的尝试，如果能对政府决策有启示，以及吸引更多的同行来从事这方面的研究，则幸甚。因为，更好地为城镇化发展、城乡协调发展与中国经济社会持续健康发展提供政策建议，是我们共同的愿望。

马先标

2019 年 4 月

目　　录

第 一 章

导　论

第一节　问题的背景

本书选题的缘由，根植于城镇化稳健快速发展的战略意义，以及这个重要战略在较长一段时期受到冷落，并在当前仍然没有对其基本理论、政策体系和战略规划，形成规模化研究和政策输出能力的现实背景。

一　本书选题的缘由

城镇化是现代化的必由之路，是解决三农问题、有效缩小城乡差距的重要途径，也是扩大内需和促进产业升级的重要路径。与此相对应，高度的城镇化以及城市经济的繁荣，则是一个国家文明发达和国力强盛的标志。[①] 如果我们的目光仅停留在国内，是不会对长期以来中国城镇化的缓慢步伐和发展滞后局面有深刻体会的，但是，一旦放眼全球城镇化的进程，一种加快中国城镇化建设和发展的想法，就会油然而生。

正如所见，在进入 21 世纪后，中国政府开始重视制定有关政策，并加快发展城镇化，使得中国城镇化率有了较大程度的增长。从 1978—2013 年，城镇化率年均提高 1.02 个百分点；而从 2013 年以来，近 5 年的城镇化年均增长率则达到 1.2 个百分点。"十二五"期间，城镇化率分别为 51.27%、52.43%、53.73%、54.70%、56.10%，相应的年增长幅

[①] 在概括了城镇化的三个特征后，K.J 巴顿指出：因此，有些人把城镇化的程度看作一个国家物质文明程度的标志，不是没有道理的。参见 ［英］K.J. 巴顿《城市经济学：理论和政策》，上海社会科学院部门经济研究所城市经济研究室译，商务印书馆 1984 年版，中译本序第 1 页。

度分别是 1.16、1.3、0.97、1.4 个百分点；城镇常住人口由 1.7 亿人增加到 7.5 亿人，城市数量由 193 个增加到 653 个，城市建成区面积从 1981 年的 0.7 万平方公里增加到 2014 年的 4.9 万平方公里，城市基础设施明显改善，公共服务水平不断提高，城市功能不断完善。[①] 但是，经过十多年的发展，我国总体的一般意义上的城镇化率"即户籍人口城镇化"水平虽然逐步提高，不过仍然很低。根据国家统计局的数据，2011 年我国城市化率超过 50%，2015 年全国城镇化率则攀升到 56.1%，这似乎表明了中国已经基本实现了城镇化。然而，学界和业界专家的主流认识和基本的共识是，这一比值包括了 1.5 亿—2.5 亿的候鸟型农民工[②]，如果扣除这一类不彻底的城镇化人口占比，全国户籍人口城镇化率只有 39.9%[③]。从世界范围内来看，该年度中国户籍城镇化率，还不及英国在 1900 年的城镇化水平数值（50%），也低于 2014 年度世界城镇化平均水平数值（54%）。当然，这个数值仅约为美国（81%）、英国（82%）、日本（93%）、韩国（82%）等发达国家在该年度城镇化水平的一半（表 1—1）。[④] 从最新的国家城镇化发展报告资料中我们也发现，2016 年国内户籍城镇化率也仅达到 41.2%，同样低于英国在 1900 年的城镇化水平数值（50%）。

1. 我国城镇化发展滞后的负效应

城镇化发展滞后，引起了连锁的经济负效应，在国内集中表现为城

---

① 徐绍史主编、胡祖才副主编：《国家新型城镇化报告：2015》，中国计划出版社 2016 年版。

② 据国家统计局数据，2014 年年末，我国大陆人口总量（31 个省、自治区、直辖市和中国人民解放军现役军人，不包括港澳特别行政区和台湾省以及海外华侨人数）136782 万人，城镇常住人口 74916 万人，其中流动人口 2.53 亿人，常住人口城镇化率为 54.77%，户籍人口城镇化率为 36.27%。人民网（http://politics.people.com.cn/n/2015/0120/c70731 - 26417968.html？rsv_upd = 1）。

③ 参见徐绍史主编、胡祖才副主编《国家新型城镇化报告：2015》，中国计划出版社 2016 年版，第 37 页。

④ 国家新型城镇化规划就 2013 年城镇化率进行了国际比较时指出："城镇化是保持经济持续健康发展的强大引擎。内需是我国经济发展的根本动力，扩大内需的最大潜力在于城镇化。目前我国常住人口城镇化率为 53.7%，户籍人口城镇化率只有 36% 左右，不仅远低于发达国家 80% 的平均水平，也低于人均收入与我国相近的发展中国家 60% 的平均水平，还有较大的发展空间。"参见《国家新型城镇化规划（2014—2020 年）》第五章。

乡发展的双重抑制。

首先，由于城镇化发展滞后，使得中国城市经济在相当长的时期没有得到应有的发展，相当多的城市产业结构畸形，城市服务业不够发达，特别是现代服务业更是发展缓慢，因而城市的竞争力不能得到持续增强；其次，由于城镇化发展滞后带来的城市服务业经济落后，直接的后果就是不能提供充裕的就业岗位，无法有效地吸纳庞大的农村富余劳动力离开零散细碎的土地进城，以致农业机械化耕作、规模化经营、商业化运作不能很快地展开，直接阻碍了农业经济的繁荣。与此同时，由于城镇化发展滞后，农村富余劳动力难以离开零散细碎的土地，直接导致了城市进一步发展的空间狭窄，城市群的拓展受到抑制，进入新的城镇化发展滞后和城市经济落后的循环怪圈：城镇化发展滞后→城市服务业滞后→城市经济落后→富余就业岗位缺乏→难以吸纳农村富余劳动力离开零散细碎的土地→农业机械化耕作施展不开→农村经济不够发达→城市空间发展受阻→城市群拓展受到抑制→城镇化发展的滞后。

表1—1　　　　　　　城镇化水平的国际比较（2014 年）

国家、地区	城镇化水平（%）
中国	40
世界平均水平	54
发达国家平均水平	78
日本	93
美国	81
英国	82
韩国	82

　　资料来源：United Nations，Department of Economic and Social Affairs，Population Division（2015）．World Urbanization Prospects：The 2014 Revision，（ST／ESA／SER. A／366），pp. 197 – 201。

庞大的候鸟型农民工演绎的不完全城镇化、不彻底城镇化，所带来的负面效应同样不可忽视。安居才能乐业，在安居乐业的基础上，也才能有整个社会的安定团结，而稳定压倒一切，没有稳定的环境，一切无从谈起。这都启示政策部门，亟须采取组合的系列公共政策和法律法规，推动庞大的候鸟型农民工在城镇体系安居乐业，获得完全户籍，从而为实现安定团结、长治久安奠定坚实基础。

从世界范围内来看，由于城镇化发展滞后，中国的城市经济在全球经济竞争中也受到发达国家中心城市的边缘化冲击。作为"中心—外围"① 理论的主要创始者，发展经济学家普雷维什认为，作为边缘的发展中国家受到处于中心的发达国家的支配与剥削，依附于发达国家，存在中心与外围的不平等交换，因而发达国家愈发达，落后国家愈落后。国家的城市发展之间也是这样，已经完成城镇化的发达国家，其拥有的发达城市经济对蹒跚前行的发展中国家脆弱的城市经济形成包围，头脑产业留在发达国大城市、躯干产业甩给发展中国家城市的国际产业转移加快，就是世界城市"中心—外围"加剧的一个显著现象。

20 世纪 70 年代初，世界上发生了两次能源危机，发达国家抛甩高耗能、燃料型产业，韩国为应对这种以城市为纽带的"中心—外围"式的产业转移积极加快城镇化，在优化产业升级中发展城市，完成产业结构升级与城市现代化的战略转型。当时我国经济还没有对外开放，虽然没有大力发展城镇化，却也能免受"中心—外围"式转移的不利影响；自 1979 年开启国门以来的近 40 年，我国从封闭的经济体系逐渐转变成为与外界紧密联系的开放的国际经济体系的重要组成部分，这种世界经济一体化的联系必然使得当今"头脑—躯干"式的不平等转移恶化，从而遏制了我国经济的进一步繁荣，国际城市体系已经存在的"中心—外围"城市格局有加剧的趋势。又缘于农业产业的弱质性以及在国家总产值中的份额逐渐减少的规律性，因此，只有加快发展我国城镇化，通过城镇化进程与工商业的捆绑式发展，激发庞大的多层次的国内需求，才能在实现城镇化的进程中彻底摆脱这种"中心—外围"式的战略束缚与遏制。

2. 积极促进城镇化发展的意义

积极促进城镇化发展，则可以有效地克服上述提到的负效应。我们

---

① 在经济全球化的 21 世纪，城市全球化发展迅猛，这使得 20 世纪 80 年代发达国家就已出现的世界节点城市对发展中国家的城市形成类似于国家之间的边缘化冲击。本书在分析城镇化的世界背景时，借鉴了早期发展经济学家主要用于国家、地区之间的"主导—依附"理论。

知道，城镇化首先是一个经济现代化的过程，通过合理的城镇化进程来减少农村富余劳动力，从而改善农业产业就业人口比重偏高的问题，一方面可以使农业规模经营①、农业生产率的提高与农民增收成为可能；另一方面，发展起来的优质农业通过向城市部门与现代工业、服务业提供丰富的原料与劳动力资源，也有力地推动了城镇化与新型工业化的快速演进；再者，城镇化和新型工业化发展的深化，为农业现代化提供了现代的物质技术基础。②

积极促进城镇化发展也是落实科学发展观，全面建成小康社会、和谐社会，进而实现"三步走战略目标""两个一百年"奋斗目标的重中之重。道理很明显，因为城镇化同时又是一个以人为核心的社会进步过程，通过合理的城镇化进程使得农民享受以舒适的住房、保健医疗、较好的教育为代表的现代城市文明，是 21 世纪中国全面建成小康社会的应有之义。

纵观世界，还需要指出，21 世纪是全球城镇化和城市全球化的世纪。美国学者约瑟夫·斯蒂格利茨（Joseph E. stigliz）曾断言：美国的高技术产业与中国的城镇化将改变 21 世纪世界的面貌③；联合国人居中心主任则认为，21 世纪是城市世纪。这都在相当层面上表明，21 世纪全球经济持续发展与否，关键在于城镇化的繁荣与否。另据有关资料预测，2030年世界城镇化率将达到 60%，这意味着到那时，世界上每 5 个人中就有 3

---

① "一切现代化方法，如灌溉、排水、蒸汽犁、化学产品等等，都应当广泛地用于农业。但是，我们所具有的科学知识，我们所拥有的进行耕作的技术手段，如机器等，只有在大规模耕种土地时才能有效地加以利用。"显然，农业现代化以农业机械化规模经营为前提，而规模经营以土地的流转集中为前提，富余农民转移不出去，农业机械化难以在零散细碎的农田上展开规模经营，因而农业现代化难以实现。参见《马克思恩格斯选集》第 2 卷，人民出版社 1972 年版，第 452 页。

② 当前中国的工业水平已经足以支撑农业现代化所需要的一切物质基础，如拖拉机、收割机、播种机（生产它们的原料——钢材行业长期产能过剩）以及化肥、种子、农业等，但是目前零散细碎的家庭生产方式占主导地位，没有对现代农业机械形成更多的需求，因而农业机械化装备难以有更广阔的用武之地。

③ 也有将其表述为，21 世纪影响世界进程和改善世界面貌的有两件事，一是美国高科技产业的发展，二是中国的城市化进程。然而，科学大家庭中似乎没有高级科学、中级科学、低级科学的区分，高级技术和普通技术之分倒是存在的，所以，还是用"高技术产业"这一说法更合乎规范。

个人住在城市。联合国预测数据还表明，2050年世界城镇化水平将达到66.4%①。综合以上分析，我们可以预见，城市的繁荣发展与城镇化是21世纪中国经济与世界经济，乃至全球持久发展繁荣的一个不可逆转的趋势。

二 城镇化快速发展战略为何一度受到冷落

既然城镇化快速发展具有重要的战略意义，那么，为何其在较长的一段时期受到冷落，而不能规模化实施？

这涉及传统的思维误区与中国独特的国情现实，正是这些思维误区与特殊的国情，使得城镇化的快速发展战略在较长一段时期受到冷落，甚至在较长时期内遭到忽视乃至反对。

1. 以农立国的"农本观念"

从经济发展史中，确实可以发现农业对人类文明进步和城市化发展的巨大贡献，早期的城市兴起和城市化的初期演进，也都需要建立在农业所提供的大量原料和低成本劳动力的基础上。例如，英国早期的工业化和城市化就是在15世纪、16世纪两个多世纪的农业革命准备中拉开帷幕的。但是，工业革命以来，农业对国家总体经济繁荣的贡献和主导地位，已经慢慢地让位于工业的飞速进步和服务业的快速崛起。在英国工业化完成后，19世纪中期德国、美国、法国所发生的工业化，以及工业化直接催生的城镇化加速完成的事实，就是对此趋向的恰当的注脚。一个不容忽视的基本逻辑是，工业化和初步城镇化中积累的雄厚资本，都为服务业的壮大以及城镇化水平的进一步提升，准备了物质基础。20世纪80年代至90年代，市场经济发达国家基本上完成了城镇化，城市发展进入成熟期。在这些国家，农业的经济总量和份额只占国家总体经济总量很小的一部分，农业是国民经济的必要组成部分，不过，绝不是根本性的支柱力量。显然，自工业革命以来，农业对促进城市化发展的主导作用已经慢慢地让位于工业的飞速进步和服务业的快速崛起，这符合产业结构演进和城市化发展相协调的规律，即随着一国经济发展，三次产

---

① United Nations, Department of Economic and Social Affairs, Population Division (2015). World Urbanization Prospects: The 2014 Revision, (ST/ESA/SER. A/366), pp. 204 – 205.

业的比重结构沿着"一、二、三"→"二、三、一"→"三、二、一"的路径而变迁。与之相适应的是，在城市化初期，农业往往是城市化的前提并主导城市化发展，产业比重结构表现为"一、二、三"；当城市化进入加速期，工业和服务业则取代农业而主导城市化的加速发展，产业比重结构表现为"二、三、一"或"三、二、一"；而当城市化进入完善期后，虽然工业和服务业都起主导作用，但服务业的地位更显著，因而此时的产业比重结构表现为"三、二、一"。20 世纪 80 年代至 90 年代，市场经济发达国家和新兴工业国家的城市化相继完成，并进入自我完善期，农业在这些国家的经济总量中只占很小一部分而不是支柱力量，换言之，这些国家的经济主导部门早已是城市经济部门，而非农业经济部门。

相反，以农立国的"农本观念"在中国占有相当稳固的统治地位，培育了五千年漫长的华夏农耕文明，从而也形成了农民、进城农民工浓厚的乡土情怀和相当一部分市民的乡土眷恋，使得农村富余人口向城市的彻底迁移遭遇到这种根深蒂固的观念束缚。所以，"发展农业、繁荣农村"的政策拥有普遍的支持者，而对城市化快速发展的重要性则缺少广泛而深刻的普遍认同。

至此，我们需要强调并形成的共识是，从农业发展的漫长历史以及它对城市经济的贡献中，不能简单地得出农业比工业、服务业发展更重要，或者轻视城镇化的快速发展对于国家经济总体现代化的重要战略意义。

2. 对庞大的农业转移人口市民化而可能带来各种风险和复杂性的担心

"农本观念"在演绎漫长的农耕文明的同时，也带来了农业人口庞大及其占总人口比例居高不下的局面。由于以农立国五千年的漫长的农耕文明，滞留于农村从事农业的人口数量占总人口的比例长期居高不下。直到第一次鸦片战争后的 1843 年，中国城镇化才开始缓慢地起步，其时，中国的农村人口比例为 94.9%，1949 年中华人民共和国成立之初这一比例为 89.4%，改革开放初期的 1978 年则为 82.1%，也就是说，经过一百三十多年的发展，我国农业人口比例仅降低约 13 个百分点。① 显然，农

----

① 参见胡欣、江小群《城市经济学》，立信会计出版社 2005 年版，第 31 页。农业人口比例则根据该页中的《中国城市化进程》图表 2—5 的数据计算而来。

村人口长期庞大的格局，不但强化了农业是国民经济根本的传统思维观念，客观上阻碍了我们关于城镇化发展对国家现代化发展的战略意义的研究，而且，还在农业转移人口市民化数量也很庞大的现实条件约束下，给世所罕见的城镇化发展带来了巨大的挑战。

相关的测算表明，中国城镇化在完成"即城市化率达到70%"时，需转移的农村富余人口总量达到4亿人，转移人口的基数如此庞大，这使得城镇化转移进程中的各种风险与政策设计的复杂性，超过世界上任何一个发达国家和发展中国家，中国政府对此的担心自然就挥之不去；另外，中国区域发展的极端不平衡性也加深了城市化发展过程中的难题，对这些难题的解决没有相似的经验可以借鉴。所有这些因素，使得政府调控体系一度畏于实施城镇化快速发展的战略。

中国政府一度担心快速发展庞大的农户进城后，城市就业环境与社会管理出现巨大的风险；如果用增发货币支持安置转移农户的生活、就业，正如前面提到的，由于中国人口基数庞大，需要转移的农户约达到1.34亿户（见表6—5），那么，增发的巨额货币是否会引发宏观经济环境恶化，巨额货币资金投入是否能收回？这自然也是中央政府所担心的。

当然，这种担心在经过较长一段时期的探索和思考，在中央决策层新近召开的城市工作会议、城镇化工作会议后，才基本消除，并有了坚定不移推动城镇化的决心。不过，在调集大规模财力资金以有效支持"世界历史上规模最大""世所罕见"的城镇化发展方面，已经提出了一些创新城镇化资金保障机制的方向性要求。[①] 然而，更专门靠谱的制度安排和切实落地的措施，亟须学业两界抓紧攻关研究，并共同推出。可以说，要在中国城镇化发展方面有新突破，很关键的一招可能就是要扩大货币供给，以充裕的资金支持城镇化中数以亿计的转移农户（或农业转移人口）入城后的社会保障问题，详见书后有关章节的分析。

总之，命题的复杂和答案的不明朗，增加了战略模式设计、组织的

---

① 徐绍史主编、胡祖才副主编：《国家新型城镇化报告：2015》，中国计划出版社2016年版，序言。

成本，所以，虽然国家有关规划提出了稳妥推进城市化的战略方针①，但是还没有就贯彻这些方针搭建可操作的一整套制度体系，这使得中国城镇化发展长期滞后，即使在应付式的政策推动下走了一段加快的路程，但是因政市关系失调、重物轻人等，衍生了诸多的弊端和负效应。展望未来，旧城镇化的道路必须终结，我们必须走上一条以人为核心、政市关系协调的新型城镇化道路。

3. 对粮食危机论的误读

一声来自西方的《谁来养活中国》的呼喊②，给守住"十八亿亩耕地红线"、重视农业发展带来强大的动力。的确，如果不能牢牢保有充裕的农用耕地，粮食安全可能受到严重的威胁，在特定的条件下就有发生的可能。道理很简单，数亿中国农民和城市市民都要吃饭，而且吃饭的人口数量增速一般快于耕地面积的增速；另外，全球反复无常的气候状况还在一定程度上"对冲"了科技种田的亩均产量。所以，那种寄希望于国际市场以弥补或主导中国巨量人口长期吃饭问题的思维，也许既不理性，也非长效机制，在经济危机、边界冲突和战争期间尤其如此。因而保持充分的耕地以发展农业，特别是依法依规限定城镇化中被转移的农地用于城镇工商用地的数量和规模，并牢牢守住"十八亿亩耕地红线"，进而把拥有十几亿人口的大国的"饭碗"稳固地端在自己手中的政策思路，是需要坚持的。

但是，学界与业界也同时存在对粮食危机论的误读，即认为：随着城镇化的快速发展，耕地面积必然大量流失，于是粮食供给难以得到保障而出现粮食规模化风险，这就直接带来了较长时期内反对城镇化快速发展的"声音"。实际上，正如上文所述，随城镇化发展而可能出现的耕地大量流失的倾向，是可以通过正确而有效的农户土地转移法律法规和政策加以规避的。部分地区在探索城市化道路时的经验证明了

---

① "坚持大中小城市和小城镇协调发展，提高城镇综合承载能力，按照循序渐进、节约土地、集约发展、合理布局的原则，积极稳妥地发展城镇化。"参见《中共中央关于制定国民经济和社会发展第十一个五年规划的建议》。

② 有关研究指出，持续的人口和人均食物消费量的增长意味着至少在今后较长时期内，全球的食物需求仍将不断增长；另外，工业化和城镇化的发展将在土地、水资源、能源等方面与农业展开激烈竞争，因而将显著约束食物的生产能力。

这一点①，我国粮食产量在近些年来城镇化加快发展过程中，并未锐减，相反还出现几年增长。这就充分地表明，城镇化快速发展战略必然带来粮食风险的困局这个认识的确存在一定程度上的偏误，中国政府不必为此而担心。

4. 城市经济学理论与城镇化理论发展的滞后

城镇化是城市经济学的一个重要研究范畴。作为经济学的一门新兴的学科，城市经济学的发展历程只有短短的不到 60 年的历史，这与指导农业经济发展的理论相比，时间甚短。关于城镇化的理论研究，更是晚于城市经济学理论的其他领域，国际上关于城镇化理论的文献著作，其数量相对于浩瀚丰富的其他经济学科范畴，还很不足，就是一个极好的说明。就中国的情况而言，对中国城市经济学的研究，则仅兴始于 20 世纪 80 年代，有关城镇化快速发展的主张已有专家提出，但是还没有从政策体系与技术环节上给予总体设计，对其风险与收益也缺乏总体认识。

进一步来看，由于城市化发展战略是城市化理论的范畴，其中关于城市化发展战略的研究又晚于城镇化的其他领域，这表明了对其研究的滞后。这种滞后使得城市化发展因缺少充分理论的指导，而增加了发展中的各种不和谐。

5. 由"城市病"而引发对实施城镇化快速发展战略的抵触情绪

古典社会学家指出，城市生活方式的特点表现为人口密集、居住密集、异质性强和传统的道德约束力较弱，因而相对于农村，城市体系存在的越轨、失业、贫困、环境恶化、住房与交通拥挤状况，更加突出。而当城市公共设施对人口经济社会活动的承载力超过极限状态，就必然带来城市病。

何谓城市病？对此可以从两个方面加以理解：其一是城市的社会病，如越轨、犯罪以及公共卫生、环境恶化等；其二是城市的经济病，如失业、贫困、住房与交通拥挤等。这些病态状况的改善往往要依赖于城市

---

① 天津市部分区镇坚持城乡统筹，走中心城区、新市镇、功能区协调发展的城市化道路，以规划为先导积极探索城市化发展途径，"宅基地换房"办法就是其中的一个探索，即按照承包责任制不变、可耕种土地不减、尊重农民自愿的原则，高水平规划建设富有特色和生态宜居的新型小城镇。成都等地在这方面也取得较好的经验。

政府的治理能力，特别是其经济事务调控和社会公共事务管理的能力，它们将影响到城市发展的质量和城镇化的完善程度。而在当前的转型期，由于体制机制等存在的种种约束因素，使得中国不少大中城市的城市病蔓延，交通的"首堵"、"城中村"、水与空气的污染、噪声、反复拆迁所形成的灰尘弥漫、雾霾、垃圾围城等，严重损害了城市的"光明"形象，从而不但降低其对农村富余人口的迁移吸引力，而且出现了城市人口向农村的回流，进而造成逆城镇化潜流。《国家新型城镇化规划（2014—2020年)》对城市病问题进行了阐述，指出当前我国"城市管理服务水平不高，'城市病'问题日益突出。一些城市空间无序开发、人口过度集聚，重经济发展、轻环境保护，重城市建设、轻管理服务，交通拥堵问题严重，公共安全事件频发，城市污水和垃圾处理能力不足，大气、水、土壤等环境污染加剧，城市管理运行效率不高，公共服务供给能力不足，城中村和城乡接合部等外来人口集聚区人居环境较差。"① 在此方面，与普通规模的中小城市相比，大城市体系的"大城市病"则更为突出和严重。

正如学业两界所认同的，中国许多大城市处在重化工业化阶段，而传统重化工业多为高耗能行业，容易对环境构成危害，这客观上诱导了城市病的滋生，并加重其在全国的蔓延。而这些形形式式的城市病又没能得到有效的治理，客观上诱导形成人口回流农村的逆城镇化，从而在很大程度上引发学界和政府对实施城镇化快速发展战略的抵触情绪。

6. 方法论上的误导

改革开放以来，市场机制配置资源的基础性调节作用得到充分的发挥，这对提高经济效益和促进经济增长无疑有积极意义。然而，主张以市场机制为主导来破解包括城市化在内的一切发展问题的"市场万能论"，也相伴而生，并在经济社会的某些领域产生不良的误导，城市化发展中的不和谐问题就是一例。由于在方法论上主张由市场机制为主导，调节人口和其他生产要素在城乡转移，对体现政府调控有效引导、市场机制有效配置资源的城市化快速发展战略的研究，自然少有人问津。

导致这种方法论上的误导，其理论根源在于对城市化兼具经济性和社会性的二重本质缺乏深刻的认识，以致片面强调其经济性，而坚持认为市

---

① 《国家新型城镇化规划（2014—2020 年)》，第二章发展现状。

场机制主导的城市化发展必然取得最大效率。不幸的是，城市化本身又是一个社会过程，它转移的对象是在就业和生存能力方面处于不利地位的富余农户，因而，自由的市场机制对其进行的调节往往失灵。这样看来，在形成中国特色城镇化发展战略时，应将政府调控的有效引导和市场机制有效配置资源的协同作用统筹起来，促进兼具经济性和社会性的城镇化稳健快速发展，在制定加速期城镇化发展战略时，尤其如此。

概括起来，上述六方面因素造成积极的城镇化发展战略长期不完备乃至缺失，而这又直接造成中国城镇化发展不和谐，并由此阻碍城乡协调发展和三农问题的破解。

从上面的分析可知，城镇化的快速发展具有重要的战略意义，对它的冷落与缓慢的实施，将会对中国城市经济、城乡协调发展乃至国民经济又好又快的发展，造成不应有的制约与阻碍。而针对这一问题的理论研究，将为实施城镇化快速发展战略提供政策措施，所以，理论研究的现实意义较大。

第二节　研究内容与思路

本书的总体内容与研究思路沿着如下的逻辑顺序展开：第一章为导论，构成本书的第一部分；第二章与第三章对与城镇化相关的理论以及城镇化理论本身的范畴进行回溯，第四章对世界城镇化历程与主要典型国家的城镇化历程进行简要回顾，以期从城镇化历史的演进规律中，寻求对中国城镇化快速发展的有益启示，这三章构成本书的第二部分；第三部分包括第五章与第六章，是本书的创新重点——该部分结合国情，探讨了货币供给扩大下中国城镇化的一些关键命题，并针对命题的破解，设计了总体的制度安排模型，紧接着以中国为案例，就"中国城镇化稳健快速发展"这个命题，进一步围绕转移农户的"保护性就业"与公共工程建设、转移农户的生活保障与住房短缺等范畴，运用"投入—产出"的工具进行风险与收益的总体测算；第七章是本书的第四部分，根据货币供给扩大下中国城镇化总体模型中的人口迁移配额，选择天津为案例进行模型的再次运用与测算，以阐述在世界节点城市体系与大都市圈蓬勃发展的当代背景下，作为东部地区的直辖市天津市率先进入城镇化发达与完善阶段的必要性与可行性。

稳健快速发展城镇化，是一个庞大则复杂的系统工程。它涉及经济、政治、社会、文化、生态等各个方面的问题，主要包括城镇化中的市场与政府、城乡协调发展下的都市圈城镇化模式、"推拉力"作用下城镇化中的农户转移、货币供给瓶颈的突破、城市公共服务与设施的短缺、城市服务业与工业结构的优化、城市病与城市危机救助等有机联系的体系。

在快速发展城镇化的关键问题体系中，货币供给瓶颈的突破与城镇化中的农户转移如何顺利展开，又是两个最为关键的难题。具体表现在：城镇化的快速发展，就是要通过一系列的政策措施，转移富余农户，以实现农村人口的减少与城市人口的相应增加，但是，妥善地处理农户转移中的经济、社会等问题，离开充裕的货币供给支持是不可能实现的。

当然，通过货币供给支持农户转移，引导农村人口流向城市，只是城镇化发展的浅层表象，更重要的深层内涵在于：货币供给支持下的农户转移，是否会给城市经济乃至宏观经济带来"利好"的局面，以及在这种制度变迁下的风险是否可以控制、规避。作为城镇化的快速发展模式，对关键问题的一系列制度安排所产生的总的收益、风险与规避，理所当然地应建立在"投入—产出"经济逻辑的分析工具基础上。

每个关键问题又包括一些有机联系的次级问题。例如，货币供给瓶颈的突破，既要阐述货币供给与城镇化的高度相关性，也要对货币供给扩大的来源、货币"投入"的关键领域（如转移进城农户的就业、住房与生活补贴等）进行分析，还要对货币"投入"扩大后，宏观经济的"产出"是否增强，做出总的分析。

而"推拉力"[①] 作用下城镇化中的农户转移，则涵盖货币供给支持的"保护性就业"[②] 与公共工程建设、转移农户的生活保障与住房短缺供给、原有下岗工人的再就业与大学生"下乡"等范畴，也包括人口登记与"目标城市"准入选择等社会管理范畴，他们体现了城镇化作为经济过程

---

① 托达罗人口迁移模型中指出，城市的聚集与增长优势形成吸引农村人口的拉力，而农村劳动生产力的低效率形成对农业转移人口的推力。参见迈克尔·P. 托达罗《经济发展与第三世界》，中国经济出版社1992年版。

② 参见［美］爱德温·S. 米尔斯《区域和城市经济学手册（2）》，郝寿义等译，经济科学出版社2003年版，第499页。

与社会过程的统一性、复杂性。

第三节 研究目的与方法

本命题的研究目的，是为城市经济、农村经济以及作为其总体的国民经济又好又快发展提供政策措施与解决问题的思路。

中国国情独特，区域、城市发展极不平衡，"一个国家，三个世界"，就是对这种情形的生动而准确的描绘。因而，货币供给扩大下城镇化稳健快速发展的模型，不可能适合中国所有区域的城市，但是在它所涵盖的关键问题体系，以及用货币供给来解决城镇化快速发展中的一系列问题，特别是在解决庞大的转移农户就业、生活保障与住房短缺的最关键问题的政策思维方面，应该是有很大的一致性的。

研究方法方面：（1）研究方法种类。在社会研究中，存在着两种基本的、同时也是相互对立的方法论倾向：实证主义方法论和人文主义方法论。实证主义方法论认为，社会研究应该向自然科学研究看齐，其典型特征是定量研究；人文主义的方法论认为，研究社会现象和人的社会行为要充分考虑到人的特殊性，考虑到社会现象与自然现象之间的差别，发挥研究者在研究过程中的主观性，其典型特征是定性研究。（2）本书既借助"投入—产出"① 的分析工具，对命题体系进行了定性的理论阐释，也建立了模型加以实证的定量分析，从总体上检验政策措施的可行性。（3）数据收集方法。数据收集方法采用文献回溯法、访谈法、田野调查法，为政策实施效果提供真实可靠的第一手资料。

第四节 创新之处

本书的核心创新之处，在于设计了包括货币供给投放运营模型、进

① 随着空间经济分析方法的出现，人们又发展引进了以消费剩余理论为基础的新的投资估价方法，例如成本收益法，这种方法能使分析人员对外在因素的存在作出清晰的估计。如果把投入看作成本，收益视为产出，则成本收益法与"投入—产出"法在本质上是一致的。"投入—产出"模型则是20世纪30年代由华西里·列昂惕夫（Wassily W. Leortief）所建立的。本书受这个启发，认为城镇化快速发展的有效性可以用"投入—产出"法来分析。

城农户的就业安置与社会生活保障模型在内的一整套总的政策体系模型。

本书第一次提出，货币供给扩大与进城农户的就业与社会生活保障，是中国城镇化快速发展能否顺利的两个最关键的环节，特别是分析了在中国国情下，进城农户的就业与社会生活保障的"三证一协议"机制运行，应充分依靠政府调控的制度体系来解决，同时发挥市场有效配置资源的功能，这种运作方式不同于其他国家。因此，本书的重点紧紧聚焦在货币供给扩大投放运营模型，以及庞大的进城农户的就业与社会生活保障政策体系的设计上。

在发展城镇化的政策规划与设计中，本书提出了不同于现有专家的关于中国城镇化的一些观点。包括：以"三口之家"农户为迁移单位而不是以单个劳动力为单位转移的政策思维①、城市发展模式与城镇化快速发展模式的协调、公共工程与农户就业政策的捆绑实施、目标城市的"准入"选择与社会管理、"暂住证"式的滞留人口与"候鸟型农民工"②、原有下岗工人的再就业与"大学生村官下乡"。在中国式的家庭文化背景与经济状况下，城镇化发展的充分展开需要因地制宜地通过整村、整户的农业富余人口迁移，而不能以零散户或每户中的家庭主劳动力迁移为主③，以避免零散户迁移后，农业用地仍不能有效地整理复耕和规模集中经营，从而工商业用地不能形成整体区位优势和统一的科学规划，以及土地流转的占补收入效应也相应锐减，最终陷入农业、工商业效率多重恶化的不利局面，这是在城镇化与区域经济发展政策中必须明确的。

---

① 作者于 2007 年博士论文撰写期间，提出了这个应对中国候鸟型农民工半城镇化、不彻底城镇化的政策思路，这与近期鼓励支持农村转移人口举家迁入城镇的国家层面的战略思维相一致。例如，国家"十三五"规划纲要明确指出：发展有能力在城镇稳定就业和生活的农业转移人口举家进城落户，并与城镇居民享有同等权利和义务。参见《中华人民共和国国民经济与社会发展第十三个五年规划纲要》，第八篇（新型城镇化）：第三十二章第一节的内容。

② 本书新提出的一个概念，意指没有彻底进城的农民进城打工人员，本书在研究推动庞大富余的农村人口转移方法时，结合国情分析，应以户为单位而不是单个劳动力为单位发展中国城镇化。详见本书第五章。

③ 作者在 2008 年的博士论文报告中阐述的以农户为单位促进中国式农业富余人口转移入城的政策观点，在后来的国家城镇化和经济社会发展规划文件中有所体现。例如，"十三五"规划纲要指出，"促进有能力在城镇稳定就业和生活的农业转移人口举家进城落户，并与城镇居民有同等权利和义务"。参见《中共中央关于制定国民经济和社会发展第十三个五年规划的建议》（辅导读本），人民出版社 2015 年版，第 27 页。

　　本书提出对货币供给扩大后城镇化快速发展的经济与社会风险进行分析的思路，即建立在运营转移农户用地的基础上，从"投入—产出"的逻辑工具出发，对"产出"能否弥补"投入"，作了定性与定量的分析。本书以中国和天津市作为典型案例，运用模型进行测算，在以往的城镇化论文和专著中，还没有这样的具体规划与分析。

　　从政府调控动力与市场动力搭配的视角，本书归纳出世界城镇化进程中的四种主要动力模式，而适合中国城镇化发展的相应模式是政府调控有效引导、市场机制有效配置资源的统筹模式。第一种是早期西方国家的自然而然的城镇化进程，以美国为经典，城镇化的发展以市场力为主，政府调控力（本书中的政府调控力，有时也以"政府调控"的术语称谓出现，并且，政府调控并不仅仅限于中央层级政府体系的宏观调控，也包括省市等相关层级政府的调控）加以配合；第二种是以英国为经典，由于英国是第一个开始城镇化加速的国家，其面临的国际资源环境与发展空间比较宽松，所以采取的方式同后期国家差异很大，"圈地运动"作为一种带有血腥味的暴力式制度安排，强迫农民离开土地从而基本完成农村人口转移任务，所以英国城市化的发展特征是政府调控力与市场力兼具；第三种以日韩为经典，由于其经济体制是政府主导型经济体制，在转移农民进城的快速城镇化中，日韩政府的一系列政策措施与规划发挥了很大的推动作用；第四种以中国为经典，在转移农民进城方面，中国所采用的方式应该是与日韩类似，但又存在较大差异，差别可能在于要通过货币供给扩大，在妥善处理好进城农户的就业、基本居住条件等基本生存保障问题的基础上，城镇化才能稳健快速的顺利发展，这应该是作为发展中大国的中国为确保社会和谐安定与经济健康发展双赢，所采取的特色城镇化发展模式的一个重要特征。

　　最后，本书的创新之处还包括对城镇化的快速发展战略为何受到冷落的原因进行了深入的探析，并认为城镇化快速发展动力系统的有效性的关键在于政府调控力应建立在依法与科学运用的基础上。

第 二 章

与城镇化相关的经济学科理论回溯

本章主要包括城镇化理论的学科归属，以及与城镇化相关的经济学科理论简要评析两个部分。在第一部分的内容中，首先梳理了国内外专家学者以及经典的工具书对"城镇化"这一概念含义的代表性阐述，为本章其他内容乃至后续章节更好地展开提供最基础的理论支撑。

第一节 城镇化理论的学科归属

一 "城镇化"的含义

在对与"城镇化"有关的经济学科理论进行回溯前，有必要交代一下"城镇化"的定义。英文中的 urbanization 被译为中文时，其对应的术语通常是"城镇化"或"城市化"。在日本和中国台湾地区，又被称为"都市化"。由于数以万计的小城镇在中国城镇化进程中的重要地位，所以，从促进大中小城市和小城镇协调发展的战略出发，将 urbanization 译为"城镇化"也是有相当的合理性的。不过，由于我国人口基数相当庞大，因而我国小城镇的人口数量往往就达到乃至超过国外小城市的人口规模，从这个角度来说，我国的城镇化也可视为城市化。这样看来，"城镇化"和"城市化"，在一定的语境和场合基本上是同义语。如无专门强调或交代，本书所说的"城镇化"与"城市化"，也基本上是等同的。

然而，究竟什么叫"城镇化"呢？英国著名的城市经济学家 K. J. 巴顿认为，"人口、社会生产力逐渐向城市转移和集中的过程（我们把它称为城镇化的这个过程），是社会生产力发展的必然结果，是人类社会历史发展所必经的过程"①。

国家新型城镇化规划中对城镇化含义的相关阐述为：就我国而言，城镇化不但是现代化的必由之路，还是解决农业农村农民问题的重要途径，是推动区域协调发展的有力支撑，是扩大内需和促进产业升级的重要抓手。努力走出一条中国特色新型城镇化道路，对全面建成小康社会、加快发展社会主义现代化、实现中华民族伟大复兴的中国梦，具有重大现实意义和深远历史意义。实际上，这里重点提及了城镇化的作用、功能和重要意义，并未就其性质予以充分表述。

作为权威的工具书之一，《中国大百科全书》如此界说城镇化的含义，"城市化又称都市化或城镇化。由于城市工业、商业和其他行业的发展，使城市经济在国民经济中的地位日益增长而引起的人口由农村向城市的集中化过程。它包括三个内容：城镇数量和城镇人口（在全国总人口中）逐步增长，而农村人口相对减少；城镇的形态和分布，由各自独立的状况，变成联系密切的城镇体系；城市生活方式（包括物质生活和精神生活）的扩大和普及，即农村居民的生活方式日益接近于城市居民。在这些特征中，城镇人口的增加和聚集是最明确的特征。因此，通常以城镇人口在总人口中的比例作为衡量城市化程度的基本指标"②。

《中国百科大辞典》在阐述城市化的定义时指出，居住在城镇地区的人口占总人口比例增长的过程，是农业人口向非农业人口转化并在城市集中的过程。城市化过程表现为三个平行的发展方面：城市人口的自然增加；农村人口大量涌入城市；农业工业化，农村日益接受城市的生活方式。③

作为国际大型的综合性参考工具书，《不列颠百科全书》（又称《大英百科全书》）则认为，大量人口集中定居于较小面积内而形成城市的过程。该工具书进而阐述到，城市的定义随时代和地域的不同而变化，但最常见的解释则以人口多少为准则。联合国曾建议各国将 2 万人以上的

---

① ［英］K. J. 巴顿：《城市经济学：理论和政策》，上海社会科学院部门经济研究所城市经济研究室译，商务印书馆 1984 年版，第 1 页。

② 《中国大百科全书》（经济学第一卷），中国大百科全书出版社 2004 年版，第 74 页。

③ 《中国百科大辞典》，中国大百科全书出版社 1999 年版，第 1 卷，第 713 页。

聚居地当作城市，但实际上各国都根据许多不同的标准进行人口统计。例如在美国，凡是居民超过 2500 人的地方，都被称作"城市地区"。[①] 显然，这个关于城市化的定义，没有重点揭示由于生产力的发展，乡村人口向城镇体系迁移，导致城市体系人口数量增加这个城市化的主要机理，因而还是缺乏科学性的。

专业性的工具书，例如《世界经济学大辞典》认为，农村经济向城市经济转变的过程，也是城市社会膨胀和向多元化、多样化发展的过程。它是衡量一个国家或地区经济发展水平的重要标志（也是现代化程度的一个标志）。其特征有四个（1）城市及城市人口数量不断增加，农村居民点和农村人口数量相应减少，城市人口在总人口中的比例提高；（2）城市存在的形态和空间分布范围不断扩大，由单个独立存在的状态向联系密切的城市网络转变；（3）城市的社会、经济、政治、文化及环境发生了与现代化相适应的变化；（4）城市居民的生活条件、生活方式、思想观念、心理状态和人际关系更趋社会化。城市化是伴随着工业化进行的。工业化程度越高，生产越发达，经济越活跃，人口流动越频繁，城市化水平也就越高。城市化过程中也带来各种社会问题和被称为"城市病"的公害，如住房紧张、就业困难、交通拥挤、环境污染、人口老龄化、人际关系淡漠、犯罪率高等，给人们的心理及工作生活环境造成不适或引起异常。第二次世界大战后，发展中国家的城市化更为突出。其特点是在经济不发达情况下农村人口大量涌入城市，造成城市人口膨胀，失业现象异常严重，农业因劳动力转移而停滞，扩大了城乡差距和对立，严重制约着经济发展。中国通过发展乡镇企业和中、小城镇的办法，解决农村劳动力的转移问题，为避免城市化的弊端提供了有益的经验。[②]

但是，由于城镇化是人类社会发展的普遍现象和重要过程，以及城镇化涉及领域的广泛和复杂性，因而其成为经济学、政治学、社会学、

---

① 《不列颠百科全书》国际中文版（修订版），中国大百科全书出版社 2007 年版，第 17 卷，第 412 页。

② 参见李综主编，于光远、马洪、刘国光、蒲山、腾维澡等为顾问：《世界经济学大辞典》，经济科学出版社 2000 年版，第 96 页。

管理学、人口学、人类学、地理学、城乡规划学、环境科学等许多学科研究的重要问题。相应地，由于各个学科观察和研究城镇化的角度不同，自然也就给出了关于城镇化的差别性定义表述（表2—1）。

表2—1　　　　　　　　有关学科对城市化问题研究的差异

学科	研究出发点	对城镇化的定义
经济学	人口就业结构和产业结构变迁；经济增长方式变化；经济活动的空间集中趋势	城市化是人口、社会生产力逐渐向城市转移和集中的过程
地理学	人口空间分布变化；经济活动的空间集聚	城市化是人口由从事农业活动转向非农业活动，从而趋向大中城市的过程
社会学	人际关系网络的变化；社会组织结构的变化	城市化是社群网的广度不断扩大、密度日益减小、人际关系逐渐趋向专门化与单一化的过程
人口学	人口增长；人口构成的变化；人口迁移	城市化是城市人口的增长，人口向城镇的迁移，城镇人口在总人口中所占比重不断提高的过程
人类学	生活方式的变化；文化、文明的进化	城市化是人类生活方式由农村生活方式向城市生活方式转变的过程

资料来源：参见张敦富主编《城市经济学原理》，中国轻工业出版社2005年版，第1—2页。该书中的这个框图内容，又是将王放的《中国城镇化与可持续发展》（科学出版社2000年版，第14—15页）一书中的有关内容进行整理而得到的。

在西方城市经济学家中，对城市化给出定义的还有保罗·贝尔琴（Paul N. Balchin）、戴维·艾萨克（David Issac）和吉恩·陈（Jean Chen），在《全球视角中的城市经济学》中，他们从另一个角度描述了城市化，即世界城市化的速度取决于五种主要因素，它们分别是：经济增长和发展；技术进步；总人口的增长；大规模人口从农村向城市的迁移；人口从大城市向农村和小城镇移动。不过，对于小城镇，作者认为，其没有能力通过自身的人口增长而成为大城市，从农村转移到城市的移民是城市人口增长的重要力量。① 该书虽然没有正面回答什么叫城镇化，但是从决定城镇化速度的几个因素的分析中，我们已经可以清晰地看到，城镇化过程中的人口转移是作者最关注的。随着城镇化发展，由此带来的重大变化还有技术进步、经济增长和发展。

国内研究城镇化与经济增长的学者也从不同的侧面对城镇化现象作了总结（见表2—2）。

综合比较各学科关于城镇化已有的定义，蔡孝箴、李树琮的定义更为全面系统。需要指出，实现了城市化，即城市人口占比达到70%以上，这个社会就成为城市占主导的社会，也就是我们常说的城市社会，当然，乡村生活方式、生产方式、居住方式等，还会作为不可或缺的对应物而始终存在着。在朱林兴对城镇化定义的阐述中，还包括城市地理界线调整这个独特的组分，应该看到，随着城镇化的不断发展，城市规模、城市数量都在扩张，自然也就引发了原有的城镇体系格局和地理边界的不断调整。

表2—2　　　早期中国城市经济学界对"城市化"概念含义的界定

国内关于城市化的定义	专家学者及出处
"城市化是农业人口转化为城镇人口的过程，这个过程表现为城市人口的增加，城市数量的增多和城市地理界线调整过程的综合。"	朱林兴主编：《中国社会主义城市经济学》，上海社会科学院出版社1986年版，第20页
"城市化是变农村人口为城市人口的过程，或者说是人口向城市集中的过程。"	杨重光、刘维新：《社会主义城市经济学》，中国财政经济出版社1986年版，第52页
"城市化是指随着工业化的发展和科学技术的革命，乡村分散的人口、劳动力和非农业经济活动不断进行空间上的聚集而逐渐地转化为城市的经济要素。"	蔡孝箴主编：《社会主义城市经济学》，南开大学出版社1988年版，第20页
"城市化是一个变传统落后的乡村社会为现代先进的城市社会的自然历史过程。"	高珮义：《中外城市化比较研究》，南开大学出版社1991年版，第2页

---

① ［英］保罗·贝尔琴等：《全球视角中的城市经济》，刘书瀚等译，吉林人民出版社2011年第2版，第1—2页。

国内关于城市化的定义	专家学者及出处
"城市化是社会生产力的变革所引起的人类生产方式、生活方式和居住方式改变的过程。"	谢文蕙、邓卫:《城市经济学》,清华大学出版社 1996 年版,第 28 页
"城市化过程就是现代社会商品生产不断发展,人口不断集中,城市经济与区域经济联系越来越密切,城市的社会动力作用越来越加强的历史发展过程。"	饶会林:《城市经济学》,东北财经大学出版社 1999 年版,第 52 页
"城市化是指变农村人口为城市人口的过程,或人口向城市集中的过程。其内涵包括,城市数量的增加,城市规模的扩大,城市建设质量的提高;城市产业结构提升,城市空间结构和形态的不断优化;城市经济总量的扩大,生产、生活方式的转变和生活质量的提高;城市中心作用的不断加强和充分发挥;城市体系的形成和逐步完善,以及城乡关系的协调。"	李树琮:《中国城市化与小城镇发展》,中国财政经济出版社 2002 年版,第 3 页
"城市化包括三个层次含义:城市化的实质是人口经济活动的转移;城市化的表现形式是农村人口转变为城镇人口、农业人口转变为非农业人口;城市化的内容包括社会生产方式的转化、生活方式的转化、价值观念的转化	赵苑达主编:《城市化与区域经济协调发展》,中国社会科学出版社 2003 年版,第 25 页

资料来源:参见张敦富主编《城市经济学原理》,中国轻工业出版社 2005 年版,第 2—3 页。

从上述的理论回溯中可以看出,城镇化的基础动力首先来源于城市经济增长,而且这种增长是城乡之间的推拉力造成的。

阿瑟·奥沙利文(Arthur O'Sullivan)在其所著的《城市经济学》一书中,描述了西方城镇化历史,提出促进城市产生与向何处去的发展的"比较优势""规模经济"与"聚集经济"这三个原因,但是并没有对城镇化下明确的定义。作者以《移民援助杂志》刊首语来开篇,以调侃的风格述及城市化问题:"你会拉小提琴吗?""不会",蒂米斯托克利回答,

"但我懂得把一个小村庄发展成大城市的艺术"①。

显然，城镇化的演进具有一定的规律性，可以从时间和空间两个方面，理解并把握这个领域的有关规律。关于城镇化演进在时间上的规律性，美国地理学家诺瑟姆用城市人口占总人口的比重作为测度城镇化水平的指标，分析了世界各国城镇化的时间变化特征，得出城镇化在时间上的演进过程体现为一条 S 形曲线的结论。城镇化空间方面的规律，则是前面已经多次提到的，随着城镇化从兴起到加速，再从加速到基本完成乃至实现，乡村人口及相关生产要素向城市体系转移、集聚，从而造成城市体系人口占比越来越大，城市经济总量、城市规模和城市数量等也就相应地扩张，最终使得城市生活方式、生产方式、居住方式等在整个社会中占主导地位。

关于城镇化水平的衡量指标，可以认为包括狭义和广义的两大类，也可以说是存在单一指标和综合指标的两大类。毋庸置疑，由于采用人口统计指标更简便易行，所以，我们不难看出，通常以城镇人口占总人口的百分比这一指标来衡量城镇化水平，亦即用一国或一地区总人口中居住在"城镇地区"的人口数所占的比例来表述的这个单一指标的人口城镇化增长水平，就是已为学业两界普遍认同的狭义的、通常所说的城镇化水平。② 而广义层面，城镇化水平还应包括土地城市化、产业城市化等指标，这里不详细展开。

二　城镇化理论的学科归属

关于城镇化的学科归属问题，有多种答案，这是由问题本身牵涉的复杂性决定的。有的认为城镇化要健康发展，需要政府制定相关规划，并且，那些促进生产要素在城乡之间的"迁移"，以及提高城市体系公共服务水平、治理城市病的法律法规、公共政策，都离不开政府，并且也只能由政府来履行这些职责，就此而言，城镇化理论是政治学或公共管

---

① 阿瑟·奥沙利文：《城市经济学》，苏晓燕等译，中信出版社 2003 年第 4 版，第 79 页。

② 以人口数量的比例来衡量城镇化水平，虽然具有片面性，但却是一个简便易行的方法，这点在城镇化理论界已成共识。20 世纪 90 年代，中国不少地方政府出于政绩考虑，将城市所辖区县的农业人口计入城镇化统计指标，造成城镇化率统计数值虚假、偏高。这也是为什么国际统计与国内统计的城镇化指标存在出入的原因之一。

理学科的重要组成部分；也有专家认为，城镇化是一个社会现象和社会过程，所以与社会学研究密切相关；从城市对人口与生产要素的空间聚集特征来看，地理学与城市规划学科也关注城镇化中的城市总体布局；从城市产生的经济本质属性出发，城镇化的快速发展与经济学科结合得当然也很紧密，因而可以认为，城镇化理论的综合学科属性极强，上述几个学科都将其作为重要领域和对象加以研究阐述，简单地将其归属于哪一个学科，似乎是不适当的。不过，这里可以经济学科为例或基于经济学科视角，来探讨城镇化的学科属性。

首先，从区域经济学与城市经济学的联结出发可以发现，城镇化理论既是区域经济学讨论的范围，也是城市经济学讨论的范围。完全意义上的城市是区域的多维度中心，往往集经济、政治、文化、科技与教育中心于一身，至少是具备经济中心的特征；同时，城市的发展，必然与居于其中的特定区域紧密相关，区域的经济、文化发展状况直接影响城市发展的水平与规模，反过来，城市的拓展、演进也与包围它的腹地形成"极化—扩散"的互动，并推动了区域的繁荣。从空间结构的地理特征来看，区域经济学必然以区域内的城市与农村经济活动为研究对象，而城市经济学把城市经济活动作为研究对象时，不是孤立地就城市谈城市，而是同时关注城市如何与其外围的承接地带联动，由城市发展对周围腹地的扩散效应，以及腹地反过来对城市中心的极化效应，在此基础上的"涓滴效应"，使城市与腹地组成了地理空间结构上的统一体。正是在上述两种密切的关联中，城市经济学与区域经济学理论也紧密相关，城镇化发展程度的外在表现，即人口从农村向城市的转移，自然也就是两者共同研究的领域。

区域经济学对城镇化的关注，也早已有之。德国经济学家冯·杜能（J. H. V. Thunen）的"农业区位理论"涉及农业生产与城市的同心圆圈层关系结构；德国经济学家阿尔弗雷德·韦伯（A. Weber）用"工业区位论"来分析城市工业企业的区位选址问题；美国学者霍伊特（Hoyt. H）于1938年提出的"扇形地带理论"对城市的住宅沿放射状交通路线作扇形分布进行了阐释。

其次，从城镇化的本质根植于经济的发展与繁荣来看，发展经济学与产业经济学自然也高度关注城镇化。发展经济学家对城镇化高度关注，如迈克尔·P.托达罗在其《经济发展与第三世界》一书中对处于第三世界的发展中国家的城市化、人口的国内与国际迁移做了经典的描述,该书还同时对发展中国家城市化的多样化结构与共同特征进行了归纳总结,以期对不同的发展中国家的城市化与经济发展道路提供启示。产业经济学对城镇化的关注始于城市在接纳农村庞大的人口转移后,产业增长如何满足不断增加的人口膨胀对就业、产品消费的需求而展开,当然,也包括产业结构如何优化升级以满足城市本身人口增长的就业与消费需求。产业经济学关注城镇化的另一个视角是从农业产业现代化的促进展开分析的,从农业天然的弱质性逻辑出发,产业经济学家尤其认为农村富余人口迁移是农业现代化的一个必要条件,而农村富余人口迁移是城镇化的外在表现,从而使产业经济学与城镇化理论建立了紧密联系。

最后,可以清楚地看到,从广义的学科属性来看,城镇化理论是社会学、规划学、地理学以及经济学共同的研究领地。如果从城镇化的经济学科属性出发,城镇化理论是区域经济学、城市经济学、发展经济学、产业经济学的研究范畴,当然,其与城市经济学距离最近,如果再细分下去,它应与城市宏观经济学紧密相关。

需要附加说明的是,仅仅停留在城镇化的快速发展属于经济学研究范畴,对于认识问题与提供相关政策还远远不够。因为,城镇化不仅是一个经济过程,也是一个社会过程,城镇化中的人口迁移以及城镇化的社会过程属性,使政府政策对城镇化中的一系列社会管理应给予足够的重视。

由此看来,与城镇化相关的上述经济学科理论本身的体系都很丰富,下一节仅就与城镇化发展相关的基本范畴作简要评析。

第二节 对与城镇化相关的经济学科 理论内容的简要评析

城镇化本身不仅是一个经济过程,也是一个社会过程。城镇化问题的基本体系是一个包括市场与政府、城乡协调发展下的都市圈城镇化模式、"推拉力"①下城镇化中的农户转移、货币供给瓶颈的困境、城市公共服务与设施的短缺、城市服务业与工业结构的优化、城市病与城市危机救助、城镇化的收益、风险及规避措施等多组分的复杂系统。城镇化问题的学科属性多维，以及问题本身牵涉的复杂性，决定了对相关经济学科理论中关涉城镇化问题的内容，进行简要评析的必要性，以此为政策设计的科学性制定奠定必要的理论基础。

一　区域经济理论

对区域经济理论的简单回顾，有利于从学科本源上把握城镇化发展的政策制定，因为城镇化发展的展开，不仅涉及城市空间布局规划，也与农村的空间结构调整有关。比如，农民转移进城后的原有土地流转调配的问题，以及农民迁移后，新的城市圈在包含城市与农村之间的广阔地域上重新构建的问题，都使得城镇化不得不面对更大的区域问题范畴。

区域经济学以特定空间地域的生产要素的聚集、分布为研究对象，是介于经济学、区域科学和地理学之间的一门边缘学科。区域经济学研究范围的大小差异很大，但一般是指国家内部的行政区、经济区，或者以流域区为对象；关于跨国界的国际区域研究，这里不重点涉及。就与城镇化发展相关的理论而言，区域经济理论中有下列基本范畴可供参考借鉴，有助于分析城镇化快速发展的政策体系设计（见图2—1）。

二　发展经济学理论

发展经济学自诞生以来，经历了三个阶段：20世纪40年代末至60年代末以结构主义为思路的第一阶段；20世纪60年代末至70年代末以新古典主义思路为主的第二阶段；以及20世纪80年代以来，转向重视制

---

①　对城镇化中的动力机制研究，是近来城镇化研究的一个重要视角，本书提出的货币动力，就是从这个视角出发的。蔡继明、周炳林通过对珠江三角洲地区的城镇化转移研究发现，个体城镇化决策是非常复杂的，工业化和第三产业的发展远远不足以构成城镇化动力机制的全部。许多在较长时间内为人们所忽视的个体微观因素常常能在城镇化动力机制中扮演极其重要的作用，需要给予格外的关注。性别、年龄、教育、距离、收入、裙带关系、城市体系结构、产业结构、国际经济联系以及政府政策在个体城镇化决策中所起的作用独特。本书也受此结论启发，认为中国城镇化中农村人口转移应以户为单位，还有考虑迁移距离和城市规模边界的"目标城市选择"方案、"三证一协议"等，分析的结论与他们契合。详见后面有关章节的内容。

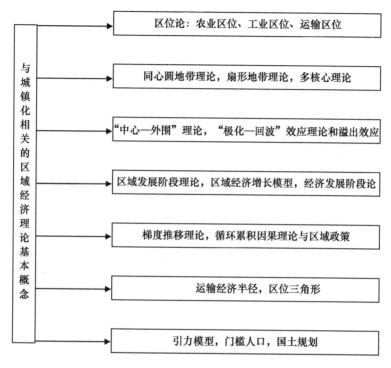

图 2—1　与城镇化相关的区域经济理论基本范畴

度、历史、法律等非经济因素对经济发展的影响，以新古典政治经济学思路为指导的第三阶段。[①] 第二次世界大战后，伴随着旧的殖民体系的瓦解与民族解放运动的高涨，大量的发展中国家面临着经济发展和重建的问题，于是发达国家的经济学家将目光投向不发达国家的经济增长和可持续发展上，并逐渐认识到发展中国家的国情特殊性以及作为经济繁荣重要战略途径的城镇化的特殊性，开始探讨如何促进这些国家城镇化的问题，形成了一些基本的模型与政策建议。

发展中国家的城镇化，自然也引起了本国发展经济学家的关注，与国外的发展经济学家相比，他们不仅在经济方面，也在政治、文化、习俗等各个方面更了解本国的国情。

此学科与城镇化发展相关的基本概念则主要有：（1）经济增长阶段

---

① 参见胡代光、高鸿业主编《西方经济学大辞典》，经济科学出版社 2000 年版，第 387 页。

理论；（2）人口转移，刘易斯（William Arthur Lewis）的绝对收入差别论、迈克洋·P. 托达罗（Michael P. Todaro）的预期收益论、乔根森（Dale W. Jorgenson）的预期收益率理论；（3）二元结构①与工业化道路理论；（4）"迁移成本"（migration costs）。②

三　产业经济学理论

产业经济学是战后迅速发展起来的一个经济学分支，主要涉及与市场联系的经济学领域，而且着重研究非完全的竞争市场以及相关的政府政策。例如，如果厂商的行为及其后果影响社会经济效率与公平，应设法通过公共政策加以纠正。公共政策及相关法律包括价格管制与福利法，反托拉斯法等。

产业结构理论关注城镇化，体现在产业的发展与城市劳动力就业的连接上。这与一个行业劳动力需求的概念紧密联系，由于劳动力的需求是派生需求，行业劳动力需求量随着该行业所生产的产品需求的变化而变化，而且，研究表明，服务业就业弹性系数大于工业，所以，西方国家在其城镇化从加速进入成熟阶段，服务业为农村劳动力和城市原有的新增劳动力提供了更多的就业岗位，这有利于城镇化发展与城市经济良性发展、城市就业等问题的统筹解决。但是，在推拉力作用下农村人口进入城市，其就业率并不高，这在发展中国家尤为突出。就业率的高低，成为直接导致人口城镇化还是人口郊区化或人口回流农村的重要因素。

"产业结构""基于投入产出的主导产业理论""瓶颈产业与产能过剩""产业软化系数"与"感应度系数"等概念，也与城镇化问题相关联。

---

①　发展中国家的发达的工业与落后的农业，或者城市经济部门与农村经济部门，形成了二元结构，后来经济学界的研究丰富了前者的内涵，比方说，二元金融、二元财政结构等，这种结构在发展中国家也普遍存在。

②　迁移过程中所付出的代价和牺牲，包括了经济成本和心理成本、货币成本和非货币成本、直接成本和机会成本。在微观迁移决策中，"迁移成本"是一个非常重要的影响变数。事实上，风险最小化的迁移决策模型考虑最多的正是迁移的成本因素。通常，在迁移成本的构成要素中，"距离"是一个重要的变量。一般情况下，距离越长，运输的成本越高，需要克服的困难越多，要获得信息也越困难。总之，距离越长，迁移成本越高，迁移风险越大。

四 人口与劳动经济学理论

早在 1939 年，英国经济学家雷德韦率先提出人口经济学这一命题，随后，美国学者斯彭格勒、保罗·舒尔茨和日本学者安川正彬，都先后出版了有关人口经济理论的专著。人口经济学主要研究人口的变动对经济增长与经济发展的影响，同时研究人口变动的经济制约因素以及政治、社会、文化、习俗、心理等制约因素。从现代经济学宏观分析的层面来看，包括人口与经济总量的关系，比如人口与粮食总产量、人口与耕地、人口与矿产、人口与生态资源、人口与资本总量、人口与劳动就业量、人口与收入分配、人口迁移的推拉力等关系的研究；微观的层面，主要涉及生育率选择，而这种选择建立在运用消费者需求理论、劳动—闲暇选择理论、时间配置理论，通过对孩子的成本—效用、孩子的质量与数量、收入与生育选择的研究，分析夫妇的生育决策。该学科与城镇化相关的基本概念包括"边际孩子合理选择模型"[①] "行业劳动力需求" "人口城镇化与郊区化" "托达罗人口迁移模型" 等。

劳动经济学理论，研究如何对劳动力的稀缺资源进行优化配置，涉及就业与失业、劳动时间与闲暇时间、生产率、工资、职业选择、劳动力流动、劳动力市场以及与劳动力职业相关的决策等，这些问题主要可归纳为就业、收入分配和劳动关系三个方面，是现代经济学的一个重要分支学科。与城镇化相关的基本范畴，主要体现在最低工资、就业理论，其中，就业理论又涵盖就业不足、保护性就业与自愿失业等与转移农户进城相关联的概念。劳动经济学理论与 20 世纪兴起的人力资源理论密切相关。

人口迁移与就业，则是人口经济学与劳动经济学共同关注的范畴。

五 货币经济学理论

从货币经济学理论出发关注城镇化，是城镇化研究中的新的趋向，这可能是由于发展中国家资本稀缺，而城镇化中转移农户的各项环节如就业、生活保障、住房，乃至为提高城市体系公共基础设施承载能力体

---

① 边际孩子合理选择模型（rational option model for marginal children），是由美国经济学家哈维·莱宾斯坦提出的、最早探讨家庭规模的经济决策的微观经济模型。

系建设等领域①，都需要巨额的货币投入。通常，这些为促进农户妥善转移的庞大资金又是通过市场机制的力量难以筹集的，所以货币供给的扩大或政策性金融、财政的支持，是否能为巨额的资金投入提供保障，是问题分析的重点。

从研究货币与经济增长的紧密关系出发，必然得出货币与城市经济增长，进而与作为其外在表现的城镇化的密切关系。这必然牵涉到货币投入对城市工业消费品市场的刺激上。

易纲在《中国的货币化进程》一书中谈到，如果中国中长期的宏观经济政策转向推动结构转换、消除供给约束，中国经济仍能保持中长期高速增长，而且指出存在可持续增长的五大空间，这五大空间应该成为宏观政策的着力方向。其中，城镇化进展缓慢、城乡分割严重是高速经济增长中的严重结构畸形问题，城镇化进展缓慢的一个直接后果是农村居民收入低、消费需求低，占全体人口70%的农村居民的消费结构远未达到足以引起工业增长向重化工业方式转移的时期。一面是家电等耐用消费品生产能力过剩，另一面是农民的以货币为形式的收入低所导致的低购买力甚至是无力消费。据估计，产能过剩最严重的家用机电产品中，只有自行车和电风扇基本饱和，彩电、冰箱、洗衣机等11种产品的平均普及率仅在25%左右。易纲同时指出，如果中国农村的城镇化步伐能达到国际平均水平，中国市场就会呈现比较好的梯度，仅家电产业至少可以高速增长20年，耐用消费品对中国的带动至少还有十余年。②

因此，现阶段投资的方向之一应向城镇化发展方向倾斜，以加快城镇化进程为中心来调整投资方向。适当扩大居民住宅投资特别是保障性住房投资，以及对基础设施的公共投资比重，通过促进城镇化，实现大规模过剩农业劳动力的转移，扩展就业的空间和层次，实现收入支出结构和总水平的调整和升级，带动产业关系的转变和重组，从而形成新的宏观供求格局。

---

①　自江苏、安徽两省和62个市成为城镇化综合试点，省级财政和国家开发银行的政策性资金，要向试点城市的公共服务设施、棚户区改造等领域倾斜。国家发展和改革委员会网站：http://www.sdpc.gov.cn/zcfb/zcfbtz/201610/t20161014_822619.html。

②　参见易纲《中国的货币化进程》，商务印书馆2003年版，第487—488页。

柳欣教授通过对世界主要国家经济货币化进程与中国经济货币化进程的研究，发现名义 GDP 增长率与一个国家农村劳动力转移进城的速度具有高度的相关性。"日本是发达国家中农业劳动力转移速度最快的国家。1950～1975 年是日本农业劳动力转移最快的 25 年。在这 25 年中，日本农业劳动力的比重从 46.98% 降为 13.83%，下降了 33.16%，年均递减 1.77%。与这种劳动力的大规模转移密切联系的名义 GDP 增长率为：1950～1975 年，日本的国民生产总值从 3.94 万亿日元增加到 148 万亿日元，增长了 37 倍，年均增长率为 24.55%，最高的一年达到 40.31%。韩国也是战后世界上农业劳动力转移速度最快的国家之一，1965～1980 年是其历史上农业劳动力转移的最快的一段时期。在这 15 年中，韩国的经济一直保持着较快的增长，名义 GDP 从 7980 亿韩元增长到 380000 亿韩元，增长了 47.6 倍，年均增长 27.31%，增长速度最快的一年几乎达到了 40%。正是这种高经济增长速度使韩国的农业剩余劳力在这 15 年中得以迅速转移，第一产业就业比重从 1965 年的 58.46% 下降到 1980 年的 34.01%，年均下降 1.73%。台湾地区在其劳动力转移最快的 1966～1980 年，第一产业的就业比重从 43.44% 下降到 19.50%，15 年下降了近 24 个百分点，名义 GDP 增长率平均高达 17.83%。这些数据表明，就业量的增长或农村劳动力的转移与名义 GDP 的增长正相关。"[①]

而扩大货币供应量和名义 GDP 的增长率的一致性，以及农村劳动力转移进城的速度与城镇化速度的一致性，建立了扩大货币供应量与加快城镇化速度的紧密的逻辑联系。

通过分析，柳欣教授提出了解决目前"滞胀"经济困境的"高速经济增长方案"。"把名义 GDP 的增长率提高到 15% 以上乃至 20% 是不难实现的。目前我国的储蓄率已在 35% 左右，商业银行的存贷差超过 20%，按照以往的经验估算，当投资的增长率达到 30% 时，名义 GDP 增长率将超过 15%，如果使投资率达到与目前储蓄率相等的 35%，名义 GDP 增长率将超过 20%，名义 GDP 增长率达到 20% 所需要的货币供应量增长率大约在 25% 至 30%，这只要把商业银行的存贷差降低到 15% 左右就可以了。如我国 2003 年和 2004 年的经验所显示的，当投资的增长率超过

---

① 参见柳欣《经济学与中国经济》，人民出版社 2006 年版，第 267—268 页。

25%和货币供应量增长率超过20%时，名义GDP增长率就可以超过15%。这种经验表明，我国目前的货币金融体系已经可以支撑这种高速增长，反之，近年来要保持8%的名义GDP增长率则与目前的储蓄率不相适应而需要依靠紧缩政策。因此，目前所要采取的政策是把投资率提高到30%，而长期则稳定在30%—35%，以保证20%左右的名义GDP增长率。"[1] 我国城镇化的现实表明，庞大的农村富余农户迁移进城，遇到的最大难题是对这些农户的保护性就业安置以及包括住房在内的基本生活保障，而这些，离开充裕货币的支持是不可能实现的。充裕货币支持庞大的农村富余农户迁移进城，开启了城镇化提速的引擎，使得农业现代化、城市经济繁荣出现双重优化。

货币供给扩大后，这种巨大"投入"的产出，可以通过在构建新的城市圈过程中对"转移土地"的滚动开发收入，来增加货币性"产出"，以作为对"投入"的弥补。当然，弥补的渠道还可以依赖工商业消费市场由于城镇化提速的扩张而产生的收入，由于农业现代化而增加的收入也是"产出"扩张的一个源泉。对它们的详细分析将在后续章节进行。

货币供给扩大后，城镇化的空间布局模式应以发展大型都市圈为主导。大都市圈的构建，代表当今世界城镇化发展的主流模式，可以充分发挥城市与乡村优势互补的功能，实现中国城镇化与新农村的协调发展，避免重走"逆城镇化"和"城市病"蔓延的老路。

当然，迈克尔·P. 托达罗（Micheal P. Todaro）认为："快速城市化"[2] 的提法，主要后果之一就是使到城市寻找工作的人数剧增。托达罗进而谈到，城市部门新提供的工作机会，并不能自动地、有效地改善城镇化中的就业不足与失业，因为100个岗位，就会吸引200—300个人进城，岗位数量仍然"入不敷出"。那么，政策的出路何在？

六　城市经济学理论

在本章第一节对城镇化理论的学科归属分析中，已经认识到，"如果

---

① 参见柳欣《经济学与中国经济》，人民出版社2006年版，第351页。

② ［美］迈克尔·P. 托达罗：《经济发展与第三世界》，中国经济出版社1992年版，第233页。

从城镇化的经济学科属性出发，城镇化理论是区域经济学、城市经济学、发展经济学、产业经济学的研究范畴，当然，它与城市经济学距离最近；如果再细分下去，它应与城市宏观经济学更加紧密相关"。

基于这一认识，对城市经济理论的有关范畴进行较为重点的回溯显得更为重要。

（一）城市经济学定义

城市经济学这门学科的基础知识，可以追溯到 20 世纪 20 年代伯吉斯（Burgess）、黑格（Haig）、霍伊特（Hoyt）等对城市土地经济的研究。1965 年，美国学者威尔帕·汤普森（Wilbur·Thompson）编写的《城市经济学导论》问世，这是第一本有别于一般经济研究的专著，它标志着城市经济学从广义的经济学中分离出来，正式成为一门独立学科。在这以后，美国、英国、日本、苏联等各国纷纷成立城市经济学的研究团体，出版学术刊物，发表有关专著；并在大学开设城市经济学的课程，使这门新兴的学科得到了迅速发展。[1] 但是，对城市经济学的定义，有不同的表述。作为著名的城市经济学家，英国的 K. J. 巴顿认为：城市经济学的研究任务，就是系统地运用经济学业的原理去解决城市的各种重大问题，尤其需要发展空间经济分析方法，并以成本效益分析之类新的方法对城市经济问题进行研究。同时，作者认为，数学模型对城市经济研究没有多大帮助，这是由于影响城市经济活动的许多因素是不能确定或者难以捉摸的。作者的这些观点在当前城市经济学科研究内容的争论中，颇有代表性。[2] 其对城市经济的重大问题，诸如为什么今天世界人口仍然向城市集中，聚集经济的效益，城市土地的使用，最佳的城市规模，城市本身的增长理论，等等，分别从宏观和微观的角度进行了分析，提出了自己的见解。对包括城市劳动市场、环境保护、交通、住房、公共经济以及城市财政，城市规划等问题的理论和实务，也进行了探讨。

爱德温·S. 米尔斯（Edwin S. Mills）在《城市经济学》一书中并没有对其进行综合的界定，但是，他认为城市经济学的萌芽是从城乡空间

---

① 谢文蕙、邓卫主编：《城市经济学》，清华大学出版社 1996 年版，第 23—24 页。

② ［英］K. J. 巴顿：《城市经济学：理论和政策》，上海社会科学院部门经济研究所城市经济研究室译，商务印书馆 1984 年版，第 3 页。

结构的经济分析开始的，后来研究中心从空间分析转移到部门、政策分析，分析的重点的是住宅、交通与公共选择，以及对城市舒适与效率的关注。

国内专家在阐述城市经济学概念的含义时指出，城市经济学是运用经济学原理和方法，研究城市及各种城市问题的学说。城市在产生、发展和运转过程中，有许多特征、规律及问题需要调查、分析和研究，包括城市产生和成长的规模，城市经济活动的特征及其发展演变规律。鉴于城市经济活动是城市产生和发展的基础，因此，城市经济学研究首先是了解和研究城市经济活动的产生、发展及其运行规模，还要研究与城市相关联的地域空间范围内、包含在城镇化的整个进程中的经济活动，以及经济关系的产生、发展特征及其演变规律。因为城市活动不可能孤立地存在，正如城市不可能孤立地存在一样。①

也有专家指出，"城市经济学是研究城市空间分布规律以及城市内部经济社会活动合理组织的科学。前者是宏观城市经济学的研究范畴，后者是微观城市经济学研究的范畴。城市经济学要研究两大类相互作用的内容：一类是将城市作为点，研究在更大区域范围内其产生和发展的规律，研究如何使点不断增加，点的规模不断扩大，以及建立点与点之间合理的经济社会联系，即城镇化和城镇体系问题；另一类是将城市作为面，研究其中的各种经济社会现象发生发展的规律，以及在城市发展的过程中政府如何尽可能地提供完备公共服务，弥补市场不足，促进城市经济社会发展，提高城市竞争力"②。

（二）城市经济学研究范畴

从上述定义中可以看到，城市经济学的研究对象必然包括城市本身，以及作为城市发展过程中的人口、生产力要素从农村向城市聚集迁移的城镇化。

需要进行附加说明的是，"城市理论""城镇化理论""城市经济学理论"三者之间并不是简单的包容关系。这体现在："城镇化"理论着重研究城市的性质功能所决定的对农村的拉力以及农村自身的推力，所导

---

① 参见胡欣、江小群《城市经济学》，立信会计出版社 2005 年版，第 1 页。

② 参见张敦富主编《城市经济学原理》，中国轻工业出版社 2005 年版，前言。

致的人口、生产力向城市的迁移，这种现象，以及这种现象对城市各方面的影响关系分析。"城市理论"则包括凡是与城市相关的政治、经济、社会、文化等各个方面。"城市经济学理论"则从经济视角出发，运用经济学原理和方法，研究城市及各种城市问题的学说。在最基础的原因与动力上，城市的形成与发展与城镇化的演进机理相似，都是城市经济的繁荣或者说是城市工商业相比较于农业的优势，这建立了城市经济发展理论与城镇化理论天然的紧密的联系。

当城市还处于初始状态或还只是孤独地呈点状分布时，城市经济对国民经济和整个社会来说，并不占决定性的地位。而现在，城市的聚集性质已经充分发挥，城市星罗棋布地分布于地球表面，城市经济发展对国民经济和整个社会来说，已占据越来越重要的地位。

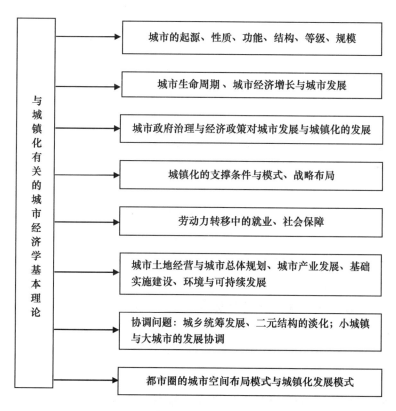

图2—2　与城镇化有关的城市经济学基本理论

城市宏观经济学主要是从整体上来研究城市经济的，如对城镇化现象的实质和基本规律的探讨，当前，这仍然具有重要的意义，并将成为国家或地区研究与制定城镇化政策的基础。此外，它还包括城市经济进一步社会化、现代化和集约化的条件、成因、机制变化、发展过程及其前景分析。

此外还需要指出的是，城镇化的发展趋势及其预测，当然也应成为宏观城市经济学重点研究的内容之一。

（三）关于城市经济学研究理论的滞后性与特殊性

K. J. 巴顿认为，造成城市问题研究的复杂性之所以让经济学家陷入困境如此之久，主要的原因有三个。其中第一个原因是针对英国的特殊性，即"反城市主义倾向"，这主要可能是由英国 1956 年伦敦的污染事件以及长期的城市环境污染等问题造成的。巴顿接下来分析的两个原因对其他国家具有普遍的指导意义：一个原因是早期城市规划排斥经济学家，经济学家也因此对城市问题较为冷淡，由此缺少对问题的更多思考和政策主张；另一个原因就是现代城市经济学不仅涉及效率，还涉及"公平"[奇尼特兹（Chinitz 1974）]，作者谈到，城市经济学格外接近政治经济学，这门学科论及住房、污染、犯罪、种族和贫困问题，而这一切决不能用纯客观的方法对待（纯客观的方法，作者认为是研究方法仅仅停留在提高生产率的传统分析工具，即总是用获得资源的最佳分配规律指导城市经济理论研究，这种研究方式的局限性和致命的弊端在于城市的很多问题兼具经济性和社会性，正如作者进一步阐释的那样："马歇尔学派的微观经济分析"这一基本方法，强调完美市场和最低限度的政府干预，这一基本方法是建立在一些不言而喻或确切说明了的假设之上的，而这些假设就城市背景而言是难以成立的。城市研究包括地理空间的研究，但是马歇尔对这个"外加的因素"未加考虑）。要使城市经济学形成一个有活力的研究领域，对经济学家来说，首先要了解更为广泛的政治结构和社会结构，他们必须在这种结构中发展自己的理论。

与完全市场完美的理想境界比较，城市经济是非常"不完善"的领域，城市经济以广为分布的外在因素为特点，那就是说成本和收益不能在商品买卖的价格上反映出来。由于这些外部影响的存在，致使经济资源的合理分配很难实现。随着空间经济分析方法的出现，人们引进并发展了以消费剩余理论为基础的新的投资估价方法，例如成本受益法，这种方法能使分析人员对外在因素的存在做出清晰的估计（"消费剩余"是一个福利概念，表示消费者从消费中得到高于他为商品所付出的实际价格的利益），这在一定程度上提高了城市经济学阐述问题的完善性。

关于数学模型：正如洛登·温哥（Lowdon Wingo）早在十多年前所指出的，影响城市经济活动的各种因素有许多是不能数量化的，或是难以捉摸的，因而，试图建立一个综合性的数学模型必然导致忽视无数值得重视的非数值变量。最后，数学模型是从"配合得好坏"这一角度，而不是从有多大能力来考虑，因而对城市经济负有责任的那些决策者来说，数学模式是不会有多大帮助的。①

（四）城市经济学研究的其他几个问题

1. 从经济学角度研究城市土地问题

一般认为，城市经济学的产生最早可以追溯到 19 世纪 20 年代。此后，西方国家的城市大发展，已经引起了社会的广泛关注，使学者们纷纷投入力量对城市经济问题进行研究。实现城镇化和城市经济社会的协调发展，没有适宜的城市土地就无从谈起，鉴于城市土地是城镇化和城市发展必不可少的载体，因而，不少学者将研究目光投向城市土地的科学规划与利用。

德国学者威廉·罗舍尔（W. Roscher）于 1868 年提出"区位"这一概念，即为了"生产上的利益"而选择的空间场所，它受原料、劳动力、资本等制约；另一位德国学者，也是现代工业区位理论的创始人韦伯（A. Weber）于 1909 年出版专著《工业区位理论：论工业区位》，其核心是认为区位因子决定生产场所。1924 年，美国学者 F. A. 费特（F. A. Fetee）发表论文《市场区域的经济规律》，论述了城市区位，加深了城市经济的研究。美国经济学家帕克（R. E. Park）、伯吉斯（E. W. Burgess）等于 1925 年通过对当时新兴大城市芝加哥的调查，总结出城市人口流动对城

---

① 城市问题复杂，农村问题也很复杂，由此使得城镇化中的农户转移这个关键问题更为复杂，因而，有效的政策措施研究应该是集制度经济学、公共经济学与社会学为一体，宏观调控与市场力的协调为一体，本书的政策体系设计遵循了巴顿的原则。参见 K. J. 巴顿《城市经济学：理论和政策》，上海社会科学院部门经济研究所城市经济研究室译，商务印书馆 1984 年版，第 1—10 页。

市功能地域分异的五种作用力：向心、专业化、分离、离心、向心性离心。美国土地学家赫德（R. M. Hurd）于 1924 年研究了美国 200 个城市内部资料后，提出"楔形理论"，指出城市土地利用功能分带是从中心商业区向外放射，形成楔形地带。1936 年，霍伊特在研究了美国的 64 个中小城市的房租资料和若干大城市资料以后又加以发展，他根据城市发展由市中心沿主要交通线向外扩展的事实，认为同心圆理论将城市由市中心向外均匀发展的观念不能成立。高租金地域是沿放射型道路呈楔形向外延伸，低收入住宅区的楔形位于高租金楔形之侧。

以上研究将城市问题从单纯的工程技术领域拓展至社会经济领域，而且对城市问题的研究带有理论色彩的探索，有助于近代城市经济学理论的形成。到 20 世纪 40 年代，城市经济问题研究已进入系统化的阶段，涉及城市房地产市场、级差地租、土地价格、土地合理利用、企业布局、空间距离与运输成本等。这些都为城市经济学作为一门独立学科奠定了基础。

2. 利用相邻学科的理论研究城市经济问题

中心地学说最早产生于 20 世纪 30 年代。当时，欧洲国家工业化和城镇化发展迅速。德国学者克里斯塔勒（W. Christaller）于 1933 年对一定区域内的城镇等级、规模、数量、职能间关系及其空间结构的规律性进行了调查研究，然后采用六边形图式对城镇等级与规模关系加以概括。中心地体系包括：中心地数目，互补区域数目、半径、面积，提供中心财货种类及数量，中心地标准人口数，互补区域标准人口数等。中心地模式将随人口数、生活习惯、技术等的改变而变化，同时也随人口分布、人口密度的不同，或中心地财货价格的差异而不同。中心地体系可根据市场、交通和行政最优原则而形成。

1940 年，另一位德国学者廖什（A. Losch）论证并发展了中心地学说，提出生产区位经济景观。20 世纪 50 年代至 60 年代，地处欧美和东亚的一些资本主义国家在城市经济大发展的同时，其城镇化进程也大大加快，但也引起了一系列的城市问题。为了解决这些现实问题，西方的一些经济学家相继运用政治经济学的原理研究其城市经济发展中的各种经济现象与经济关系，并最终使其从政治经济学研究体系中分离出来，扩大了城市经济学的研究手段和内容。美国城市经济学家约翰·F. 麦克唐纳（John. F. Mcdonald）在他 1997 年出版的《城市经济学基础》中，将西方城市经济学概括为三大流派：主流经济学、传统经济学和马克思主义经济学，并认为这三大流派在政治上的观点有相互吻合的地方。

3. 城市病大量出现的成因分析与综合治理

在城镇化进入基本完成和成熟期后，由于城市病的大量出现和严重危害，使得城市经济学家开始关注并对此展开研究。城市病是对城镇化发展中所出现的诸多弊病的一种形象的比喻，在过度城镇化进程和滞后型城镇化进程中，城市人口规模急剧膨胀，以致城市基础设施严重短缺，房困、贫民窟蔓延，并出现失业率上升、生态环境恶化、犯罪增多等一系列不和谐现象。

城市的发展，一方面为工业的发展提供了良好的环境，大大促进了工业化进程，使更多人能够享受到城市文明，提高生活质量。但是，在另一方面，由于城市的发展速度之快令人始料不及，也带来了一系列如上述列举的严重社会问题，这些严重的负效应都期待着城市经济学对其做进一步的研究。

当然，要更好地理解并把握城镇化政策的制定，对公共经济学与农业经济学的研究也是十分必要的。与城镇化研究相关的基本范畴中，公共经济学从外部性与市场失灵下城市政府所承担的公共产品与公共服务提供出发，强调从增强城市对农村人口的持续吸引力角度来研究城镇化；而农业经济学，则可以从农业与工商业相比的弱质性，以及由此而引发的农村的局限性对农民转移进城的推力出发，进而对在农村推力与城市拉力的作用下农业如何实现现代化的机理方面加以研究。

第 三 章

城镇化理论回溯

前一章就城镇化的定义，以及与城镇化相关的经济学理论范畴进行了简要回顾，本章将对城镇化理论自身的诸多重要范畴进行回溯，这个过程，我们姑且将其简称为"城镇化理论回溯"。

第一节　城镇化的动力、模式与速度问题

关于城镇化的相关理论，此前较多地散见于城市经济学的论文和著作中，而且，讨论的问题主要涉及城镇化与城市经济增长的关系，以及城镇化过程中出现的经济问题、社会问题、环境问题。近些年来，随着中国城镇化在整个国家现代化建设中的战略地位的日益凸显，学业两界开始关注并着力加以研究，陆续推出了一些论著。

关于城镇化的宏观政策分析，学界现有的研究主要集中在中国城镇化的战略原则、经济全球化下中国城镇化的挑战方面；也有分析城镇化中的公共设施短缺、环境危机等问题，但是针对中国城镇化快速发展战略的系统研究还不多。已经有专家学者提到城镇化的发展问题，但是在如何发展城镇化，以及应该采取什么样的战略方面的系统而深入的分析也不多。

学界对如何加快农村富余劳动力转移的讨论，已经持续了较长一段时期，但是，理论与现实都表明，不以农户为单位的农村富余劳动力转移，不但难以健康推进，而且已经影响了中国城镇化的发展质量。关于这方面的原因，在前面第一章导论中已经进行了阐释。所谓的一只"市场灵巧的手"指挥千万农民工在城乡之间来回穿梭，其结果只是催生了

大批没有移交宅基地与农田的候鸟型农民，导致假城镇化①、不彻底的城镇化和依然缓慢的城镇化②，并进而制约了城乡的协调发展。如果不采取组合的公共政策，特别是用扩大的货币供给，支持以农户为单位的转移，那么我们仍然难以快速而彻底地实现城镇化。

政策的出路在哪里呢？这正是我们要重点分析并解决的关键问题之一。但是，要获得科学的组合政策以解决这个问题，需要从对已有理论的系统回溯中汲取营养，下面将要进行的就是这一过程。

一　城市与城镇化的动力、模式的不同

前一章在总结与城镇化相关的理论中已经提到，城市的发展模式与动力，与城镇化的发展模式、动力是有区别的。城市的发展动力是由其内在的比较优势、规模优势与聚集优势形成的，在经历了长期的演变后，城市的空间发展模式已经进入到体现城乡协调发展、充分发挥城乡功能互补的城市圈的完善模式。

而城镇化的动力，经典的解释认为主要是人口迁移的"推拉力"理论，后来一些研究者对其总结，从配置生产要素资源的角度将其分为市场力与政府调控力两种不同性质的力，也有按要素对城镇化发展作用的不同而分为制度性动力、资金动力、技术动力的，这几种划分方法对于解释城镇化的发展机理都有意义，有利于为制定政策提供多元化的有效指导。此外，还有其他划分方法，将在下节展开叙述。

二　城镇化的动力

英国是工业革命的故乡，由于工业革命催生了城镇化，而使得英国第一个完成城镇化，所以英国也是城镇化的故乡。在 K. J. 巴顿所著的《城市经济学：理论和政策》的序言中，作者对城镇化进行了经典阐释："人口、社会生产力逐渐向城市转移和集中的过程（我们把它称为城镇化

---

① 主要是指在城市中居住着大批没有城镇化的人，如暂住证式的人口、候鸟型农民工，长期生活在城市的边缘而难以融入城市社会的边缘人。农村人口向城市的不断迁移，导致城市人口剧增，这种"假城镇化"给城乡协调发展带来了风险。

② 马先标：《十大理念影响经济安全运行》，《中国产经新闻》2006 年 8 月 24 日 A3 版。

的这个过程），是社会生产力发展的必然结果，是人类社会历史发展所必经的过程。我们在这里所说的当代西方发达的资本主义国家中的这种新的高速度的城镇化过程，一般具有以下一些特征：（一）农业生产高度现代化（这里包括各种先进技术的广泛应用，生产的高度社会化和专业化等等）的结果，使原来大量从事农业生产的劳动力从土地上被释放出来，以前所未有的速度转化为城市人口；（二）所谓'第三产业'的人口以惊人的速度增长起来，智力劳动在整个社会生产中所占的比重、地位和作用大大提高了，这就使整个社会的经济结构、产业结构和社会结构发生了巨大的变化；（三）农村物质生活条件，即物质文明程度，已经接近城市，在某些方面（如空气、阳光、环境等条件）甚至超越了城市。因此，有些人把城镇化的程度看作一个国家物质文明程度的标志，不是没有道理的。"对城镇化的经典解释引发了对城镇化多方面视角的认识与研究，城镇化的动力、模式与速度问题，就是其中的一个重要方面。

先来简要回顾一下理论界对城镇化动力有哪些描述。对城镇化从"力"的视角阐释，主要应从牛顿力学与人口迁移的联系开始。而将牛顿力学的动力概念引入城镇化的人口迁移领域，又应该从美国普林斯顿大学天文学家德利斯勒·斯图尔特（Dressler Stewart）"引力模型"开始。20 世纪，通过观察在普林斯顿就学的大学生减少这一现象，斯图尔特开始研究与牛顿万有引力极为相似的迁移现象，形成了一种社会物理学派的观点，并由此建立模型加以阐释。后来的学者斯蒂沃特和热夫提出一个改进的公式，引入摩擦系数，于是"引力模型"在区位论分析中广泛运用，两个城市间的人流、物流强度都可以由此模型表示。

在人口经济学家的"迁移推力—拉力理论"中，出现了对人的迁移更有针对性的分析：迁移是由迁出地的推力和迁入地的拉力共同作用的结果。莱文斯坦的"人口迁移法则"强调：人口迁移最重要的因素是经济原因，人们为追求更好的生产、生活条件而迁移。何勃拉（Herberle）于 1938 年、米歇尔（Mitchell）于 1946 年分别对传统的人口迁移推力—拉力理论进行了论述，他们认为：决定人口迁移行为的因素是原住地的推力和迁入地的拉力。进一步地讲，原住地的失业、就业不足、耕地不足、缺乏基本的生活设施（如学校、医院）等构成了原住地的推力，这些因素促使人们向其他地区迁移；与此同时，迁移目的地更好的就业机会、更好的发展前程、更高的工资、更好的教育和卫生设施等构成了目的地的拉力，这些拉力吸引人们由其他地区迁往这一地区。E. S. 李（E. S. Lee）于 20 世纪 60 年代对推力拉力理论进行了发展和完善，他认为，每一个地区都同时存在着某些吸引人的因素，某些排斥人的因素，也有一些中性因素，人口迁移，正是这些因素综合作用的结果。当然，人们对迁入地和原居住地各种因素的评价，会受到主观感受和客观条件的影响。人们对迁入地各种因素的评价，还受个人生命周期的影响。例如，好的天气对每个人都可能是拉力因素，好的教育设施对学龄儿童的父母可能是拉力因素，但对没有孩子的人来说则可能是推力因素，因为维持好的教育设施意味着纳税人要多纳税。迁移还受迁入地和原居住地之间各种中间因素的阻碍，如距离和迁移成本的影响。最后，迁移还受到个人因素的影响，一个人的性别、年龄、个性、智慧、敏感程度、对其他地区的认识程度、与外界接触的方式等都会影响他对原居住地和迁入地的评价，从而影响其迁移决策。E. S. 李的理论还包括了迁移量、迁移方向、迁移效率、迁移者特征等方面。20 世纪人力资本理论形成后，对迁移中的代价与牺牲，也即成本细分，包括了经济的与心理的，货币的与非货币的，直接的与间接的因素分析，形成了迁移的成本因素体系，比如，距离的长短就是迁移成本因素之一。

在"极化—扩散"理论的效用分析中，也有关于城市与腹地之间离心力与吸引力的描述。

发展经济学家迈克尔·P. 托达罗（Micheal P. Todaro）的人口流动模式实际上也是从推拉力的动力机制出发对城镇化中的人口迁移加以分析，模型内含的实际的收入差异和就业概率则反映了推力、拉力的内在属性。

在新兴工业化和发展中国家，农村向城市的移民同样是"推力"和"拉力"相结合的结果。前者主要指农业的商品化程度和来自农业生产的压力等因素，比如，可能发生的干旱和饥荒，战争和疾病的流行等。后者包括进口替代产业的发展和城市区域的高级健康保健设施的开发等（Potter 和 Lloyd-Evans，1998）。

城镇化的动力机制仍然是一些学者们的研究主题，城镇化的发生与发展受到三大力量的推动与吸引：即农业发展、工业化和第三产业崛起。农业发展给城镇化提供基础动力，工业化是城镇化的核心动力，第三产业发展则给城镇化以后续动力。①

城镇化过程就是现代社会商品生产不断发展，人口不断集中，城市经济与区域经济联系越来越密切，城市的社会动力作用越来越加强的历史发展过程。因此，也可以从社会经济增长理论的要素视角出发，将城镇化的动力划分为制度的、资本的、技术的、人力资本几种。这主要是源于人们认识到制度创新、人力资本、科技进步以及工业发展对城镇化推动的认识。而从社会经济的要素是否促进城镇化出发，可以将诸要素分为推力和阻力。认识的偏差、落后的观念、扭曲的机制与要素的匮乏，都可能形成阻力。值得注意的是，在社会主义市场经济体制初步建立但一些旧的体制束缚仍然存在的中国，制度的、货币的动力对城镇化发展的意义正超过其他要素。

也有一些研究从市场与政府的推动出发，指出城镇化中的动力有市场力与政府调控力之分，并由此而分析中国城镇化可分为自上而下的城镇化和自下而上的城镇化两种类型。应该看到，尽管可以从推力拉力等其他形式的"力"的角度探讨城镇化发展过程中的规律，但是，基于政府和市场这两个不同性质的"力"的维度着重揭示城镇化如何持续健康，进而制定有效的制度安排和政策措施，无疑是最具根本性的方法。

如果说，货币供给扩大下的城镇化快速发展是一种城镇化发展的跨越式制度安排，那么这种发展理念，正是在合理界定城镇化过程中一个强有力的政府这只看得见的手如何有效引导，以及与市场另一只看不见的手如何各司其职、相互协调，从而高效实现制度性动力这个软要素与货币动力这个硬要素的耦合，才构成了我们所要关切的政市关系维度下城镇化的动力命题。

三　城镇化模式

城镇化模式主要受经济体制、工业化模式和经济发展水平的限制。不同的国家与地区尽管都曾经走过以及正在走城镇化快速发展之

---

① 参见陈柳钦《产业发展：城镇化的动力》，《重庆工商大学学报（西部论坛）》2005年第1期。

路，但是，其城镇化的模式可能不一样，对于同一国家、同一地区在不同的发展阶段，由于条件发生变化，城镇化的模式也可能有些不同。

什么叫"城镇化（城市化）模式"？成德宁认为，"城镇化模式"是社会、经济结构转变过程中的城镇化发展状况及动力机制特征的总和。关于世界城镇化的模式，有许多学者从不同的角度进行过分类比较。例如，有的学者以城市化的阶段为依据，认为城市化可以分为集中型城市化和分散型城市化；有的学者以不同经济体制为依据，将城市化分为计划型城市化和市场型城市化。有的从城镇化的发动主体出发，将其分为"自上而下的城镇化"（urbanization from above）和"自下而上的城镇化"（urbanization from below）模式；也有的根据人口、产业积聚和城市性的扩散，将其分为正统型城镇化、假性城镇化和离心型城镇化。[①]

如前所述，从城镇化与经济发展水平之间的协调程度来看，城镇化又包括同步型城镇化、过度型城镇化和滞后型城镇化三种模式。其中，经济发展水平与城镇化基本相协调的模式，属于同步型城镇化，市场经济发达国家和新型工业国属于这种模式；经济发展水平与城镇化基本不协调的另两种，一个是拉美国家的过度型城镇化，也被称为"无工业的城镇化"，失去土地的农民盲目进城，因不能就业而聚集在城市，甚至他们中有相当一部分居住在卫生条件和基本配套生活设施不足的贫民窟中，从而引发社会骚乱；另一个是类似中国某些发展阶段的滞后型城镇化，突出地表现为工业化快于城镇化、服务业相对滞后、农民彻底转移进城的速度慢，从而在相当程度上引发城镇化滞后与"三农"建设缓慢的双重恶化。

从人口、生产力向城市的聚集是否与城市经济的发达程度相协调，或者与城市对新的人口、生产要素接纳承载的容量是否和谐的关系来看，可以认为，同步型城镇化是和谐的城镇化，而过度型和滞后型城镇化则是不和谐的城镇化。

什么是"和谐"？"和谐"这一概念术语，其含义在哲学意义上体现

---

① 参见成德宁《城镇化与经济发展：理论、模式与政策》，科学出版社 2004 年版，第131—132 页。

为均衡、适度。体现在我们要讨论的城镇化这个领域，适度均衡的转移人口与生产要素，有利于城乡的协调发展；反之，缺乏制度与货币支持的盲目的人口转移，必然导致过度城镇化或条件成熟时缓慢的滞后型城镇化，这两种表现都是不和谐的城镇化。[①] 通过和谐的同步型城镇化，以构建新的和谐的城乡空间经济结构与经济发展格局，可以体现又好又快的宏观经济战略要求。

安虎森等根据空间经济学的城镇化理论，认为我国区际发展水平差距很大，城镇化模式的选择应充分考虑经济发展水平，实行差别化的城镇化道路。在经济发展水平较低的地区，应选择以小城镇建设为中心的城镇化模式，在经济发展水平较高的地区，应选择以大城市和城市群为主导的城镇化模式。[②]

城镇化的动力必然影响到城镇化的发展模式。单一的政府调控力与"自上而下的城镇化"相对应；市场力与宏观调控力和谐协调有利于实现同步型城镇化；货币动力与政府调控动力不足，则极易导致滞后型城镇化。

总体来看，在城镇化过程中，人口、生产力向城市的聚集是否与城市经济的发展程度相协调，或者说城市体系是否有能力向转移后的人口提供相适应的就业、生活保障条件，应该是确定城镇化战略模式需要考虑的关键因素。

四　城镇化速度

首先需要说明的是，"城镇化度"与"城镇化速度"并非等同。表明城镇化水平的城镇化度又被称为"城镇化率"，是用城镇人口占地区或国家总人口的比例来度量的。而城镇化速度则是城镇化率的变化量与一个特定时间段的比值，也即年均的城镇化率变化值，可见两个变量之间联系紧密，但含义不同。

---

① 参见马先标等《五大着力点浅议和谐的中国经济体构建》，人大复印资料《国民经济管理》2007 年第 3 期。这里将和谐的理念引入城镇化类型的分析中，以加深对构建和谐社会与城镇化的相关性认识，过度型与滞后型城镇化均造成城乡的失调发展，是不和谐的城镇化。

② 安虎森、朱妍：《经济发展水平与城市化模式选择》，《求索》2007 年第 6 期。

虽然可以从城镇数量变化和城镇人口数量变化两个角度去理解城镇化速度，但是从后者出发更可以对其加以把握。因为即使城镇数量增加了，但如果这是由于城镇人口的分散而造成的，而整个国家总的城镇人口没有变化或变化很小，那么这时相应的城镇化率也必然不变或变化很小，城镇化速度就难以衡量；反之，即使城镇数量没有增减，但是迁移进城的农村人口增加了，这仍然表明城镇化水平有所提高，城镇化速度因而也可以被有效地测度。所以，应该用城镇人口数量来考察城镇化速度，这样更科学、更全面，而且更具操作性。

保罗·贝尔琴（Paul N. Balchin）在研究政治经济转型国家的城镇化时，提到"城市化速度"一词。书中阐述到，像发达的资本主义国家一样，处于转型期的国家正处在工业化和城镇化的过程之中。在 19 世纪末 20 世纪初，原中东欧和俄联邦的社会主义政府进行的土地改革和农业变革，没有能够向城市进行大规模的移民，与此同时，城市工业化的步伐不断加快。在东欧国家的很多地区，由于出生率下降的速度快于死亡率，所以人口增长速度和城镇化速度均严重落后于工业化。[①]

由于西方国家的城镇化主要是依赖市场力为主，所以其在城镇化的速度方面并没有进行太多的干预。从 1760 年英国工业革命引发的城镇化开始到 20 世纪初西方主要国家城镇化的基本完成，共用了 200 多年的时间，市场制度的完善建立也用了近百年左右的时间。就我国市场制度初步建立用了不到 30 年的时间，以及现在所面临的约束性国际发展空间来看，我国的城镇化速度不能太慢，跨越式发展的模式可能更适合中国国情。当然，这并不算是城镇化中的"大跃进"。21 世纪初就有一些专家对城镇化进程按地区进行了预测（见表 3—1）。例如，有专家曾指出，"预计在 21 世纪前五十年内，我国城镇化水平增幅 33.8 个百分点，年均增加 0.68 个百分点。其中：第一个十年（2001～2010）增幅 11.8 个百分点，年均 1.18 个百分点；第二个十年（2011～2020）增幅 8 个百分点，年均 0.8 个百分点；第三个十年（2021～2030）增幅 6 个百分点，年均 0.6 个百分点；后两个十年（2031～2050）增幅 8 个百分点，年均 0.4 个百分

[①] ［英］保罗·贝尔琴等：《全球视角中的城市经济》，刘书瀚等译，吉林人民出版社 2011 年第 2 版，第 4 页。

点，2050 年城镇化水平达到 70% 左右。因为这半个世纪是从城镇化加速发展时期到继续发展时期逐渐过渡到后续整理时期，即当城镇化水平越来越高时，年均增幅越来越小是正常的，符合城镇化进程中的客观发展规律"[①]。

表3—1　　　　　　　　地区城市进程和发展预测

地区 \ 项目	城市密度（2000 年）个/万平方公里	各类城市在全国所占比例（2000 年,%）			城镇化水平预测（2010 年,%）
		大城市	中等城市	小城市	
东部	2.27	50.0	47.5	41.2	58.0
中部	0.87	40.4	35.9	37.2	48.0
西部	0.23	9.6	16.6	21.6	43.0

资料来源：胡欣、江小群：《城市经济学》，立信会计出版社 2005 年版，第 35 页。

　　早期一些专家对未来中国城镇化实现的预测时间，可参见表 3—2。国家"十一五规划纲要"曾经提出，要在该规划期末，即 2010 年，将全国城镇化率提高到 47%，并与建设社会主义新农村一道，促进城乡协调发展；"十三五规划纲要"则提出，到 2020 年常住人口城镇化率达到 60%，并要加强推动户籍人口城镇化率，改善城镇化质量；而国家新型城镇化规划提出，到 2020 年我国城镇化目标值为 60%；联合国规划中关于中国未来城镇化水平数值为 61%，这个数值将高于其时亚洲城镇化平均水平。[②]

————————

　　① 胡欣、江小群：《城市经济学》，立信会计出版社 2005 年版，第 35 页。
　　② 分别参见：十一五规划纲要第二章；2014—2020 年国家新型城镇化规划第 5 章。United Nations, Department of Economic and Social Affairs, Population Division (2015). World Urbanization Prospects: The 2014 Revision, (ST/ESA/SER. A/366), pp. 206 - 207. 作为新中国第一部专门针对城镇化发展的战略规划，国家新型城镇化规划指出，要推动城镇化水平和质量稳步提升，城镇化健康有序发展，常住人口城镇化率达到 60% 左右，户籍人口城镇化率达到 45% 左右，户籍人口城镇化率与常住人口城镇化率差距缩小 2 个百分点左右，努力实现 1 亿左右农业转移人口和其他常住人口在城镇落户。

表3—2　　　　　　　　专家预测或建议的中国城镇化进程时间

数据出处的著作作者	2010 年	2020 年	2030 年	2050 年
胡欣、江小群	48.0%	56.0%	62.0%	70.0%
谢文惠、邓卫	50%	55%或60%	—	70%
柳欣	—	60%	—	—

资料来源：胡欣、江小群：《城市经济学》，立信会计出版社 2005 年版，第 31 页；谢文惠、邓卫：《城市经济学》，清华大学出版社 1996 年版，第 88 页，2008 年第 2 版，第 77—78 页；柳欣：《经济学与中国经济》，人民出版社 2006 年版，第 271 页。

第二节　城镇化中的政府与市场

一　城镇化中的政府及其调控力

理论与现实表明，任何一个国家或地区的城镇化要取得持续健康的发展，市场机制的作用固然重要，但是，政府体系以及相关的公共政策，特别是政府调控力是否有效，实际上同样重要。

前面已经从城镇化的动力机制文献回溯中，谈到政府与市场两种不同性质的力量共同推进了城市的经济社会发展。关于城镇化中的政府及其调控力，国内外一些专家学者进行了一系列的阐述。

世界银行的安德鲁.M.哈默（Andrew M. Hammer）和琼汉尼斯.F.林（Johannes F. lin），可能是对发展中国家政府政策制定、规划作用讨论最多也颇有见地的西方经济学家之一。例如，他们在对发展中国家的城镇化模式问题与政策进行分析后，认为发展中国家的城镇化并不只是重复发达国家的经验，从农村向城市的转化是在过高的人口增长率、很低的收入水平、几乎没有机会统辖新的国内或国外的边界的背景下进行的。在这个过程中，城镇化的绝对规模正在检验规划者和决策制定者的能力。

也正如安德鲁·M.哈默和琼汉尼斯·F.林认为的，改进的城镇化政策将有助于减轻第三世界城市的增长压力。然而，随着城镇化在所有的发展中国家继续发展，政策制定者在管理城市时所面临的问题，将持续到可以遇见的未来。城镇化良好水平上的城市政策具有核心的重要性，它们保证着集中在城市的经济、人力和金融资源可以被尽量平等和有效地利用。由于城市财政缺口也是重点，两位专家进而建议中央政府对因城镇化而引起的城市基础设施和住房短缺的公共供给方面，提供融资贷款的支持，指出发展中国家的中央政府在运用政府调控力积极稳健地发展城镇化方面具有必要性，以及这种调控力强化的来源表现在政策规划和金融支持方面。[①]

阿瑟·奥沙利文（Arthwr O'sullivan）在其早期所著的《城市经济学》第四版的导论中，只谈到市场在城市发展中的作用，简要回顾了西方城镇化历史，但是较少系统阐述政府调控力如何推动西方城镇化前进。作者在谈到中心城市消除贫困的公共政策时，也局限于种族隔离政策方面，当然其对住房政策的讨论较多，提出了公共住宅发展的相关政策。在后来的第八版书中，也较少从政府和市场关系系统阐述城市化的历史进程。不过，他在其著作中全面而深入地解读了城市发展领域的诸多问题。

K. J. 巴顿在谈到英国的国家城市增长政策时这样描述："大型组合城市对区域经济起主导作用，在某些情况下，对整个国民经济也起主导作用。因此组合城市的影响可以大大地超出当地居民的福利范围之外。以此之故，政府对监督乃至有时影响主要城市中心的增长模式是有既定的利益的。有关当局的实际政策为数既多，又多变化，而且各城市地区所出现的经济活动在不同水平、不同组合和不同增长速度上反映出来（弗兰德利 Friedley［1974］）。各城市中心不同的经济增长速度，不仅仅反映在生产力的互异（事实上还有工资水平的差别），而且还反映在这些城市的经济结构，以及蒙受污染和拥挤的程度。由于市场的完善已不能使这些差别随着时间而自动消除，为了使整个国家长期福利达到最大限度，政府可能决定进行干预。"[②] 保罗·贝尔琴等在《全球视角中的城市经

[①] 论述至少体现了下列几层含义：发展中国家的宏观调控力的重要性；宏观调控力面临挑战；城镇化不像早期英国的城镇化，在人口迁移的安排上可以采用暴力的圈地运动，这种暴力强制的迁移方式在当今的社会面临以人为核心的社会文明制度约束；现在的发展中国家在发展城镇化时，缺乏城市经济资源的宽松的国际环境，殖民与掠夺、奴隶贸易方式都是不被允许的。

[②] K. J. 巴顿：《城市经济学：理论和政策》，上海社会科学院部门经济研究所城市经济研究室译，商务印书馆1984年版，第84页。

济》中，则谈到房地产发展中的政府干预问题。

国内，张敦富等在《城市经济学原理》中，论述了城市经济发展战略管理、城市规划管理、城市政府管理与电子政务、制度与城市化，这也许可归结到政府对城镇化的调控力范畴。成德宁在《城市化与经济发展：理论、模式与政策》一书中，谈到城镇化战略、城市治理、公共政策创新与城镇化的关系时，都涉及城镇化进程中的政府推动力量。黄小晶（2006）、谷荣（2007）、宋才发（2008）、李凤梅（2017）、吴耀（2012）等，在其专著或学位论文中，对城镇化中的政府公共政策、法律问题，进行了相应的阐述和分析。此外，中国财政协同创新中心项目以及冯涛的博士论文，还集中研究或关注了城市化进程中的地方政府行为。

普遍认为，城镇化只是从 20 世纪 40 年代后期才在全球范围大规模快速发展，在此之前，城镇化仅仅局限于西欧和北美等局部地区，并未在全球范围内普遍展开。但是，正如有关研究指出的，进入 21 世纪，全球范围内出现的城镇化、全球化、分权化和政府再造等新的发展趋势，迫使发展中国家的政策决策者必须顺应新的发展趋势，及时应对新的挑战和机遇。发展中国家转变城镇化战略和制定新的城镇化战略，变得比以前更加紧迫。

无疑，正如沃利·恩道博士所言，"城市是正在形成的新世界的中心，而且它还是带动新世界发展的引擎。当今，如果一个国家的城市都失败了，那么，这个国家也就不可能获得成功。国家和城市的命运息息相关，这是前所未有的"①。与城市体系带动国家乃至整个世界发展的引擎功能与中心地位相对应，城镇化则通过推动城市经济繁荣发展，为解放了的农业剩余劳动力提供就业发展机会等，成为一国乃至整个世界现代化的引擎和主动力。毫无疑问，城镇化也是缩小城乡差距、促进城乡协调发展的引擎和路径。当前，对城市与城镇化发展战略意义的认识，正在被学业两界，特别是被包括中国在内的发展中大国的决策层所体认。

---

① 联合国人居第二次代表大会上，秘书长沃利·恩道博士在大会开幕式上的讲话，1996 年 6 月 3 日。

二 市场力与政府调控力的协调

需要进一步交代的是，城镇化所包括的诸多经济、社会领域，有些是市场机制失灵，而需要政府的调控力加以推动的领域。不过，我们千万不能忘记，城镇化内在的经济机理表明，市场机制在城镇化过程中发挥作用的重要意义和起作用的专有空间具有不可替代性。

城镇化在诸多方面引起的深刻变化，特别是对城市经济发展的繁荣方面，需要由市场机制发力，来承担自发地调节功能，包括优化产业结构，调节配置资源，实现产业与就业的和谐，为膨胀的城市人口提供发展、就业机会，增强对农村的拉力。当然，在一国或地区的城镇化持续发展中，也存在不少需要政府和市场这两者合理搭配才能发挥最大效用的共同领域，只不过两者起作用的主次地位不同而已。

比较地看，由于西方国家的私有产权制度以及相应的政治体制等国情特征，所以其城镇化主要依赖市场力完成，而在解决城镇化中出现的公共问题方面，则城市政府的治理涉及较多。至于政府的调控力在发展城镇化方面更为"积极"，或引导特征凸显得更为强烈，则主要体现在发展中国家。不过，话又说回来，这并不意味着发展中国家在解决城镇化中的公共问题时，可以忽视市场力的作用，正如前文强调指出的，在很多情况下，应该是两种力搭配使用，差别仅在于程度有所不同。

本书导论中对城镇化的关键问题进行了一些阐述，如果就此再展开系统分析，可得出中国城镇化中政府与市场的作用力体系与流程（见图3—1）。正是因为农村人口迁移进城，由此引发了城市与乡村在资源配置、空间结构、经济发展、就业与生活的一系列问题，所以图3—1的作用力流程是以农村人口的迁移为中心而展开的。

综上所述，就走中国特色城镇化道路来讲，我们更应结合国情，统筹协调好政府调控力与市场力的正效应，避免出现过度城镇化或城市病蔓延的不利局面。

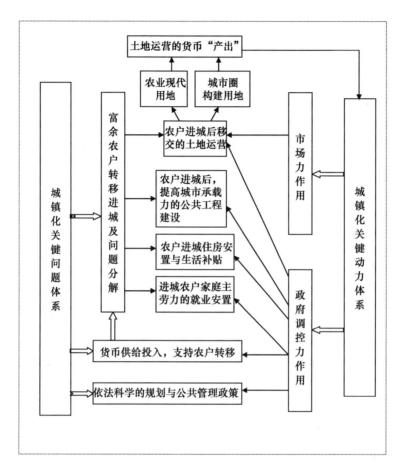

图3—1　城镇化中的政府调控与市场作用力流程

第三节　城镇化与人口迁移

一　人口迁移的推拉力模型

在前面有关章节我们已经指出，城镇化的内在机制和基本动力是城市经济的发展，城镇化的外在表现则是城镇人口数量的变化，而这个人口数量变化的重要推动因素，就是农村人口的迁移引起的。人口迁移是西方研究城镇化理论的专家谈得最多的领域之一。

迁移推力—拉力理论（push-pull theory of migration）认为，迁移行为发生的原因是迁出地的推力，以及迁入地的拉力共同作用的结果。该理论的起源可以追溯到恩斯特·乔治·莱温斯坦（Ernst Georg Ravenstein）的"人口迁移法则"，他认为，迁移最重要的原因是经济因素，人们为追求生产和生活条件的改善进行迁移。迁移还受到个人因素的影响，一个人的性别、年龄、个性、智慧、敏感程度、对其他地区的认识程度、与外界接触的方式等都会影响他对原居住地和迁入地的评价，从而影响其迁移决策。①

朱利安·沃尔波特（Julian Wolpert）于 1965 年提出关于人口迁移决策的一个"两步过程迁移模型"（Julian Wolpert's model of two-step process）。他认为，迁移并不是一个独立的事件，而是一个两步决策过程。第一步是离开居住地的决策，第二步是到有关目的地的决策。这些决策的做出，取决于三个基本变量。（1）原居住地的地点效用（place utility），或满意度。它是指一个人在其所处的空间位置上所能享受的各种条件的总和，地点效用可以是正值，也可以是负值，表示满意或不满意程度；（2）地点效应最低值的变化。它是指居住地的地点效用由于各种原因而降低到某一阈值以下，人们倾向于决定迁移，但这时迁移不一定真正发生，因为这些潜在迁移者可能会降低自身期望（即阈值），以适应外部环境，但阈值下降总有一个最低程度，超过这个程度，迁移就要发生；（3）对有更高地点效应的迁移目的地的确认。由于个人和地区环境的变化，居住者认为地点效应下降，对社区不满意度足够大时，个人就决定要离开居住地，并开始寻找更好的地点。由于当时各种紧迫的压力，例如失业压力等，这种寻找有局限性，以致这种寻找结果并非是最优化的。由于这个原因，潜在迁移者对迁移目的地的了解，就成为目的地选择过程中最关键的因素。如果当时并不紧迫，或当时暂无压力，潜在的迁移者则会进行长期反复的寻找，包括事先确定好迁移目的地的工作等。②

---

① 蔡继民和周炳林曾就个人的性别、年龄、个性、智慧、敏感程度、对其他地区的认识程度、与外界接触的方式等方面，对迁移函数的决策做过分析研究。

② 胡代光、高鸿业主编：《西方经济学大辞典》，经济科学出版社 2000 年版，第 752 页。

表 3—3　　　　早期部分中西方学者对"城镇化"研究的相关范畴

作者	书名	范畴	有无发展中国家的研究
阿瑟·奥沙利文	《城市经济学》第四版	公共住宅；中心城市消除贫困与次都市发展；西方城市化历史	无
爱德温·S. 米尔斯	《区域和城市经济学手册（2）》	移民；城市化模式、问题与政策；住房；交通；城市舒适	有
K. J. 巴顿	《城市经济学：理论和政策》	国家城市增长政策；城市住房；城市规划；城市公共事业；城市土地使用模式；城市化简史；对城市土地市场的干预；城市交通；投入产出模型和凯恩斯增长模型，供给指向模型；模型作用	无
保罗·贝尔琴等	《全球视角中的城市经济》	世界城市化与经济全球化；中国住房与土地；房地产中的政府干预；新兴工业化；城市结构等级与土地利用模式；城市增长与城市发展理论；发展中国家交通	有
迈克尔·P. 托达罗	《经济发展与第三世界》	人口迁移与城市化	有
辜胜阻	《非农化与城镇化研究》	城镇化的动力机制；两类迁移人口（永久与暂住）；人口迁移与城镇化；滞后原因等	有
张敦富	《城市经济学原理》	城市化的经济机制与演进；城市化的因素关系；世界与中国城市化历史；城市体系首位城市成长；城市规划；中国城市土地经济与住宅经济、基础设施经济；城市社会管理中外比较；城市经济发展战略管理（国家政策）、融资政策与城市经济发展；制度与城市化	有

作者	书名	范畴	有无发展中国家的研究
胡欣	《城市经济学》	城市化进程的中外比较；城市化地域差异与布局调整；城市经济理论研究基本方法，投入产出等；经济全球化下城市化普遍发展对策	有

二 托达罗模型与其他

发展经济学家托达罗（Michael P. Todaro）是对城镇化中人口迁移理论贡献最大的西方学者之一，而且对发展中国家的人口迁移与对策有独到的见解。比如对人口迁移与城镇化的两难困境、人口迁移与发展、人口的国际迁移与国内迁移、发展中国家国内人口迁移、农村与城市之间人口迁移的经济理论方面，托达罗结合发展中国家的国情，对人口迁移与城镇化的快速发展关系，以及政策困境应对措施等方面，进行了卓有成效的讨论。针对城市就业不足，托达罗指出：依靠城市增长提供的岗位是不能满足进城农村人口的就业需求的，传统的（凯恩斯的）解决城市失业问题的办法（即创造更多的城市现代部门工作机会，而并不力图同时改善农村就业机会和农村收入），可能会引起自相矛盾的情况，即更多的城市就业导致较高水平的城市失业。快速城镇化过程中的主要后果之一，就是使到城市寻找工作的人数骤增。在许多发展中国家，工人的供给已经远远超过需求，结果形成了城市地区极高的失业率与就业不足。

图3—2从推拉力的动力机制出发分析，考虑实际的收入差异和就业概率，对影响城镇化中人口迁移决策的各种因素的相互作用进行了分析。

D. 马祖姆达（D. Mazumda）认为，移民是个人对更好机会的反应，原则上应该明显提高经济福利。农村向城市移民的相关问题有两种不同类型：（1）个人移民可能是由于非经济因素（"城市光明"等），或由于个人喜欢冒险的天性，或者是由于农村人口增长而被排挤出传统农村劳动的领地；（2）移民的社会回报可能低于对个人的回报，这是因为城乡间（这里包括劳动移民）非劳动要素的分布低于最优水平，或者因为城

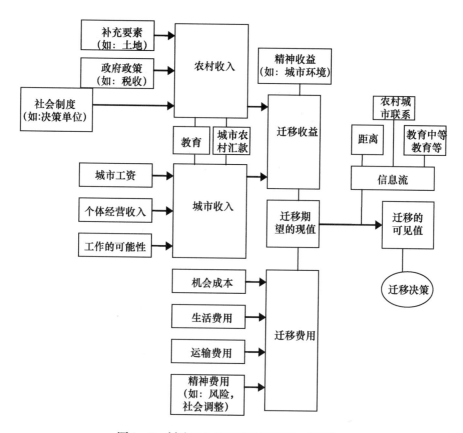

图3—2 托达罗人口迁移决策因素分析框架

资料来源: D. 拜尔利:《非洲的农村—城市人口迁移: 理论、政策和研究的含义》,《国际人口迁移周报》, 1974 年。

乡间移民的分布效应不同。①

人口学家提出, 随着经济增长, 人口膨胀对城市产生压力, 迫使研究者与决策者应该对城镇化中庞大的农村人口迁移所带来的负面因素加以考虑。有关适度人口的一系列概念应运而生, 包括 "适度人口论" (theory of optimal population)、"经济适度人口" (economic optimal population)、"福利适度人口" (welfare optimal population)、"静态适度人口" (static optimal population) 等范畴。适度人口思想最早可以追溯到古希腊

---

① [美] 爱德温·S. 米尔斯:《区域和城市经济学手册 (2)》, 郝寿义等译, 经济科学出版社 2003 年版, 第 327 页。

时期。当时，著名哲学家柏拉图和亚里士多德都从政治学的角度，探讨一个城堡国家究竟有多少人口才适合于统治的问题。但对当代产生实质性影响的适度人口思想，主要是"经济适度人口"这个概念，其提出者是英国剑桥学派的代表人物之一的经济学家埃德温·坎（Edwin Cannan，1861—1936 年），以及同时代的瑞典经济学家克纳特·威克塞尔（Knut Wicksell，1851—1926 年）。

农村人口向城市的不断迁移，是城镇化加快的手段和衡量城镇化水平的外在指标。毋庸置疑，在人口、生产要素的转移中，人的转移最复杂，不像资金、技术那些物的因素，人的迁移不仅由经济因素的市场机制调节，还与社会的心理、习俗等非经济因素相关。

爱德温·S. 米尔斯在《区域和城市经济学手册第 2 卷：城市经济学》一书中谈到移民函数与目标决策问题，并且分析了除距离以外的其他因素。辜胜阻先生在《非农化与城镇化研究》一书中指出，从农村向城市迁移的过程中，存在两类迁移人口（永久型与暂住型）；作者还对人口迁移与城镇化的关系，结合中国国情进行了讨论。

需要指出，超过经济适度人口的城镇化迁移，必然会导致过度城镇化。①

结合上述的理论回溯与分析，我们应认识到，在城镇化进程中我国农村人口迁移与其他国家的不同特点。（1）以农户为单位的迁移而不是单个劳动力迁移。托达罗在论述移民的人口、教育、经济特征时，已经涉及男性与女性的不同特点，其中包括"家庭主导"的男性迁移往往导致妻子儿女的附带型迁移。（2）对就业、生活、住房保障的安全性的严格要求。正如后文将要阐述的，在城市病蔓延，以及乡村生活水平有了一定改善的中国，"交钥匙式"的人口迁移，可能才显得积极、稳健和现实。（3）从人口、资源、环境的和谐发展战略出发，有必要引出目标城

---

① "过度城镇化"指人口城镇化超过社会经济承受力，带来一系列"城市病"的现象。一些拉美国家对进城农民的就业、社会保障等问题缺乏解决措施，出现过度城镇化（Over-urbaniza-tion）困境。"过度城镇化"现象最初引起注意的是在 20 世纪 50—60 年代，美国发展经济学家托达罗等在研究中发现：发展中国家城市人口的增加将成为整个世界城市人口增加数中最突出的部分，劳动力大量地、不断地从农村涌入非洲、拉丁美洲的新兴城市，这是人类历史上前所未有的现象。迁移的经济因素和心理等其他因素都对农民进城有影响。

市选择以及彻底城镇化的要求。（4）在中国城镇化中两种性质的力应搭配使用，应发挥政府调控力依法依规的积极引导作用，推动国内庞大的富余农户有序地转移进城。

最后要补充说明的是，引起城镇人口增加的其他因素，还体现在原有城镇人口数量的自然增长、新城市的建立，以及行政区划调整使城市范围扩大等方面，从而引起城市人口的增加。当然，总体而言，农村人口向城镇迁徙，是城镇人口增长的主要原因。[①]

第四节　城镇化与经济发展之间的联系

一　城镇化与农业、工业和服务业的相关性

诸多城市经济学家和城镇化理论研究者，通常习惯于从城镇化与工业化的逻辑关系来探讨城镇化阶段演进的一些范畴[②]，表3—4表明了工业化水平与城市化之间存在明确的正相关性，表3—5则是对这种正相关性给予进一步的具体阐述。

表3—4　　　　　　　　城市化与工业化水平的相关性

人均GDP（美元）	城市化率（%）	工业化率（%）
400	49.0	27.6
800	60.1	33.1
1000	63.4	34.7
大于1000	65.8	37.9

资料来源：［美］霍利斯·钱纳里、莫尔寒斯·塞尔昆：《发展的格局：1950—1970》，李小青等译，中国财政经济出版社1989年版，第22—23页。

---

① 参见《中国大百科全书》（经济学第一卷），中国大百科全书出版社2004年版，第74页。

② 这主要是受英国工业革命导致人口迁移的城镇化加快的经典事实影响。其实，这只是阶段性的关系反映范式，在城镇化的第一、第二阶段，由于服务业的发展还未居主导地位，所以只能用工业化值来比较，对于解读早期工业在城市经济增长进而推动城镇化进程方面是有说服力的。但是，随着城镇化进入成熟期，城市服务业占主导地位，自然应该用服务业或总的经济发展水平来讨论与城镇化阶段演进的相关性。

不过，我们还应看到，在城镇化的成熟和自我完善阶段，服务业的产值比重和就业比重都超过了工业，因而其与城镇化的相关性，也就超过了工业化。这表明，在城镇化发展进入第三阶段后，用服务业，或工业与服务业的总值，可能会更好地反映其与城镇化之间互动发展的逻辑相关性（见表3—6）。

表3—5　　　　　　　　　工业化与城镇化的对应关系

阶　　段	工业化特征	城镇化特征	部分国家的城镇化水平
工业化起步期，城镇化初始阶段	轻纺工业是主导产业，属劳动密集型	大量农村劳动力进入城市，成为工人。城镇化率向30%迈进	城镇化水平年均增长，英国为0.16%，法国为0.20%，德国为0.25%，美国为0.24%
工业化扩张期，城镇化加速阶段	重化工业是主导产业，工业和国民经济加速发展	农村富余劳动力持续入城。城镇化率以较快速度向70%攀升	城镇化水平年均增长，英国为0.30%，法国和德国为0.35%，美国为0.52%
工业化成熟期，城镇化成熟与完善阶段	深加工化，集约化，工业对国民经济增长的贡献让位于第三产业	城镇化率超过70%之后，上升缓慢，甚至出现停滞	

资料来源：杨治、杜朝晖：《经济结构的进化与城市化》，《中国人民大学学报》2000年第6期。根据论文中的资料信息加以整理。

西蒙·库兹涅茨（Simon Smith Kuznets）在《现代经济增长》一书中认为，产品的来源和资源的去处，从农业活动转向非农业生产活动，即工业化的过程；城市和乡村之间的人口分布发生变化，即城市化的过程。[①]

————

① ［美］西蒙·库兹涅茨：《现代经济增长》，戴睿等译，经济出版社1989年版，第1页。

表3—6　　　　　　城镇化与第二产业、第三产业发展的相关性

时　　间	城镇化率变化与第二产业发展水平变化的相关系数	城镇化率变化与第三产业发展水平变化的相关系数
美国　1870—1970 年	0.6055	0.9700
日本　1920—1979 年	0.8612	0.9287
中国　1952～1998 年	0.8452	0.9237

资料来源：杨治、杜朝晖：《经济结构的进化与城市化》，《中国人民大学学报》2000 年第6期。

注：第二产业发展水平是第二产业就业人口占总就业人口的比重；第三产业发展水平是第三产业就业人口占总就业人口的比重。

表中数据说明，城镇与服务业的相关性强于工业，而且服务业的就业吸纳能力也强于工业。

表3—7　　　　　　人均 GNP 与城镇化水平的关系

国家（GNP）单位：美元	≤100	≤100—200	≤200—350	≤350—575	≤575—1000	≥1000
城市人口比重（%）	22.9	32.0	36.0	49.9	65.8	68.2

资料来源：[美]西蒙·库兹涅茨：《现代经济增长：速度、结构与扩展》，戴睿、易诚译，北京经济学院出版社1989 年版，第341 页。

城镇化阶段与不同的国家类型所处的不同发展阶段也有一定的相关性。正如国外学者的研究指出的："在研究城镇化时，我们发现，具有基本显著区别的情况是：发达的资本主义国家进入较高水平的城镇化阶段；处于政治经济转型期的国家，处于中等水平的城镇化阶段；新兴的工业化和发展中国家，处于低水平的城镇化阶段。从全球范围来看，推力和拉力导致农村人口向城市的大规模移动，推动城镇化水平的提高，反映出经济发展（以单位国内生产总值表示）与城镇化之间存在的必然联系。"①

依此来看，事实上，在城镇化从加速进入成熟阶段，由于城市经济

---

① [英]保罗·贝尔琴等：《全球视角中的城市经济》，刘书瀚等译，吉林人民出版社2003 年版，第6 页。

中的服务业产值与就业比例不断上升，所以，城镇化水平应该与包括第二、第三产业在内的整个城市经济的整体发展水平相一致，而不是简单地与工业化水平相一致，这是需要引起我们关注的。这种逻辑关系，如果归结到一句话，那就是：在城镇化进入成熟阶段，城镇化水平与城市经济高水平化呈现良好的互动关系。

近期，也有学者在进行相关分类和统计的基础上指出，"在全球100万以上人口的国家和独立经济体中，尚未完成城市化转型或者城市化率虽然很高，但城市仍存在相当规模的贫民窟（暗示其农村居民也存在着普遍贫困化）、没有实现可融入市民化的国家（典型的如拉美国家），没有一个真正稳定进入高收入的发达国家行列。高收入的发达国家除了沙特阿拉伯和阿曼这两个特殊产油国，以及巴西刚到高收入门槛外，都是已经完成城市化转型（城市化率在70%以上）同时实现了可融入的市民化（城市中没有规模意义上的贫民窟）"[1]。与前面的分析相比，可以认为，这里揭示的是一国（地区）人均收入以及收入分配公平程度与城市化发展水平的正相关性。

不少学者对城镇化与农业的关系也进行了阐释，认为农业的发展是城镇化形成的前提，也是城镇化持续的支撑基础，并从供给与需求视角进行分析。显然，农业发展所产生的农业剩余是城市经济发展的必要条件，粮食、富余农业劳动力、富余的农业资金等剩余，为城市体系提供食物、工业原材料以及城市的原始积累。关于农业剩余对城镇化的启动，经典的城市经济学理论对此的阐述颇多，我国在20世纪60年代到70年代，曾经出现负城镇化或零城镇化的局面，这也从反面说明了农业发展对城镇化演进的重要性。从新中国成立后到改革开放前的相当一段时间内，由于中国农业总产量和人均农产品产量提高缓慢，城镇化进程受到很大的阻碍。为了减少城市商品粮的供应，政府被迫大量精减城市人口，于是造成了畸形的逆城镇化。从需求视角来看，农村的需求是城市工商业产品的重要拉动力量，虽然每个农民的购买力有限，但是，由于中国农业人口基数大，因此，市场的需求总量仍很庞大。现在，仍有庞大的富余农民被束缚在零散细碎的土地上，不但农业现代化难以全面实现，

---

[1]　华生：《城市化转型与土地陷阱》，东方出版社2013年版，第39—40页。

农民的人均收入也难以大幅度提高，与此同时，也难以形成对城市工商业产品的有效需求，进而迟滞城市经济的发展，并最终影响城镇化的整体发展和城乡协调发展。

从上述的分析中，我们自然达成共识，即农业的发展是城镇化形成的前提，也是城镇化持续的支撑基础。不过，片面夸大和强调农业的启动是城镇化的唯一前提，这种认识无疑具有很大的局限性。从世界城镇化总的态势来看，农业确实是城镇化的初始条件，但在具体到某一国家或城镇化进程的某一阶段时，就不一定是这种情形了。事实上，正如我们所见，在开放经济下，由于国际贸易与金融的日益深化，在有些国家和地区，农业剩余实际上并不是其城镇化的先决条件与支撑基础。[①]

二　城镇化与产业结构的关系

产业结构、就业结构与城镇化之间和谐发展，是城镇化理论研究者关注的一个重要领域。

由行业劳动力需求的概念可知，由于劳动力的需求是派生需求，行业劳动力需求量会随着该行业所生产的产品需求的变化而变化，所以，与产品结构相关联的产业结构规模与就业结构，并不会自动地居于一致的状态。

随着城市的发展和城镇化的发展，城市工业与服务业也获得了相应的发展。但是，产业的发展能否更好地承接、吸纳源源不断的进城农户，以及满足城市本身的新增劳动力就业需求，这给产业结构与就业结构的和谐发展提出了总量与结构优化调整的命题。

城镇化的产业结构与就业结构表现出的基本规律是：城镇化的深化与产业结构升级正相关，即产业的产值比重大小由"一、二、三"到"二、三、一"，最后转型到"三、二、一"；就业比重的变化也是这样的。

以前一节的分析已能看出，就人类城镇化发展总的历程来说，与其

---

① 比如城市地区香港、城市国家新加坡等。即使在一国内部，某些地区也不是这样：小渔村发展成大都市，并不是靠渔业积累，而是靠制度变迁跨越式发展工业、服务业而进入发达城镇化阶段的，如深圳。

说城镇化与工业化有密切的关系，不如说城镇化与经济现代化有密切的关系。

在城镇化的第一阶段，工业化占主导；第二阶段，工业化的主导地位逐渐让位于服务业；到第三阶段，服务业占相当的主导地位。无论是产值还是就业比重，其变化情形也都如此。

西方城市经济学家对产业结构与就业结构的和谐问题的论述很少，这主要可能是因为：对于发展中国家来说，英国"圈地运动"这种暴力的农村人口入城的迁移方式，在现今的文明时代已经不能再用了；殖民扩张转移本国劳动力的国际移民方式，现在也不能作为发展中国家的城镇化人口迁移方式；发达国家的城镇化已经完成，市场体制完善，市场机制充分发挥作用，城市治理水平大大提高，这些国家即使一直存在城市失业问题，但是良好的福利制度所提供的生活补贴，则消解了产业结构与就业结构不和谐而产生的就业不足的矛盾。

在发展经济学家托达罗所著的《经济发展与第三世界》一书中，只有一个章节描述了发展中国家的城市化问题，而且限于在城市化国家内部的人口迁移与国际人口迁移，对产业结构与就业结构之间的协调政策。但是，在城镇化进入加速阶段时期，城镇化比较成功的国家在坚持运用产业政策与就业政策捆绑方面，有成熟和成功的经验，最重要的原则是努力保持市场力与政府调控力的协同性，以实现产业政策与就业政策的协调。发展中国家由于法律不完善以及体制尚不健全，普遍存在权力寻租与权力滥用等不健康现象，因而社会各阶层对政府调控力持怀疑与冷淡的心理，这与市场体制成熟、政治法律完备的国家将政府调控力作为城镇化发展非常重要的条件的做法，形成强烈的反差。

从城镇化是人口、社会生产力逐渐向城市转移和集中的过程，以及人口、社会生产力的转移和集中的定义出发，如果经济活动的空间集中趋势显著，必然会引起城乡总体的人口就业结构和产业结构的变迁，进而引发经济增长方式发生变化。

已有的研究表明，服务业就业弹性系数大于工业，所以西方国家在城镇化从加速阶段进入成熟阶段的时期，服务业为农村劳动力和城市原有的新增劳动力提供了更多的就业岗位，这有利于城镇化与城市经济、城市社会就业等问题的统筹解决。加上劳动密集型传统服务业与劳动密集型轻工业的发展战略，与吸纳就业的政策导向相吻合，这种规律与趋势性原则应该成为发展中国家城镇化进程中协调产业与就业和谐关系的准则而加以坚持。

第五节　城镇化中的土地问题与空间规划

一　阿朗索土地市场模型与竞租

土地在城镇化中的显著作用表现在多个方面，无论是在农民转移进城后对原有的农地进行处置运营，还是城市人口膨胀后与土地相关的房地产开发、准公共住宅建设、道路建设与运输规划，以及总的城市空间再规划，土地的价值增值都会引起城镇化领域的研究者的广泛关注，这些关注既有宏观方面的定性分析，也有微观方面的模型刻画。阿朗索土地市场模型就是一个典型的区位理论指向下的城市家庭对土地消费的理性选择，当然，它属于城市微观经济学范畴。

阿朗索的土地市场模型是现代城市区位模型的先驱。家庭对区位和消费函数的选择由一个静态效应最大化模型来描述。家庭试图最大化效应 $V(z, q, u)$，其中，u 代表家庭与市中心的距离，q 是土地数量，z 是复合商品（用货币表示）。这里，我们假设效应函数是递增、连续、二次可微和严格拟凹的，并且是 u 的减函数。其边际效用如下：V_q，$V_z > 0$，$V_u < 0$。效用函数中包含了距离因素，表明家庭是不喜欢通勤的。家庭到市中心的交通支出 $T(u)$ 随距离增加而增加，而土地价格 $r(u)$ 则随距离增加而递减：

$$\frac{\partial r}{\partial u} < 0, \frac{\partial T}{\partial u} > 0.$$

远离市中心的地租之所以相对较低，是因为那里的通勤成本相对较高。

由拉格朗日函数 $V(z, q, u) - \lambda[z + qr(u) + T(u) - y]$，其一阶条件如下：

$$V_z - \lambda = 0$$
$$V_q - \lambda r(u) = 0$$

$$V_u - \lambda \left(q \frac{\partial r}{\partial u} + \frac{\partial T}{\partial u} \right) = 0$$

$$z + qr(u) + T(u) - y = 0 \tag{3.1}$$

此处 y 是收入，下标代表偏导数。从前两个条件可以看出，在最优区位 z 上与 q 的边际替代率，等于其价格比率：

$$\frac{V_z}{V_q} = \frac{1}{r(u)} \tag{3.2}$$

第三个条件定义了区位均衡。家庭在平衡通勤成本和土地成本上做出接近或远离市中心的区位选择。将 $\lambda = V_z$，即收入的边际效应代入该式，得到：

$$\frac{\partial r}{\partial u} q = - \left(\frac{\partial T}{\partial u} - V_u/V_z \right) \tag{3.3}$$

等式右边是运输费用的变动加上较长距离通勤所造成负效用的货币价值 V_u/V_z，在最优区位上，它必然等于土地费用的变动。

布吕克纳（Bruckner，1974）和亨德森（Henderson，1985）的一个类似模型，证明了阿朗索模型中的距离项可用闲暇时间来解释。在效用函数中加入闲暇时间而不是距离，并假设它与通勤时间具有反向关系，这样就能够略去货币化的通勤成本。我们在拉格朗日函数中加入时间约束 $(24 - L(u) - t(u) = 0)$，这里 $L(u)$ 是闲暇，$t(u)$ 是通勤时间，令 γ 和 λ 表示拉格朗日乘数，也就是闲暇与收入的边际效用，关于 u，求最大化就可以得到区位均衡条件：

$$\frac{\partial r}{\partial u} q = - \frac{V_L}{\lambda} \frac{\partial t}{\partial u} \tag{3.4}$$

这里 V_L 是边际的闲暇效用，等式右边是闲暇变动的货币价值，等于收入与闲暇的边际替代率乘以通勤距离增加所导致的闲暇的边际变动。当距离增加导致的住房成本的减少被闲暇的减少所抵消时，区位均衡就形成了。这与阿朗索模型中等式（3.3）的条件（通勤成本为零）是等价的。

阿朗索提出的另一个关于区位选择决策的观点是，在竞争的土地市场中，家庭为得到土地而竞价，而土地所有者则将土地卖给出价最高者。阿朗索将"竞租函数"定义为在给定效用水平下，家庭对离市中心不同距离的土地的竞租水平的集合。这里，竞租函数相当于"价格无差异曲线"。存在一族互不相交的竞租函数，其效用水平与竞租水平具有反向关系。家庭的竞租水平和效用水平的高低取决于来自其他竞租者的竞争，家庭的竞租水平高到足以保证购买到土地。区位选择均衡的性质和竞租函数，可由间接效用函数导出 ［索洛（Solow，1973）］。替换掉一阶条件（1）中的一般需求方程，就得到间接效用函数 V^*：

$$V[\bar{z}(I(u),r(u)),\bar{q}(I(u),r(u)),u] = V^*[I(u),r(u),u]$$

这里的 $I(u)$ 表示区位 u 上收入与运输成本之差，即 $I(u) = y - T(u)$。z 和 q 上面的横杠表示效用最大化的解，且 $V_I^* > 0$，$V_r^* < 0$，$V_u^* < 0$。间接效用函数暗含地定义了每一距离上的地租，地租的水平使得在家庭各处的效用相同。

间接效用函数的性质之一的罗伊恒等式，可以用来定义竞租。我们对间接效用函数求偏导，得到：

$$V_u^* = V_z\left(\bar{z}_r + \frac{V_q}{V_z}\bar{q}_r\right)$$

$$V_r^* = V_r\left(\bar{z}_I + \frac{V_q}{V_z}\bar{q}_I\right) \tag{3.5}$$

这里的下标 r 和 I 表示关于 $r(u)$ 和 $I(u)$ 的偏导，接下来对预算约束求导得：

$$q + r\bar{q}_r + \bar{z}_r = 0 \tag{3.6}$$

$$r\bar{q}_I + \bar{z}_I = 1 \tag{3.7}$$

将式（3.6）（3.7）和一阶条件 $V_q/V_z = r(u)$ 代入式（3.5），得到罗伊恒等式：

$$\frac{V_r^*}{V_I^*} = -q \tag{3.8}$$

罗伊恒等式类似于忽略空间位置的情形。V_r 是在最优区位上地租每降低一美元所增加的效用，增加值必然等于一美元的边际效用乘以距离 u 上地租可降低的美元数，在这里也就等于消费的土地量乘以收入的边际效用。

对间接效用函数求导得到了竞租函数：

$$dV^* = V_r^* \frac{dr}{du} - V_I^* \frac{dT}{du} + V_u^* \tag{3.9}$$

将式（3.9）除以 V_I^*，代入罗伊恒等式，并注意到 $V_I^* = V_z$，就得到了竞租梯度斜率的表达式：

$$\frac{dr}{du} = \frac{1}{q}\left(\frac{V_u}{V_z} - \frac{dT}{du}\right) \tag{3.10}$$

利用 $r(u)$ 的一阶微分方程可以得到任意效用水平的竞租梯度。式（3.10）仅仅是描述区位均衡的一阶条件，因为 $V_u < 0$，式（3.10）等号右边括号内的两项均为负，即竞租梯度是向下倾斜的。

竞租梯度依赖于效用水平。存在着一族互不相交的竞租梯度，每个梯度对应一个效用水平，且竞租与效用呈反向关系。下面讨论求式（3.10）某一特定解所必需的初始必要条件。竞租梯度的形状还可由包络定理得到，由包络定理，若 $V^*(\alpha)$ 是 $g(\alpha) = 0$ 约束条件下 $V(\alpha)$ 最大化问题的解，且 α 是所求参数（Parameter of Interest），由拉格朗日函数 L 关于 α 的导数，可得到 $\partial V^*/\partial\alpha$。在这里，给定间接效用函数 $V^*(u)$ 并假设 $dy = 0$，则拉格朗日函数的导数如下：

$$V_u^* = L_u = V_u - \lambda\left(q\frac{dr}{du} + \frac{dT}{du}\right) \tag{3.11}$$

求间接效用函数的导数，注意到 $\lambda = V_z$，并代入式（3.11），就得到了竞租函数：

$$dV^* = V_u^* du = 0$$
$$\frac{dr}{du} = \frac{1}{q}\left(\frac{V_u^*}{V_r^*} - \frac{dT}{du}\right) \tag{3.12}$$

要想得到竞租函数形状、土地消费和人口密度等方面的进一步结论，需要增加有关效用函数和通勤成本的假设。对式（3.12）再求一次导数，就会发现竞租梯度凸性条件（$\partial^2 r/\partial u^2 > 0$）依赖于土地和距离（闲暇）的边际替代率，以及运输成本函数：

$$\frac{\partial^2 r}{\partial u^2} = -\frac{\partial q/\partial u}{q^2}\left(\frac{V_u}{V_z} - \frac{\partial T}{\partial u}\right) + \frac{1}{q}\left(\frac{\partial(V_u/V_z)}{\partial u} - \frac{\partial^2 T}{\partial u^2}\right)$$

根据前面的一阶条件，上式括号中的第一项为负。但是，当效用函数引入 u 时，q 和 u 的边际替代率将随距离的变化而变化，从而也就不能确定（$\partial q/\partial u$）乃至整个第一项的符号。

上式中第二项的符号则不确定，它依赖于有关通勤成本、距离与其他产品边际替代率的假设。括号中的第二项是任意距离上边际通勤成本的边际变化，包含了较长距离通勤时间的货币价值。由于通勤时间随距离的增加而增加，其货币价值也随距离的增加而提高。

学术界将大部分注意力都集中在分析收入对竞租函数、区位和消费选择的影响之上。在一个竞争的土地市场中，具有不同竞租梯度的竞价者们按各自梯度的高度进行排序，竞租梯度最为陡峭的竞价者获得最接近中心的区位。这是因为竞租梯度的斜率随收入的增加而减小，即 $d(\partial r/\partial u)/dy > 0$。要得出有关收入对竞租函数陡峭程度影响的定性结论，我们需要对效用函数做出进一步的假设。土地和闲暇很可能都是优质品（superior goods），求竞租函数关于收入的导数，并将其他商品对闲暇的边际替代率表示为：$\psi(u) = V_u/V_z$，我们就得到：

$$\frac{d(\partial r/\partial u)}{dy} = -\frac{dq/dy}{q^2}\psi(u) + \frac{1}{q}\frac{d\psi}{dy} = \frac{\psi(u)}{qy}\left[\eta_{\psi y} - \eta_{qy}\right] \quad (3.13)$$

这里 $\eta_{\psi y}$ 代表其他商品与闲暇的边际替代率的收入弹性，η_{qy} 代表土地的收入弹性。式（13）中导数的符号取决于土地的收入弹性与距离边际价值的收入弹性。假设这两个弹性为正值，从而式（13）方括号中的项，可正可负。因此，只有当土地的收入弹性大于距离边际价值的收入弹性时，竞租梯度的斜率才会随收入降低。经验研究表明，土地是一种优质品，并且在美国的大多数城市中，高收入的家庭倾向于居住在更接近于郊区的区位上［惠顿（William C. Wheaton，1997a，b），斯特拉斯蔡姆（Strasscham，1975）］。但是，对实际区位形态的解释，应考虑到简单阿朗索模型之外的因素，包括环境舒适度、较好的公共服务和住房质量等，阿朗索尽管没有考虑这些因素，但他们却是高收入家庭愿意高价购买远离市中心住房的原因。不论高收入家庭偏好郊区的原因是些什么，这些因素肯定压倒了长距离通勤所带来的负效用。①

无疑，上述模型所反映的一些观点，为规划部门如何合理安排专为进城农户建设的准公共住宅区位提供了基本原则，也为土地与住宅开发者有效运营并获益提供了启示。当然，在其他国家中，特别是发展中国

---

① ［美］爱德温·S. 米尔斯主编：《区域和城市经济学手册（2）》，郝寿义等译，经济科学出版社 2003 年版，第 11—16 页。

家，上述收入与区位的对应形态并不一定那么明显。

二　城镇化资金瓶颈与土地经济

（一）城镇化中的土地价值发现与城镇化资金瓶颈的突破

城市经济学最初的研究对象便是从土地开始的，城市经济的增长与发展又是城镇化上升的经济基础，这自然就使得研究城镇化理论的学者，将目光投向土地。在农村人口大量涌入城市后，城市的交通变得更加拥挤，人口更加密集则对给排水等市政设施，以及教育医疗等服务设施提出了更大的需求，于是，城市承载力不堪重负，而提高公共承载力的扩容工程需要的资金，往往是城市政府依靠税收难以应付的。为解决资金瓶颈，城镇化发达的国家与地区在运营土地、实施房地产滚动开发方面积累了丰富的经验，从而既突破了资金困境，又通过提供充裕资金支持公共设施建设，维护了城市对农村人口迁移的良好吸引力。

一个基本的逻辑是，农产品的边际产量与边际成本决定了单位农业用地的价值，然而如果想使农业用地升值，往往就需要改变其用途，如房地产开发或工商租赁用地等，土地的价值自然就会上涨。

保罗·贝尔琴认为，政府为实现某些重要目标，确保计划收入，采取了几项政策，其中一条就是通过变私有土地为公有土地来获得空中开发收入，对额外收入征税①，这些都构成了政府保证城镇化质量的财源。

我们也知道，土地产权制度是土地经济学的一个基本概念，不同的产权形式无疑会对经营方式有显著的影响。就中国而言，土地所有权主要有两种：第一种是政府所有，主要是城市和城镇，同时，政府还拥有大量的森林和农场；第二种是集体所有，主要是农村和城镇中不被政府拥有的土地（李玲和 Isaac，1994）。

应该看到，在城镇化发展过程中，部分农用地被转移开发而产出的货币，就不仅为城镇化的货币"产出"补偿，提供资金来源，而且也为城乡居民的高质量住房建设提供了充裕的融投资空间。

---

① ［英］保罗·贝尔琴等：《全球视角中的城市经济》，刘书瀚等译，吉林人民出版社 2003 年版，第 367 页。

（二）土地规划

众所周知，虽然中国的土地产权属于非私有制，但城乡之间存在较为显著的差异，即城市土地属于国家所有，农村土地属于集体所有，而西方国家的土地，则大多属于私有制。不过，无论是国有还是私有，对土地使用进行公共性规划，基本上都是政府调控部门的主导职责。

需要了解的一个共识是，土地规划是政府调控力的一种重要表现。城镇化的发展不可避免地引起城市改造和城市空间拓展对土地需求的增长，所以，需要依法、科学地进行城乡土地用途的长期规划，还包括土地制度和相关政策的创新。从某种意义上来说，由于"住房问题"是城镇化的副产品，中低收入群体的房困问题随着城镇化的不断加速而加剧，因而，就与城市规划相关的准公共住房或保障性住房的开发规划来说，在许多发达的市场经济国家和新兴工业国，政府为缩小住房差距，实现住有所居的目标，对这种福利工程进行了专项规划，体现了政府对房地产的宏观干预。

（三）城市土地使用生态理论

生态学主要研究生物体和他们生存的自然环境之间的关系，受这种学说的影响，帕克（Park）和伯吉斯（Burgess）认为，人们相互争夺土地和原料等稀缺资源，是为了建立各自的城市空间环境，以满足他们不同的经济和社会需要。和生态学说一样，不同环境之间的界限是在不断变化的，是吸引和聚集的向心力、扩张和分散的离心力和同一地区的异化力的结果。在这个基本的假设前提下，20世纪出现了许多关于城市土地使用的生态理论——其中最具代表性的是伯吉斯的同心圆区理论、霍伊特的扇形区理论、海瑞斯（Harries）和尤曼（Ullman）的多核心理论。

同心圆区理论是伯吉斯（1906年）通过对芝加哥城市的研究而提出的，也是对亨瑞奇·文·舜嫩（Henry Wen Shunnun）早期关于城市周围农业用地理论在城市土地使用中的运用。该理论认为，任何一个城市都是从中心区向外围的同心圆区进行辐射性的扩张，土地所处的位置离中心区越远，它的便利性就越差，土地的租金越便宜，密集度也越低。从中心区向外，土地的使用会呈现出以下的同心圆形式：中心商业区、过渡区、工厂区和低收入者居住区、高收入者居住区和通勤区（见图3—3）。从中心区向外，随着离城市中心距离的增加，移民的迁入、犯罪、贫穷和疾病都在相应地下降。

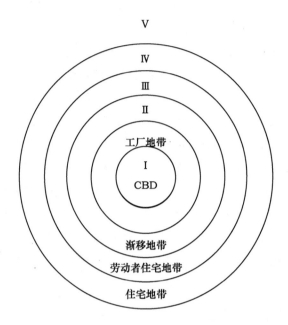

图 3—3 同心圆区理论

资料来源：胡代光、高鸿业主编：《西方经济学大辞典》，经济科学出版社 2000 年版，第 928 页。

扇形理论。扇形理论是霍伊特（1939）提出的，该理论认为，沿着某些特定的交通路线，土地的使用模式更倾向于是扇形的，并且每个具有相对同质性的扇形都从中心向外扩张。

其中，用途一致的土地会毗邻在一起（例如，仓库、小型制造业和低收入者的租住区），用途不一致则会相互排斥（例如，高收入者的居住区和仓库、小型制造业）。居住区会按收入和社会地位等标准划分开来，并且各自在城市的不同位置按不同的方向向外扩张。和同心圆理论一样，扇形理论认为，经济和人口的增长也会使扇形区发生演化。并且，当高收入家庭迁离内城区，那么低收入家庭就会填充这些内城区（通常密集度很高）。

到目前为止，城市增长理论认为，同心圆形和扇形区域的内层，一般都会向外层演化。低收入居住区会向高收入居住区入侵，高收入居住区会向通勤区扩展，产生土地的交替使用，但并不会改变整个圈层分布的序列。随着在城乡间往返交通费用的增加，内城区又会重新吸引高收入家庭，出现中产阶级向劳动阶级居住区迁移的现象。如果中心商业区同时也向外扩张，那么低收入者的居住区会受到两种力量的挤压。特别是，随着现存的低收入者的住房被不断地侵占，很多人向农村中的城镇转移，还有很多人则变得无家可归。

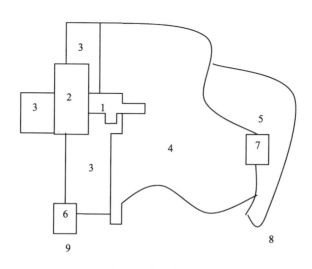

图3—4　多中心结构图

1. 中心商业区；2. 批发轻工业区；3. 低级住宅区；4. 中级住宅区；5. 高级住宅区；6. 重工业区；7. 郊外商业地区；8. 住宅郊外；9. 工业郊外

资料来源：胡代光、高鸿业主编：《西方经济学大辞典》，经济科学出版社2000年版，第939页。

　　至于多中心理论，则是由美国海瑞斯和尤曼提出的（参见图3—4）。与目前的城市增长理论不同，该理论不认为城市的增长是从一个中心开始的，而认为城市的增长是同时围绕几个不同的中心展开的。这些中心可能是一个商城，一个工厂，一个矿山，一个铁路终点站或水边设施。最终，这些中心都会通过居住的使用方式和城市内部的交通运输系统，而联合成为一个整体的大城区。每个中心的最初性质决定了它后来在新的大城区内的作用和位置，例如，原来的商城会成为新城市的中心商业区，原工厂性中心会成为仓库区或小型工业区，原矿山和水边设施会成为一个郊区商业区。

而保罗·贝尔琴所描述过的农业用地、中心商业区、过渡区、郊区的城乡接合部，则构成城镇化进程中的城乡协调发展的空间结构。

三 土地与准公共住宅

准公共住宅的提供主要针对城镇化中的中低收入者。由于住房在人的生活中的极端重要性，所以城镇化理论中不乏对住宅建设所提供的政策建议。

K. J. 巴顿认为，房屋一般属于耐久消费品范畴，房屋的消费是供人们住在其中，从而取得满足和福利，而所谓的耐久性，是指其在最终废弃损坏前，收益期很长；住房市场符合自由市场的某些标准，但是具有很多特性，这些特性为我们造成很多困难，而正是由于这些特性，产生了所谓的住房问题，于是，政府局应当为低收入群体提供公有住房。

针对住房为什么如此特殊，阿瑟·奥沙利文阐述了住宅的六个基本特性，包括多样化和不可移动、耐用品、搬迁的货币成本、离开原有旧邻（学校、商店、朋友）和一些人群在意的种族宗教因素，由此指出，住宅很特别，不是一般的商品。

关于住房问题，另一位国外专家爱德温·S. 米尔斯指出，住房在第三世界国家的福利事业与经济发展中，是一个重要的部分。但是，在一些国家或地区的城市化加速发展阶段，快速增长的房价、土地侵吞、非法再划分、反复拆建、缺少基本物业管理服务和过度拥挤，都使得住房发展问题面临挑战。爱德温·S. 米尔斯就此进一步指出，城市住房市场上的政府干预非常普遍，其形式不仅包括对私有活动的管理，而且包括对基础设施甚至在住房上的投资调控。[①]

虽然住房是人类最基本的物质需要，然而没有哪一个国家对住房的需要能和它的供给达到令人满意的均衡。根据伯恩斯和格里伯勒（Burns & Grebler, 1997）的理论，存在四种基本的不均衡形式：（1）静态不均衡，即在一个地理区域（如一个国家）里，住房的数量和家庭的数量之间总体上不均衡。（2）动态不均衡，即和需要相联系的房地产供应量上

---

① 爱德温·S. 米尔斯主编：《区域和城市经济学手册（2）》，郝寿义等译，经济科学出版社 2003 年版，第 476—478 页。

的过剩或短缺量化程度，总是随时间而不断变化的。（3）空间不均衡，即在一个国家、地区或城市内部不同区域之间短缺或过剩分布上的不均衡。（4）质量不均衡，即"一些家庭住宿条件可能低于社会大多数人可接受的标准"（Doling，1997：9）。

在几乎所有发达国家，政府均试图通过介入社会住房市场或通过修改现行政策的漏洞，或同时采取上述两种措施，以达到减少住房市场的不均衡。在新加坡，土地开发的决策权高度集中于政府，并不仅仅考虑市场上的住房供应因素。

世界银行所做的相关分析估算表明，在低收入的发展中国家，每一单位住房新建成的同时，又有九户新的家庭产生，因而，住房供应数量和质量上的缺乏，因人口增长和大规模的乡村人口向城市迁移不断加剧，并导致过分拥挤、肮脏和威胁生命健康的不卫生状况，等等。当然，这些数据可能有所夸张。

四　住房供给模式与政策

研究表明，发达资本主义国家有三种成型的住房供给模式（Doling，1997）。（1）西欧模式。政府帮助发展公共住房，引入可用于替代自由市场的"非营利"的住房供给。（2）美国模式。（3）日本模式。迅速增长的城市人口的住房需要，大部分通过私人部门建设来满足，然而，政府已看到为低收入者建造低租金房给那些低收入者的必要性了。在大部分新兴工业化国家和全部的发展中国家，存在一种总体上独立的模式。正如有的专家指出的，现实状况是，大部分人没有能力购买已专业查勘或建造的住房（Potter，1992）。在城镇化发展的某些阶段，这些国家至少有一半的城市居民住在低标准的住房里。

凯默尼（Kemeny，1981，1992，1995）又按照住房供给政策，将不同类型的城镇化地区区分为"住房拥有制"社会和"费用出租制"社会。前者包括澳大利亚、加拿大、新西兰、英国和美国，后者包括奥地利、德国、荷兰、瑞典和瑞士。他认为在偏好私有社会结构和偏好集体社会结构的国家之间，已经有了明显的区别。

巴罗和邓肯（1994）紧随着爱丝宾·安德森（Esping Andersen，1990），对福利国家社会制度进行分析，提出三种基本的住房供给政策体系：自由政策体系，主要包括爱尔兰、英国、美国、澳大利亚和新西兰；团体政策体系，主要包括奥地利、法国、意大利和德国；社会民主政策体系，主要包括丹麦、荷兰、挪威和瑞典。[①]

在谈到发展中国家的住房供应时，出现"住房援助"这一概念与现象。在新兴工业化和发展中国家，私人金融机构由于低投资回报率和缺乏安全保障，不愿且不能提供长期信息贷款以支持城市居民购买适宜的住房，而政府通常缺乏足够的资源以提供大规模的公共住房来满足低收入家庭的需要。与此同时，在许多发展中国家，有相当比例的城市贫困人口觉得这样的住房超出了他们的财富支撑范围。

在东南亚地区，最成功的公共住房方案，可能非城市型国家[②]新加坡莫属。其方案包括把公共住房逐步卖给房客，这是国家推动和发起的，它和政府的财政计划和储备系统息息相关，并已大大减轻了政府为发展住房和物业管理而负担的债务。同时，政府已经能够腾出手来，通过制定有效的法律和政策，解决公共卫生以及环境问题。另外，由国家住房机构实施的泰国贫民窟改造方案，也比较成功。

五 住房发展与城镇化进程的关系

住房和城镇化发展之间的关系已成为许多研究的焦点。住房和医疗

---

① ［英］保罗·贝尔琴等：《全球视角中的城市经济》，刘书瀚等译，吉林人民出版社2003年版，第117—120页。

② 地域空间范围，城市包括市区和郊区。古代城市国家，希腊文（Polis），音译"波里斯"，是古代国家的一种组织形式，通常由一个城市作为中心，包括其周围的村社构成。约公元前3000—前2500年间，在底格里斯河和幼发拉底河两河流域下游苏美尔地区（Summer，今伊拉克南部）已产生奴隶制城邦，如乌尔（Ur）、拉格什（Lagash）等。公元前8世纪前后，古希腊诸城邦陆续形成。由于具体的历史条件，古希腊城邦一般实行奴隶主的贵族政治和民主政治，斯巴达和雅典即其中的代表。古罗马早期也属城邦类型，拉丁文将其称作Civitas，其含义大体相当于Polis。有的学者还认为，奴隶制城邦是古代各国普遍经历的阶段，如古埃及城邦。而"城市国家"，存在英文city-state的意译和希腊文Polis（即城邦）的意译的两种理解。中世纪欧洲的封建制共和国于11世纪起在意大利开始出现，是古代城市国家（即城邦）的复兴，但又有不同的性质和政权组织形式。其产生的背景是一些城市在贸易上处于有利的位置，有比较发达的商业和手工业，有较强的财力来建立自己的武装，经过同封建领主的斗争获得了自治权，而后又获得了对周围农村的统治权，从而建立了城市共和国。一般由兼营商业的小封建主、商人、高利贷者和手工业主掌握权力。分沿海城市国家和内陆城市国家两种，前者如威尼斯、热那亚等，后者如米兰、佛罗伦萨、诺夫哥罗德等。

是紧密相连的，这早已被人们所认同，然而我们还有必要考虑这种关系的性质及其对城市环境的影响。很显然，如果政策制定者只是把注意力放在住房供给的成本上，则住房供给中的社会效益，如更好的卫生水平和环境标准，则有被忽视的风险。正如欧洲的许多国家一样，美国在第二次世界大战期间被迫终止了住房修建，从而导致战后住房大量短缺，原有住房急需维修。作为建立"伟大社会"精神的一部分，联邦政府意欲确保每一位美国公民拥有一套舒适的住房。因此，第二次世界大战后，作为政府性巨额补贴政策，美国用于破解房困的超百亿美元的年度预算，是其他发达国家难以比拟的①；20 世纪 70 年代以后，公共住房金融组织，即美国政府抵押协会诞生，其主要是为政府补贴的住房项目（即特别项目）提供财政资金支持，为购买"联邦住房管理机构担保的低收入群体住房"提供充裕的抵押贷款。有关研究还显示，美国地方一级的公共住宅办公室（public housing authorities）就有 3000 多个，作为联邦政府住宅和城市发展部的代理机构，其建设预算的 85% 来自联邦政府，不受州政府的住宅和社区发展局领导②。

上述相关理论回溯与分析表明：农用地和升值在于工商用地和房地产开发；在城镇化进程中，可以对部分转移土地实行滚动开发，以取得货币收入而弥补先期的"货币投入"；为积极稳健地保证城镇化质量，彻底解决进城落户的农业转移人口的公共住房，需要由政府体系来发挥积极的主导作用。

第六节　城镇化中的公共服务设施
与交通通勤问题

一　公共服务设施体系及其供给的资金瓶颈

狭义的公共服务设施包括交通、市政、消除污染的环境设施，广义的则包括教育、医疗等。公共服务设施绝大多数是公共产品或准公共产

---

① Quigley, John., "A Decent Home：Housing Policy in Perspective" Brookings-Wharton Papers on Urban Affairs, 2000, pp. 53 – 88.

② 吴立范：《美英住房政策比较》，经济科学出版社 2009 年版，第 25 页。

品，通过公共性投资来建设，有特定的用途，实现特定的目标，其中也包括战略性的社会目标。

当然，这里需要阐明的是，公共服务与公共服务设施之间存在较为明显的差别：实际上，教育和医疗体系中，都至少分别包括公共性和私有性物品这两大板块，甚至包括更严格意义上的公共性、混合性和私有性三个板块。例如，我们常说的公共教育机构和私人教育机构，其中的私人教育机构就不宜划入公共服务或公共服务设施的范畴。医疗领域的逻辑也大体如此，就像我们现在经常谈论的公立医院、私立医院及其改革问题，其中的公立医院属于公共服务和公共服务设施，而私立医院可能不是。这样看来，我们应该说：广义的公共服务设施实际上包括公共性教育和公共性医疗等，而不是整个教育和医疗体系。

另外，公共产品与公共服务之间也存在显著差别：一是将无形的公共产品视为公共服务，因为公共产品包括有形和无形的两类公共性物品，所以两者之间存在明显的差别；二是由于学科不同，对字面上同为公共服务的事物，在含义的界定上却存在较大差异。例如，一般而言，政治学、公共管理（公共行政、行政管理）学科将"公共服务"这一概念视为政府提供的公共性范畴，而经济学科则按照上面的理解范式界定"公共服务"的内涵和外延。

"城市基础设施"是城市为顺利进行各种经济活动和其他社会活动而建设的各类设施的总称①，是政府提供的公共服务设施的重要内容，其规模、数量和质量状况如何理所当然地会影响该城市对新老市民相关基本需求的容纳能力，或承载能力。如上所述，在几乎任何一个国家或地区的城镇化发展进程中，尤其是在城镇化进入加速阶段后，迅速增长的大规模人口向城市体系聚集乃至潮涌，于是对城市基础设施产生巨大的压力，人口膨胀所产生的污染还经常影响城市社会经济活动，并在一定程度上降低城市生活水平，这就形成了对基础设施体系扩容的"倒逼性"需求。

研究表明，在城镇化进程中，在包括基础设施在内的整个公共服务

---

① "城市基础设施"是城市取得经济效益、环境效益和社会效益的必要条件之一。按其服务性质分为生产基础设施（供水供电供热供燃气、道路、交通、仓储、邮电通信、排污、绿化等环保和防灾害设施）、社会基础设施（商业、饮食、教育、保健、文化和体育设施等）、制度保障机构（公安、政法、城市规划与管理等部门）。《中国百科大辞典》第1卷，中国大百科全书出版社1999年版，第713—714页。

设施体系的建设运营上，中西方国家都遭遇过资金瓶颈的问题。面对资金瓶颈，采取有效的融投资机制加以破解，就会为城市体系和城镇化健康发展扫清障碍、开辟道路；反之，则会因其承载力不堪重负，而导致诸多形式的城市病。例如，交通拥堵就是发达国家和发展中国家大城市体系常见的城市病；国内还出现了因公共卫生服务机构和相关设备供给不充分而导致的看病难的问题。

二　运输半径与城市半径

运输半径的大小，决定了城市半径的大小和城市居民的活动范围。虽然通信与信息技术的进步创造了"电子宿舍"①，将人们交流的距离大大缩短了，但是，面对面的感情交流与接触，始终被作为高级动物的人所青睐，所以其对快速通勤的现代交通体系的需求欲望，丝毫不减。毫无疑问，快速的现代化的交通体系是成熟城市的吸引力与"光明形象"的重要标志之一。交通的这种地位，在城镇化发展的各个阶段，从来都没有被削弱过。先进的交通设施，是降低城市拥挤，实现城市经济效率与扩大通勤半径的物质基础。交通区位也往往是作为城市诞生的重要条件而存在的，现代交通体系的完善则强化了这种区位优势，从生产、生活等各方面的便利性，为城市经济增长、城市竞争力提高和城镇化的深化构建基础，提供动力，城市病与都市圈的构建对立体化交通就提出了更高的要求。从交通工具的效率比较可以发现，城市的市内地铁、城际铁路以及"大公交战略模式"的选择，都备受世界各国城市青睐，通勤半径与城市半径的一致性使得地铁、公交在大都市圈的构建中，发挥了很大的作用。就城镇化所需的通勤承载力而言，加强铁路的建设和实施"大公交"的战略则是重中之重，发展中国家"首堵"②的出现，更加凸

----

①　一种认为乡村经济繁荣后，农民用计算机等通信产品和互联网技术与城市实现了无距离连接，因而村宅成为所谓的"电子宿舍"。

②　"首堵"一词最初是指首都出现的交通拥挤现象，主要是由于城镇化中过多的暂住人口与城市公共基础设施短缺的矛盾而导致，后来也泛指大城市中城市公共设施承载力不堪重负的现象。解决这个问题，需要大公交交通管理体系的建立，政府还要依法科学规划，着眼于长远的承载能力建设交通设施，避免反复的无计划的"开膛破肚"；再者，城市的规模与边界原理表明，在中国应设置目标城市，有序引导转移农户进入规模适度的目标城市，以避免城市人口超载。

显了实施这个战略的紧迫性。

1. "公路使用费"

交通拥挤几乎总是发生在城市繁华地段，以一天上下班高峰的那段时间为甚。高峰时的交通拥挤更多是由于汽车的数量，而不是由于上下班的人数造成的，发展中国家的情况更是如此。经济学家所面临的问题是如何使车流减少到从社会角度考虑最为合理的水平上。传统方法上，经济学家提倡用征收"公路使用费"的办法，使交通拥挤的外在因素内在化［沃尔特斯（Walters，1961），休伊特（Hewitt，1964）和伦农（Lennon，1972）］，这个措施相当于对造成交通拥挤的每个驾车者实行"征税"。[①]

2. 城市道路的投资与交通运输政策[②]

城市特别是大城市的道路常常是超负荷的，解决交通拥挤的另一个常用办法是通过道路投资，以增加运输空间。由于发展中国家低收入的人口比例很高，因而对这些国家的大部分城市政府来说，以充裕的运输财政拨款形式支持公共交通承载能力的扩大，从而满足不断膨胀的车流，是非常必要的。

勃格（Buerger）提出，在城市生命周期的早期阶段，距离市中心50—100公里的卫星城镇会从分散中受益。现实中与这个理论描述相对应的现象，则表现为：私人轿车拥有率不断增加，越来越多的家庭到郊区居住，从而享受郊区低密度的住房与安静的环境，同时又保持着与城市的密切联系。

解决道路拥挤的另一个思维，需要依赖交通战略体系的构建，这牵涉到运输政策的科学化问题。城市公共交通系统主要包括公共汽车、电车、轻轨与地铁等，城市交通的战略经历了一个与城市发展生命周期相适应的动态调整过程，但是降低社会出行成本，提高社会总体出行效率的交通原则，无疑是交通战略永恒的主题。

---

① 参见［英］K. J. 巴顿《城市经济学：理论和政策》，上海社会科学院部门经济研究所城市经济研究室译，商务印书馆1984年版，第122页。笔者也结合了中国交通的实际情况，予以分析。

② 同上书，第127—131页。通过比较，也提出发展中国家拓展交通半径，从而扩大城市半径的政策。

专家的研究还表明，尽管发展中国家的城市交通支出占它们每年总支出的相当比例，但是供给能力和有效管理能力还提升得不够，以至于难以维持这些国家城镇化快速进程中的市民交通出行需求。

通过上述分析，我们应该看出，城市公共交通政策集中体现在：交通计划和管理者不仅应该对资金投入给予足够的关注，也要运用这些资金努力构建适合本国国情的交通战略体系。在确定交通服务总成本的基础上，努力寻求在多样化的交通公共设施之间分担这些成本，并且，应该开发出适合于该国的交通工具。这两个方面的努力将有效地扩大运输半径，相应地，城市半径也就得到了拓展，从而满足城镇化中不断膨胀的城市体系人口所带来的扩张的交通需求。

三　城镇化中的铁路与大公交

在相当程度上，可以毫不夸张地说，城镇化的车轮是在铁路建设的浪潮中滚滚向前的。[①] 我们知道，广义的铁路既包括城市地铁、轻轨，也包括城际间的铁路。也正如前文已经指出的，由于发达国家早在 20 世纪 90 年代前，就已先后实现了高度的城镇化，因而，这里主要就 20 世纪 90 年代前的城镇化发展进程中相关国家交通运输，特别是铁路建设情况进行分析，这仍然可以较好地反映铁路和大公交体系建运对城镇化的促进作用。

世界上第一条地铁于 1863 年在伦敦开通。地铁的诞生使伦敦同时具备了便捷快速的立体交通网络优势、优良的港口区位优势和现代化的金融服务优势，从此，伦敦这个 16 世纪末的欧洲贸易中心成为名副其实的世界最大的经济中心城市。世界上第一条地下铁道的诞生，也为人口密集的大都市如何发展公共交通提供了宝贵的经验。特别是 1879 年电力驱

---

① 关于这一点，在第四章对世界主要发达国家和新兴工业化国家的城镇化历程中可以找到有说服力的历史事实。在美国与英国的城镇化进入加速阶段后，发达的城际铁路网将各个区域紧紧联系在一起，而快捷的市内地铁则提高了城市中心地带与郊区居民点的通勤效率，有力地促进了城镇化——与其说是交通现代化促进了城镇化，不如说是铁路现代化促进了城镇化。目前中国城际铁路与大城市地铁的发展状况，还不能支撑城镇化的加速发展，一个简单的例证就是，五一、国庆和春节期间的火车票难买，这已持续多年，虽然铁路已数次提速，但是在较长一段时期内仍然没有摆脱运输困境。

动机车的研究成功，使地下客运环境和服务条件得到了空前的改善，地铁建设显示出强大的生命力。此后，英国的格拉斯哥、美国的纽约和波士顿、匈牙利的布达佩斯、奥地利的维也纳以及法国的巴黎，都先后建成了地下铁道，地铁实现了电气化后，其运行效率几乎每年都有新进展。目前，伦敦地铁线路总长度约 410km（地下隧道 171km），共设置车站 275 座，地铁车辆保有量总数约 4139 辆，年客运总量已突破 8 亿人次。

随着城市规模的扩大与城市人口的不断增加，美国纽约也于 1867 年建成了第一条地铁，现在，纽约已发展成为世界上地铁线路最多、里程最长的城市之一，地铁线路总长度约 421 千米，其中地下隧道 258 千米，共设置车站 476 座，地铁车辆保有总数约 6561 辆，年客运总量已突破 10 亿人次。

法国巴黎也是最早修建地铁的城市之一，但比英国要晚 37 年。为举办"凡尔赛展览会"而修建的巴黎第一条地下铁道，从巴士底通往马约门，全长约 10 千米，它为巴黎地铁网络的不断发展和完善打下了基础。目前，巴黎市区已拥有地铁线路 15 条，其中 2 条为环线，有 4 条地铁采用橡胶轮体系的 VAL 车辆，地铁线路总长度约 201.4 千米，地下隧道约占 175 千米，共设置车站 370 座，车辆保有总数约 3472 辆，年客运量总数也已突破 12 亿人次。巴黎的地区快速地铁非常发达，运营线路共有 363 千米，其中 114 千米与地铁共线，249 千米为城市快速铁路，年客运量约 4 亿人次。

在进入 20 世纪的最初 24 年里（1900 年至 1924 年），在欧洲和美洲又有 9 座大城市相继修建了地下铁道，如德国的柏林、汉堡，美国的费城以及西班牙的马德里等。柏林的第一条地铁则开通于 1902 年，发展至今，市区地铁已四通八达，有的线路已采用自动化运行技术。目前，柏林已有 9 条地铁线路，线路总长度约 142 千米（其中地下隧道约占 104 千米），共设置车站 166 座，车辆保有量约 2410 辆，年客运总量约 6.6 亿人次。

1925 年至 1949 年，由于其间经历了第二次世界大战，各国都疲惫于自身的安危，地铁建设因而暂时处于低潮，但是日本的东京、大阪，苏联的莫斯科等少数城市，却在此期间修建了地铁。

日本东京的第一条地铁线路于 1927 年建成通车。虽然日本的地铁也是效法欧洲技术建设而成的，但他们在修建地铁的同时，着重开发了主要车站及其邻近的公众聚集场所，这些场所能促进地下商业中心的建设，而且与地下车站连成一片，使地铁这一公益性基础设施获得了新的活力，取得了较好的经济效益和社会效益。1996年，东京地铁已拥有12条地铁线路，线路总长度约为237千米，共设置车站196座，车辆保有总数约2450辆，年客运总量已突破25亿人次，是当今世界上地铁客运量最大的城市之一。

1932年，莫斯科的第一条地铁开始动工，线路全长约11.6千米，共设置车站13座，到1935年5月建成通车并运营。其建设速度之快，在当时是空前的。以后，莫斯科的地铁建设就一直没有中断过，即使在第二次世界大战期间也没有停滞。发展至今，莫斯科已拥有地铁线路9条，线路总长度约244千米，地铁车站总数为150座。莫斯科地铁系统的建筑风格和客运效率也是举世闻名的，每个车站都由著名的建筑师设计，并配有许多雕塑作品，艺术水平较高，使旅行者有身临宫殿之感。而所有地铁终点站都与公共汽车、无轨电车和轻轨系统相衔接，有几个车站还与铁路火车站相连接，为旅客提供了方便的换乘条件。

在1950年至1974年的24年间，世界上地铁建设蓬勃发展，而发达国家的城镇化率达到50%，普遍进入稳定发展阶段，愈加发达的地铁设施为城镇化向成熟阶段发展创造了便捷的通勤条件。在此期间，加拿大的多伦多、蒙特利尔，意大利的罗马、米兰，美国的费城、旧金山，苏联的列宁格勒、基辅，日本的名古屋、横滨，韩国的首尔都修建了地铁。

中国北京的第一条地铁于1969年10月建成通车，线路长度为23.6千米；第二条环线又于1984年9月建成通车，全长19.9千米。截至1992年10月西单站建成通车，北京保持正常运营的地铁线路共长43.5千米，年客运量已突破5亿人次，与建成初期1971年的年客运量828万人次相比，运量增长已超过了65倍，其客运量占全市公共交通总运量的比重已由当初的8%增长到15%。2000年6月28日复八线全线贯通并投入运营，至此，北京地铁线路总长达55.5千米，设车站41座，保有车辆总数近600辆。复八线投入运营后，地铁客运量增加了8%。为应对不断扩张的城市化人口的交通出行需求，首都北京的地铁等大公交体系越来越完善。

从上述世界地铁建设的发展概况可以看出，在20世纪50年代至90

年代之间，世界范围内的城市地下铁道有了迅速发展，而此阶段的城镇化进程也相应地加快。无论是发达国家的城镇化从基本完成进入成熟阶段，还是发展中国家的城镇化从加速阶段进入基本完成阶段，都出现了庞大的农村人口转移进城后对城市交通的巨大压力，而地铁的迅速发展则为这一难题的解决提供了有效的通勤支持。此外，在城镇化快速发展时期，小汽车激增与城市街道有限的通行能力之间的矛盾也日益突出，在城市半径不断扩大的现实背景下，如何以最有效而快速的方式来输送城市大量的乘客？建造现代化地下铁道系统，为缓解发展中国家城镇化中普遍存在的"首堵"现象提供了明确的交通战略导向。当然，中国有些城市的地质状况不适合发展地铁，在这种情况下，可通过其他适宜的公共交通工具来弥补这种缺陷，因地制宜地构建促进城镇化的大公交战略体系。

第七节　城镇化中的城市病与逆城镇化

第二次世界大战后所兴起的城市建设和城市经济发展的浪潮，既带来了现代化和社会进步的一面，也造成了一些意料不到的负面后果，其中一个主要问题就是"城市病"。

从经济学视角来看，城市病的产生既与城市自身的特质有关[1]，也与对城市公共设施建设与运营的投入不足紧密有关，这就是说，当城市公共设施体系对人口经济社会活动的承载力超过极限状态，势必产生"城市病"。

古典社会学家则指出，城市生活方式的特点体现在人口密集、居住密集、异质性强，以及传统的道德约束力较弱，因而，相对于农村，越轨、失业、贫困、环境恶化、住房与交通拥挤状况更加突出。当然，"城市病"也与该国（或某一地区）工业化发展阶段以及经济增长方式相关。

例如，近年来，中国许多大城市经济进入重化工业化阶段，数以亿

---

[1]　古典社会学家指出，城市生活方式的特点体现在人口密集、居住密集、异质性强、传统的道德约束力较弱，因而相对于农村，越轨、失业、贫困、环境恶化、住房与交通拥挤状况更加突出。

计的居民消费重心由"衣、食"转向"住、行",因而钢铁、石化、建材、汽车和房地产相继成为许多城市经济的主导行业,而这些传统的重化工业多为高耗能行业,很容易对城市环境构成危害,这客观上诱导了城市病的滋生,并加重其在全国的蔓延。需要强调,城市病并不只是大城市才有,中小城市如果公共服务设施短缺,承载力低下,规划不科学或布局不合理,也同样会产生多种形式的城市病①,从而对城市经济社会的可持续发展带来十分不利的影响。

在"城市病"产生后如果不能采取有效的对策加以遏制,必然造成其加剧并大规模蔓延。就其对城镇化发展的影响而言,其所带来的直接后果就是城市人口郊区化,在城镇化发展水平低的发展中国家,还可能形成人口大量回流农村,造成大规模的逆城镇化,影响城镇化健康发展和城市现代化进程。城市病的蔓延,也降低了人们对大城市的向往,这也是城镇化理论研究及其发展在国内较长期遭受冷遇的现实原因之一。

第八节 城镇化中的货币支持

前文已经从政府和市场的角度,就如何突破城镇化进程中的资金瓶颈问题,进行了相关分析。特别是对城市公共服务设施的建设问题,以及对进城农户的生活保障与就业问题,都要依赖政府调控体系提供资金,加以解决。

西方城镇化进程中的货币金融支持主要是从政策性金融工具和商业性工具视角进行分析的。例如,对城镇化中交通通勤能力的改善,K. J. 巴顿认为:交通计划和管理者必须对资金给予足够的关注;应当确认提供交通服务的总成本,应努力在适当的使用者之间分配这些成本;应该积极探索私人参与提供交通改善资金的可能性;一个有效的交通管理方案必须包括对城市交通道路、铁路、公共车辆和其他实物适当的维修和

---

① 这些多种形式的城市病表现可以分解为两个方面:(1)社会表现:越轨、犯罪以及公共卫生、环境恶化;(2)经济表现:失业、贫困、住房与交通拥挤。这些状况的改善,往往依赖于城市政府的治理能力。转型期中国城市的社会问题:流动人口多与暂住证管理的两难问题,征地拆迁的反复问题,老龄化问题。政府的经济事务宏观调控与社会公共事务管理能力如何,影响到城市发展和城镇化的深化。

维护计划；为确保职业人员在其中的作用，必须进行交通工程和管理方面的教育与培训。①

　　张敦富则对城市发展的资金支持，从公共财政角度进行了分析。如落实产业发展规划，支持支柱产业、瓶颈产业及基础设施建设，其资金来源的具体形式包括财政投资、专项资金、税收减免与返还、财政担保与发行城市建设公共债券，政府采购则主要从产业发展的起初市场培育角度加以扶持。在为城市基础设施建设进行市场性融资方面，作者还谈到利用城市的有形与无形资产的有效经营，发展产业投资基金，为城市发展积聚大量财力。通过土地置换、广告权出让、土地开发经营权转让、BOT（建设—经营—转让）、项目抵押贷款等为城市基础设施建设进行市场性融资，以及通过改善投资环境和对外贸易合作吸引外来产业投资。②

---

　　① ［英］K.J.巴顿：《城市经济学：理论和政策》，上海社会科学院部门经济研究所城市经济研究室译，商务印书馆 1984 年版第八章相关分析。

　　② 张敦富主编：《城市经济学原理》，中国轻工业出版社 2005 年版，第 484—485 页。

第四章

世界城镇化进程概览

研史明道,鉴往知来,在城镇化这个领域,逻辑和意义同样如此。下面分别简要回顾世界城镇化和经典国家城镇化的历史进程,以期从中发现城镇化发展的一般规律,以及对当下和未来较长一段时期中国城镇化持续健康发展的启示。

第一节　世界城镇化总体历程概览

世界与中国的城镇化历史,是许多研究城镇化的专家关注的重要领域。就城市体系与城镇化发展的关系来说,由于城镇化的内在本质是城市经济与社会的发展,由此表现出城镇化水平与城市发展水平的相关性。

由于现代城市的产生是在工业革命之后,因而完全意义上的世界城镇化的发展历程,也以 1760 年工业革命为标志,而非以传统意义上的城堡式的城市出现为起点。

从世界范围来看,人类的城市已有约 9000 年的发展史,但是,一直到 1800 年,城市人口仍旧只占世界总人口的 3%,1900 年这一数据上升为 14% 左右,而经过 1900—2000 年的 100 年时间,到 2001 年,世界城市人口比重已达到近 50%[①],于是,人类历史上第一次出现了近一半人口居住在城市的情况。

---

① 高珮义:《中外城市化比较研究》,南开大学出版社 2004 年版,第 1—6 页。谢文蕙、邓卫:《城市经济学》,清华大学出版社 2008 年版,第 2 版,第 53 页。刘传江:《中国城镇化的制度安排与创新》,武汉大学出版社 1999 年版,第 61 页。

第二次世界大战后，有利的和平环境为城市的繁荣扩张创造了良好的外部条件，西欧、北美、日本与亚洲新兴市场国家都进入了城镇化成熟发展阶段。20世纪90年代，由于发达国家基本上都实现了高度城镇化，因此，进入21世纪后，世界城镇化发展的总体水平主要依靠发展中国家完成。

需要指出，从20世纪60年代开始，在发达国家城镇化进程中出现了一种逆城镇化的现象，也有专家称为"反城镇化现象"。逆城镇化现象是与大城市发展过程中，经济效益、社会效益与生态效益的失衡紧密联系的。正像人们普遍认同的那样，交通与住房拥挤、环境污染等作为"城市病"的重要表现形式，在城市政府不能很好地运用城市财政与有效的公共政策加以治理时，市民对郊区安静的环境和低密度居住条件的强烈欲望，会变得更加如饥似渴。另外，地铁、高速公路以及作为承载其上的小汽车价格急遽下降，连同餐饮、超市、洗浴、娱乐等为代表的传统服务业，以及金融、信息技术等为代表的现代服务业的快速普及，推动了市区人口源源不断地涌向城市郊外。在这种逆城镇化的浪潮中，大城市人口明显减少，人口由城市中心向郊区及更远的乡村迁移，自然地，更多的人口就集聚在大城市边缘地带，很多的工业企业也纷纷离开城市，向中小城镇及乡村地区转移，而中等城市人口则迅速增加。有关研究表明，美国的逆城镇化现象早于日本，而且比较显著。当然，发达国家人口增长率大幅度下降，也是城市人口减少，从而客观上导致"逆城镇化"的一个原因。

尽管"逆城镇化"给世界城镇化健康发展曾经投下了阴影，然而，令人振奋的是，在城镇化进入成熟阶段后，随着发达国家经济实力的强大、城市治理水平与公共服务能力的提高，以及社会对"城市病"的危害性的深刻理解与普遍重视，"逆城镇化"进一步扩张的趋势在相当一些国家，都得到了扭转。下面，我们将目光投向一些经典的国家，例如，欧美和亚洲的发达国家，以及一些发展中国家，简要回顾其城镇化发展历程。

第二节 欧美国家的城镇化

一 城镇化与工业化的故乡：英国的城镇化历程

英国既是世界上第一个实现工业化的国家，也是世界上第一个实现城镇化的国家。作为工业革命的故乡，英国城镇化对世界城镇化发展的贡献有着独特的、不可替代的意义。

有关研究表明，早在 18 世纪以前，发达国家、发展中国家和整个世界的城市化水平都处在同一条起跑线上，在 3%—5%。自 18 世纪末期以后，发达国家的城市化进程日渐加速，一直到城市人口达到 70% 以后才逐步有所减缓。

英国大规模的城镇化，实际上始于 18 世纪中叶的产业革命。从 1760 年产业革命开始到 1851 年，英国花了 90 年的时间，成为世界上第一个城市人口超过总人口 50% 的国家，基本实现了城镇化。而当时，世界城市人口只占总人口的 6.5%。

1863 年，伦敦开通了世界上第一条地铁，便捷快速的立体交通网络和现代化的金融服务、优良的港口区位优势，使得伦敦这个 16 世纪末的欧洲贸易中心成为名副其实的世界最大的经济中心城市。到 1921 年，英国城镇化水平已高达 77.2%。[①] 从中可以发现，英国初步实现城镇化用了 90 年时间，而从初步实现城镇化到城镇化进入成熟阶段则用了大约 70 年左右的时间。

英国的城镇化发展进程有以下几个显著特点。

（一）农业革命的准备

英国的农业革命是通过为工业革命提供原材料、市场、充裕的产业工人来支持本国城镇化发展的。

英国的农业革命实现了农业的商品化经营，而开启这一生产方式转型的制度安排，就是圈地运动。圈地运动摧毁了传统的农村小生产方式，使土地能够得到集中，大量资本得以投入农业生产中，并与资本主义农场制结合起来，为实现农业规模化经营打开了通道，农业生产率由此飞速跃升；圈地运动还为工业革命准备了失去土地的无家可归的产业工人，部分土地贵族变成了资产阶级工厂主，土地贵族将大片土地租给大农场主，农场则成为资本主义农业企业。地理大发现和新航道的开辟，又使商品化农业的市场开始由国内面向海外。到 16 世纪中期，英国农业生产从自给自足的小农产品经济，过渡到面向广阔海外市场的商品化农业经

---

① 高珮义：《中外城市化比较研究》，南开大学出版社 1991 年版，第 29 页。

济。而到 1700 年时，英国则完成了农业革命，这个早在 16 世纪引进荷兰农业技术的国家彻底摆脱了"马尔萨斯低水平均衡陷阱"，成为当时世界农业的麦加。由此可见，长达几个世纪的农业革命促进了英国工业革命的展开，进而为英国城镇化奠定了水到渠成式的经济基础支撑。

（二）圈地运动的暴力式制度安排

圈地运动所开启的英国农业商品化的发展，在为包括工业人口在内的全体社会成员提供充裕粮食的同时，又导致人力资源和资金资源最终大规模地流向工业部门。这种"羊吃人"式的土地兼并运动所形成的城市压榨农村，工业剥削农业的产业结构转型，虽然蒙上残酷、不道德的阴影，但是却客观上推动了英国资本主义经济发展从农业社会转型为工业社会的进程，进而促进了英国城镇化的发展。当然，这种暴力式变革的方法，在文明的世界里已经不能再采用了。

（三）商业革命的准备

商业革命是通过扩大海外贸易而积累雄厚的资本，进而促成工业革命爆发，推动城市在英国大规模兴起的。

在英国工业革命与大规模城镇化到来之前，商业贸易的发展已经十分引人瞩目了。1615 年，孟克莱田发表了《献给国王和王后的政治经济学概论》，主张商业流通才是利润的主要来源，金银是财富的唯一形式，国家财富的增长要靠对外扩张贸易，贱买贵卖。这为英国推行海外殖民侵略、商业资本跨洋掠夺积累做了思想上的准备。16 世纪至 18 世纪，伴随着地理大发现和新航道的开辟，以及远洋航船的建造、枪炮的配备，重商主义经济政策大行其道有了深厚的物质基础，英国商人活动的范围从原来的地中海周围，得以扩展到世界各地，商业资本贸易额大幅度增长，商业资本积累日渐雄厚，主要从事贩运商贸、奴隶贩卖、海上掠夺、海外开矿的商业资本家也大量涌现，高速的资本积累与流动有力地推动了货币经济的发展。

在疯狂实施海外扩张后，1914 年英国的殖民地面积达到本土面积的 111 倍，人口则为本土的 8 倍，从而成为世界第一殖民大国。世界贸易往来所开拓的国际市场与经济联系，磁吸了大量人口向英国城市迁移，这成为推动英国工业革命与城镇化展开的重要动力。

（四）在城镇化与工业革命的互动中，产业结构与就业结构得到双重优化

英国工业革命始于 18 世纪 60 年代，到 19 世纪 30 年代末基本完成，持续 70 年的工业革命，使资本主义工厂手工业过渡到机器大工业阶段，商业资本的统治地位让位给工业资本，经济思想也由重商主义的国家干预，转到"看不见的手"的自由市场式调节，城镇化与工业革命的互动，则实现了产业结构与就业结构的双重优化。

1776 年亚当·斯密的《国富论》的问世，则为这种双重优化格局的持续演化，提供了强大的理论武器。英国许多新城市并不是在原有的封建城镇，而是在工业村庄和工矿区基础上发展起来的。特别是矿业资源丰富的城镇与工矿区，借助便捷的运河、港口、铁路的交通优势，创造大量的就业机会，吸引了大批无家可归的农民产业工人，资源、区位、交通优势的组合优势，则形成了经济集聚的强大能量，呼唤着一批工业城市如雨后春笋般地涌现在英伦大地。城市的繁荣又反过来进一步促进商品批发、运输业、仓储、旅店等商贸服务业的繁荣，信贷业务也发展起来了。1851 年，英国成为世界上第一个初步实现城镇化的国家，在新型的工业区出现了像曼彻斯特、格拉斯哥、伯明翰这样的大城市。技术的发明与应用，则为工业革命与城镇化推波助澜，"分工、水力特别是蒸汽力的利用，机器的应用，这就是从 18 世纪中叶起工业用来摇撼旧世界基础的三个伟大的杠杆。"[1]

（五）交通运输革命

英国工业革命与城镇化互动中的交通运输业革命，促进了郊区城镇化。1825 年，英国修建了世界上第一条铁路，到 19 世纪中叶，基本形成铁路运输网。在 19 世纪 50 年代，英格兰的大中城市都通了火车，并且，大部分地方离火车站的距离已在 10 英里以内。汽车、运河、汽船、公路、公共汽车、铁路等把英国的内陆城市与沿海城市连成一片，大大促进了商品流通和人口流动，同时带动了邮政通信、商业服务、教育科技、文化娱乐、金融保险等许多商贸服务业的发展。1863 年，伦敦开通世界

---

① 恩格斯：《英国工人阶级的状况》，载《马克思恩格斯全集》第二卷，人民出版社 1957 年版，第 300 页。

上第一条地铁线。地铁的开通使得生活居住地带与工作区的通勤时间更短，这无疑都促进了英国城镇化的蓬勃发展。

（六）"激进式发展"与以伦敦为节点的展开

英国成为世界经济的中心区域是以伦敦成为世界贸易中心、金融中心为节点展开的。早期英国城镇化的区域移动路径是由东南部向北部转移。工业革命首先使英国成为"世界工厂"，而它对英国城镇化进程由东南部向北部的发展，反过来通过城市的"极化"与"扩散"功能，又进一步推动英国成为世界经济中心。

对英国城市化的"激进式发展"过程，著名城市经济学家 K. J. 巴顿认为："城市发展并不是一个逐步的、渐进的过程，而是经历了许多不连续的步骤与阶段。今天城市规模的扩大和城市数量的激增，与过去的城市发展全然是两回事。"①

当然，这种"激进式发展"也带来诸多严重的社会问题。例如，在1760—1851 年的英国初步城镇化完成期间，大量失业工人生活、居住条件恶化，死亡率上升，社会贫富差距拉大，环境污染严重。正如马克思在《资本论》中所说的那样："在伦敦，拥有万人以上的贫民窟约有 20 个，那里的悲惨景象是英国任何其他地方都看不见的，就说是地狱生活，也不算过分。"

（七）有利于城镇化问题破解的法律制定

在城镇化由初步完成向成熟迈进的时期，英国制定了一系列有利于促进城镇化健康发展的法律法规。如 1875 年英国第二次通过《公共卫生法》，建立了为贫困无助者提供居住和工作的济贫制度；1866 年通过了《环境卫生法》；1909 年，英国通过了第一部涉及城市规划的法律（Housing Town Planning etc. ACT, 1909）；1945 年则通过《工业分布法》。

第二次世界大战后，英国城镇化进入了一个提高质量的阶段，政府继续制定相关的法律法规，推动城镇化进入成熟发展时期。例如，1946 年通过的《新城法》；1947 年英国颁布了《城乡规划法》；1949 年通过的《国家公园和乡村通道法》；1952 年颁布的《城镇发展法》；等等。正如当今时代

---

① ［英］K. J. 巴顿：《城市经济学：理论和政策》，上海社会科学院部门经济研究所城市经济研究室译，商务印书馆 1984 年版，第 15 页。

我们已基本形成的一个共识，城镇化进程中的社会问题，不可能完全靠市场力量来完善，"正式的城市体系"必须对城镇化进行干预①。不过，这种干预方式应该借助于一系列法律的颁布和相应的组织机构的建立，在此基础上，通过财政、金融和产业措施，来提供住房、就业、最低生活补助等市场失灵的公共产品，来为城镇化持续健康发展提供基础支撑。

二 后来居上的世界强国：美国的城镇化历程

虽然英国是第一个实现城市化的国家，然而作为英国殖民地的美国，也在其后稳健地走出一条健康的城市化道路，并长期保持其世界经济中心乃至头号强国的地位。由于美国国土面积与中国相近，而 3 亿多的人口数量也在西方强国中拔得头筹，就此而言，其城市化发展经验对中国这个最大的发展中大国的"国情可借鉴性"无疑更为显著。

1. 早期的城市发展与城市化起步阶段

我们首先把目光投向早期美国城市化的起步阶段，这个阶段的历史时区大致在 1630 年到 1890 年之间。②

1607 年，伦敦公司派遣一百多名移民乘船到达詹姆斯河口，在其站稳脚跟后发展成为弗吉利亚殖民地，这个节点性历史事件成为美国殖民地时期历史的开端。但是，殖民者在登陆北美大陆后的一段时期内，主要从事农业类活动，正式意义上的城镇，可能要从 1630 年荷兰殖民者在查尔斯河畔建立的波士顿算起。诸多文献和研究表明，彼时的波士顿已不再是以农业为主的聚落，而是一个商业和行政中心，是一个人口众多且富有多样性的城市。由于城镇是城市化展开的载体和空间依托，就此

---

① "正式的城市体系"与现在讨论的宏观调控体系并无二致，城镇化作为经济与社会过程的复杂性，以及由此而产生的城市病如环境污染、交通与住房拥挤等公共服务设施短缺，使得英国城市政府认识到运用宏观调控手段干预城镇化的必要性，对发展中国家发展城镇化中充分采取宏观调控力与市场力的协调以发展城镇化提供了启示和先导经验。

② 有一些研究认为美国初步城市化始于 1690 年，但是酝酿期、初步完成期和郊区化时期的三阶段划分模式，并非城市化经典理论所界定的初步阶段、加速阶段、实现阶段的三阶段，而且其参照的依据不统一，以最后一个"郊区化时期"为例，它反映的界定标准是地理空间指标，对应的其他阶段应该命名为"中心城区化"，而不是"酝酿期、初步完成期"。城市化初步完成期有特定的含义，就是参照城市人口占比这个衡量标准，当城市人口占比达到 50% 时，可以认为城市化初步实现。参见王春艳《美国城市化的历史、特征及启示》，《城市问题》2007 年第 6 期。

而言，美国城市化的初步兴起，可以认为是从 1630 年开始的。

相关研究表明，工业的勃兴乃至工业化，是一国或地区的城市化兴起乃至加速发展的引擎和重要动力。[①] 就美国的情况来说，其工业勃兴要归结到东北部港口优势与独特的造船业上。正是东北部港口优势与独特的造船业，推动了大西洋沿岸美国东北部城市的初步城市化进程。

其具体的推动机理和发展路径大致体现在：英国大举扩张海外殖民地，形成了对航船的巨大需求，然而英国林木资源缺乏，给利用本国生产材料发展造船业带来重重困难；对美国来说，情况则正好相反，美国东北部的大西洋沿岸地区，虽然属于贫瘠多石、气候寒冷的山区，且不适合农业发展，但是林木资源非常丰富，东北部的大西洋沿岸地区也分布着较多良港，给伐木业和造船业大发展提供了非常有利的基础条件，从而满足了英国大规模海外殖民扩张而滋生的庞大的航船需求。正是因为如此，到 1772 年，这些地区的造船量几乎占全殖民地造船总量的三分之二；造船业的兴盛又带动了包括制绳、帆布、航海仪器、望远镜在内的一系列行业的发展，并进而刺激铁器制造、玻璃等资本主义工场手工业的繁荣。伴随着航海工具的运用，还带来殖民地的内部贸易以及与宗主国的对外贸易活动，于是，以波士顿、纽约、费城与查尔斯顿为代表的良港城市诞生了。

与英国相类似，美国的城镇化持续发展，无疑也离不开工业化的推动。19 世纪初，美国工业革命开始规模化爆发和并向诸多城市区域较为迅速地扩展。[②] 工业革命的爆发和工业化的普遍发展，无疑在工业领域及相关的服务领域增加了更多的就业机会，这就对乡村人口转移入城产生了较大的引力，从而促进城镇在数量和规模上的不断扩张。

交通运输是早期美国城市发展、区域繁荣的另一重要因素，自然也是城市化发展的重要动力。研究表明，除了引进第一个开启工业革命的

---

① 当然，在城市化进入基本完成向最终实现的阶段后，工业对城市化的促进和让位于服务业了。因此，对于整个城市化进程而言，是经济现代化而不是单一的工业化促进了城市化。参见马先标《城市化稳健快速发展的战略模式构建：一个制度分心范式下的解读》，《社会科学战线》2009 年第 11 期。

② 关于美国工业革命具体的开始时间，美国历史学界也众说纷纭，但是主要集中在 19 世纪初期。按照马克思、列宁对工业革命出现的两大标志的阐述，即工厂体制建立和蒸汽机在工业领域使用，苏联学者库利科娃在研究后认为，美国工业革命始于 1808—1815 年。参见杜潮《关于美国工业革命的开始阶段》，《世界历史》1981 年第 4 期。

英国的工厂制度，美国也模仿借鉴英国在陆路、水路等交通运输体系的建设经验。从 1815 年至 1854 年，美国各地区因地制宜，全面推动交通运输业快速发展。例如，根据美国东北部河流众多的特点，积极修筑运河，以连接主要河流与城市，至 1840 年已有运河 3000 英里，运河通道将大西洋沿岸城市之间的联系，深入扩展到内陆的中西部城镇。1862 年，美国政府又颁布了《太平洋铁路法案》，对土地的有关收益制度安排予以明确，从而促进了美国铁路的大规模铺设，这成为美国城市化西进，以及城市化提速的重要载体和动力。

总体来看，在美国早期的城市化初步发展阶段，作为本国城市化发源地的东北部凭借其独特的港口与造船业优势，率先踏上了城市化之旅，而工业革命和工业化，以及交通运输综合体系的构建等，则成为这段历史时期城市和城市化获得一定程度快速发展的重要力量。历史数据表明，在美国工业革命伊始阶段的 1820 年，美国全国人口总量只有约 960 万，到 1890 年，美国城市化率也达到了 30%。由于在 1890 年前，美国城市体系人口占比小于 30%，所以按照城市化发展阶段理论，这个阶段总体上属于城市化初步兴起，并向城市化加速阶段迈进的时期。

2. 1890 年至 1920 年城市化加速与基本完成时期

如前所述，1890 年美国城市人口占比跨过了 30% 这个门槛值，按照"城市化阶段理论模型"，该年度成为美国城市化从兴起到进入加速阶段的节点。此后，"城市化便成为决定美国需求模式的主要因素。"[1] 工业革命的迅速扩展，交通运输网络在区域乃至全国的构建，以及乡村人口向城市体系的潮涌，有力地推动了美国城市化进入加速发展阶段。

1890—1920 年，美国城市化进程发展迅速。1860 年其城市化率仅约 20%，1890 年的城市化率为 30%，而到 1920 年，其城市人口已超过了全国的一半，达到 51.2%。[2] 可以看出，在 1860—1890 年这 30 年间，城市

---

[1] *Urbanization and American Economic Development*, *1900 – 1930*, John Hopkins University Dissertation, 1973.

[2] 1920 年美国总人口 1.06 亿，城市人口占比约一半，初步完成了从乡村国家向城市国家的转型。参见 [美] 劳伦斯·A. 克雷明等《美国教育史：城市化时期的历程》，朱旭东等译，北京师范大学出版社 2002 年第 1 版，第 4 页；王旭：《美国城市史》，中国社会科学出版社 2000 年版，第 150 页。

化率增长了 10 个百分点，而在 1890—1920 年这 30 年间，城市化率则迅速增长了 20 个百分点，无论是城市化总增长率还是城市化年增长率，后一个 30 年的相关数值都是前一个 30 年的两倍，说明城市化在相当程度上是加速前进的。

区域城市化维度，美国东北部地区因工业化起步早、独特的区位优势以及资源禀赋优势，使得该地区城市化发展速度要快于其中西部和远西部地区。

对美国城市化历史演变的状况分析表明，铁路的大规模铺设与港口兴建的交通革命，对这个时期美国工业化、城市的发展以及城市化的发展，具有非常重要的战略意义。可以毫不夸张地说，是交通运输革命，推动了美国城市化从加速进入基本完成时期。

3. 城市化实现并步入成熟阶段

1920 年，美国人口突破一亿大关，城市化率则为 51.2%，也就是说到该年度，全国有一半左右人口住在城市，美国从此步入城市化基本完成的国家行列。

当然，此后的一段时期，美国经济发展曾一度出现危机和动荡，从而影响城市化的发展。这就是 1929 年到 1933 年的经济大萧条，它使美国的城市化发展经历了一次衰退。但是，由于罗斯福新政的成功推行，美国重新走上繁荣的道路。

第二次世界大战后，在高科技革命的推动下，1960 年美国城市化水平达到 70%，从而实现了城市化。

需要强调的是，作为人口大国、国土面积大国、经济大国的美国，在城市化进入加速期后所面临的房困也是相当严峻的。特别是第二次世界大战后，大批退伍军人转业和"婴儿潮"带来的人口出生率直线上升，使得住房供应异常紧缺，很多退伍军人只好暂时与他们的父母挤在一起，或租用地下室、阁楼和没有取暖设备的简陋房屋，有些人甚至住在仓库、公共汽车、工具间里。[1]

法律是治国之重器，住房领域的逻辑亦然。研究表明，美国政府根据本国城市化发展国情，尤其在制定住房法律并依法成立政府住房管理

---

① 参见王旭《美国城市化的历史解读》，岳麓书社 2003 年版，第 93—94 页。

机构方面，有效治理了城镇化发展进程中的城市房困。例如，早在 1879 年，美国纽约住房法就已颁布；1918 年美国创建国家住房公司；1939 年纽约公共住房法颁布；1953 年艾森豪威尔总统发布第 10486 号行政命令，建立政府房屋政策和计划顾问委员会；1968 年根据形势发展的需要，美国又在早期的公共住房署、住房署的基础上，依法成立内阁级的住房与城市发展部（Housing and Urban Development，HUD），制订大规模正统公共住房计划，并同时推出新型补贴住房建设计划。[①] 这些密集的与各个发展阶段状况契合的住房法律和公共政策，为持续有效地破解城市化进程中的中低收入群体的房困，提供了重要动力和重要保障。

美国在其城镇化进程中，还产生了大量其他的社会问题。对此，政府均及时制定相关的法律和公共政策予以破解。

综上所述，美国城市化发展的三个阶段表现为：1890 年以前的初步城市化时期（城市化率在 30% 以下）→1890 年至 1920 年，城市化从加速到基本完成的时期（城市化率超过 50%）→1920 年至 1960 年城市化完成期（城市化率达到 70%），此后该数值缓慢增长，城市化进入成熟或自我完善阶段。

第三节 亚洲国家的城镇化

一 善于创新学习的亚洲强国：日本的城镇化历程

日本的城镇化进程虽然比一些西方国家晚百余年，但由于实行了有利于城镇化的政策，其城市经济飞速发展，只用了短短几十年时间，就达到了西方发达国家的高度城镇化水平。

（一）战前城镇化的初步发展与加速

1867 年的明治维新标志着日本工业化的起步，其工业化的发展带动了城市的发展。在广揽人才、派遣参观团、大力兴办教育、移植西方现代产业制

---

① Elizabeth Ann Milnarik, "The Federally Funded American Dream Public Housing as an Engine for Social Improvement, 1933–1937, A Dissertation Presented to the Graduate Faculty of the University of Virginia in Candidacy for the Degree of Doctor of Philosophy, Department of Architectural History at Virginia University, May, 2009.

度与科技制度的一系列政策推动下，日本国力大增。[①] 在随后的军国主义扩张时期，日本从中国和亚洲其他国家掠夺了巨额的资源与财富，加速了本国工业体系的构建与城市的发展。随着工业化进程的加快，大量劳动力和人口继续向城市，特别是大城市流动，城镇化虽然正式起步，但是深深地烙上了封建军国主义思潮驱动下畸形演进的痕迹。1937 年侵华战争全面爆发后，劳动力加速向工业城市集中，以满足膨胀的军工产品的生产需求，从而形成了四大工业带：京滨工业带、中京工业带、阪神工业带、北九州工业带。这就是所谓的"四极集中"，日本城镇化率也随之有了相当程度的提高。

（二）战后城镇化的加速与基本完成

第二次世界大战后，日本经济经过 10 年的恢复，一定程度上抚平了战争创伤，到 1950 年日本的城镇化率已达到 37.5%[②]。1955 年日本人均国民收入为 194 美元[③]，同期城市人口比重已达到 56.1%，初步实现了城镇化。从 1955 年起至 1973 年第一次石油危机的 18 年间，日本经济踏上高增长之旅，取得了欧美诸国用半个多世纪才能达到的成就，由中等经济发展水平的国家一跃成为世界第二经济强国。在 20 世纪 60 年代，日本还出现所谓的"就业列车"，专门向大城市运送高中毕业的农村学生，这为如火如荼的城镇化的充分展开，注入了年轻有活力的人力资源。在第二次世界大战以前形成的四大工业区的基础上，形成了三个大都市圈和众多的地方都市圈，大都市圈的形成及综合性城市功能的发挥，源于中心城市的膨胀及向郊县外部的扩张。大城市本身所具有的聚集经济优势与"极化—扩散"效应，在这个时期大都市圈城镇化的形成中最为显著。在此期间流入城市的人口大部分都进入了东京、大阪、名古屋等大城市。在这样的背景下，日本全国城镇化水平继续提高，城市人口比重于 1987 年超过 70%[④]，从而全面实现了城镇化。

---

① 参见马克垚《世界文明史》，北京大学出版社 2016 年版，第 946—960 页。
② 参见高珮义《中外城市化比较研究》，南开大学出版社 1991 年版，第 31 页。
③ 参见李公绰《战后日本的经济起飞》，湖南人民出版社 1988 年版，第 96 页。
④ 参见高珮义《中外城市化比较研究》，南开大学出版社 1991 年版，第 34 页。该年度城市化率为 77%。注意，"城镇"究竟是城市和集镇的总称，还是城市和小城镇的合称？虽然在许多场合和情境下，"城市化"与"城镇化"可互指，但是，"城市"与"城镇"的区别，则是非常明显的。为便于分析问题和顾及学业两界现有的认知习惯，本书主要将"城镇"理解为城市与小城镇的集合体。

从上述的回顾可见，日本的城镇化起步于 20 世纪 20 年代，大发展于第二次世界大战后的高速增长时期，此后进入实现和成熟阶段。虽然其城镇化起步比英国和美国的城镇化都要迟，但是，从加速到完全实现城镇化，日本只用了 40 年，即其实现城镇化的时间很短，走了一条极为快速的城镇化实现之路。

二 发展中大国的代表：中国的城镇化历程

同为亚洲国家，日本完成城镇化。比中国要早。中国完全意义上的城镇化，实际上是从 20 世纪 70 年代末的改革开放之后才规模化启动的，并在不断的改革开放进程中获得了蓬勃的发展。这里，我们简要回顾新中国成立以后中国城镇化的发展历程。

（一）1949—1978 年，中华人民共和国成立后到改革开放前的城镇化发展

总体来看，正如文献总结的那样，"中国古代虽然很早就出现了城市，但进入近代后，由于帝国主义侵略，工业落后，资本主义经济发展得不充分，因此，城市的发展十分缓慢，城市化水平很低。1949 年中华人民共和国成立时，全国只有城市 69 个，县城和镇约 2000 个，城镇人口 5765 万人，占总人口的比例为 10.64%"[1]。其中，城市 132 个，城市市区人口 3949 万人，其占总人口的比重为 7.3%。[2]

1949 年 10 月 1 日，随着中华人民共和国成立，独立的国家主权、经济主权为工业体系建设和城市发展提供了安全稳定的环境。随着国民经济恢复（1949 年 10 月——1952 年年底），1953—1957 年，我国开始实施第一个五年计划，进行了大规模的经济建设，工业化带来了城市化，城市的增加和发展又吸引了大量农村劳动力，使大批农村人口转变为城市人口。这种由农村招收劳动力进城而引发的城市人口的迁移增长，超过

---

[1] 参见《中国大百科全书》，中国大百科全书出版社 2004 年版，第 74 页。

[2] 参见张新华主编《中国共产党推进新中国城市化的历史进程及其基本经验研究》，中共党史出版社 2014 年版，第 1—7 页。到 1957 年年末，城市发展到 176 个，城市市区人口激增到 7077.27 万人，占全国总人口的 10.9%。该书同时指出，静态上，城市化率通常在 10% 以上，动态上，进入现代工业和城市持续增长时期，作为城市化历史起点。据此，中国城市化的起点应该确定在 1950 年前后（1950 年我国城镇人口占比为 11.2%）。

了此期城市人口的自然增长。据统计，在 1949—1957 年，这一数量多达 2646 万人。①

中国城市人口的比例，1952 年为 12.46%，1965 年为 17.98%，1978 年为 17.92%，1980 年为 19.39%，1985 年为 36.59%。新中国成立后我们较长时间地实施赶超战略，此间，政府的户籍迁移制度、粮油供应、劳动用工、社会福利、教育制度在客观上造成城乡分割，城市发展受阻。再加上这一时期存在"左"倾的"大跃进"和"文化大革命"，所以城市与工业发展时断时续，工业体系轻重失调，服务业滞后，城镇化与工业化的健康发展都没能充分展开。虽然 1978 年工业净产值占国民收入的比重为 49%，按联合国教科文组织的标准，应处于工业化的加速阶段，但是，同年中国的城镇化水平不到 18%，仅为 17.9%，尚处在初级阶段。② 所以，总的来说，这 28 年走过的是计划经济体制下政府主导的城镇化道路，其时我国的城镇化要滞后于工业化。

这段时期又可分为三个阶段：1949—1956 年；1956—1966 年；1966—1978 年。每个阶段的特点又都不同。1949 年中国城市化率为 10.64%，1966 年城市化率为 17.86%，1978 年为 17.92%。③ 显然，1978 年的城市化率反而低于 1965 年（17.98%），1965 年的数值又低于 1960 年，这种不正常的逆城市化现象，主要是由于"文化大革命""知识青年上山下乡"以及自然灾害等特殊事件、特殊制度的影响而造成的。

（1）1949 年新中国建立后，在毛泽东"打扫干净房子，再请客人"的外交战略下，新中国废除强加的旧的不平等条约，摆脱对主要资本主义国家的依附，走上建立独立完整的工业体系的道路，优先发展重工业，工业化快于城镇化。1949—1956 年，我国完成对个体工商业的社会主义改造，还建立了比较完整的重工业体系。在这段时间里，城镇化发展较为顺利，没有城乡户籍制限制。1960 年城市化水平达到 20.7%④。

---

① 参见中国社会科学院人口研究中心编《中国人口年鉴》，中国社会科学院出版社 1956 年版。

② 参见谢文蕙、邓卫《城市经济学》，清华大学出版社 1996 年版，第 77 页。

③ 参见包宗华《中国城市化道路与城市建设》，中国城市出版社 1995 年版，第 47、52、54 页。

④ 参见张卓元主编《政治经济学大辞典》，经济科学出版社 1998 年版，第 307 页。

（2）1957—1966 年。由于政治运动与政策失误，造成城市经济出现严重困难，政府开始清退农民工，但更主要的是倡导"知识青年上山下乡"，这使得城市人口长时间下降。1956—1966 年，"大跃进"的"左"倾气氛笼罩全国、跑步进入共产主义的人民公社化运动，用政治追赶式的浪漫豪情大炼钢铁，轻重工业、农业、服务业发展全面失调。三年灾害后，国民经济严重衰退，城市经济发展不起来，这是造成城镇化滞后的一个重要原因。另一原因则是"知识青年上山下乡"运动导致的城市人口回流农村。

理解"知识青年上山下乡"运动，有助于更好地认识这段时期城镇化发展缓慢的非经济因素。我们知道，苏联团中央曾动员 2.74 万青年团员组成垦荒队，在哈萨克苏维埃社会主义共和国与阿尔泰边区、西伯利亚各州和伏尔加河下游的广阔地域上艰苦奋战，用不到三年的时间便收回 70 亿卢布的先期投资。中国共青团系统于是学习苏联经验，也动员派遣青年队员远征垦荒，建设共青城。1955 年，新中国第一支青年自愿垦荒队在北疆萝北县荒原创建"北京庄"，后来发展成萝北县共青城；1956 年，天津 52 名队员在萝北县创建"天津庄"。"中国地方大，人口多，但是人口分布不均匀，许多边疆地区有肥沃的土地，有森林，矿藏丰富，应当有计划地组织到那里开垦创业，我们老祖宗屯垦戍边，在秦汉时就是这么干的。"领袖的谆谆教导推动了城市青年远赴边疆，垦荒殖业运动蓬勃发展。例如，1956 年，全国有 8 万多人回乡务农；1958 年，中央政府决定 5 年内动员 570 万青壮年志愿到边疆和少数民族地区；1961 年，全国城镇人口减少 1300 万；1962 年减少 1048 万；1963 年 30 万知识青年上山下乡；1964 年，32 万知青下乡。这段时期，伴随着城市人口的不断减少，城镇化率也呈持续递减的趋势。

（3）1967—1977 年出现"逆城镇化"。1966 年，"文化大革命"全面开始，上千万的城市知识青年上山下乡、武斗、串连，许多工厂关闭停产，农业混乱，城市经济进入中华人民共和国成立后的最低谷。毛泽东在 1968 年发出"知识青年到农村去，接受贫下中农再教育"的号召，后来，国务院为此专门成立知识青年办公室，统筹安置此项工作。1968 年，国家鼓励大中专毕业生到边疆、工矿、农村，改造盐碱地、垦荒、修水库，也可以到军队农场或人民公社插队；1973 年，国家动员 89 万知青上山下乡；直到1979年，当年全国下乡24万人，但调回城市的知青则多达395万人，城乡流动人口的差额才有了逆转。邓小平在1979年中央召开的省、直辖市党委第一书记会上，着重谈了经济工作、就业工作，他指出："知识青年上山下乡是政治问题、社会问题，但主要还是要从经济视角出发加以解决，经济不发展，这些问题永远也无法解决。比如知识青年，不从经济角度解决不行。下乡青年过去一个人由财政部一次给500元，现在如果一部分人在城里就业，是否可以把这笔钱用来扶助城市安排知识青年就业，用经济手段解决这样的政治问题，该花的钱还是要花的，不解决不行，政策上应该灵活一点。"1982年国务院知青办与国家劳动局合署办公，"知识青年上山下乡"告一段落。①

从1955年到1981年的"知识青年上山下乡"虽然导致城市人口减少，但是为缓解当时国家就业困难、经济困难，作出了大的贡献，是有积极的经济意义的。另外，"知识青年上山下乡"时期所组成的垦荒队，参加矿场开发、盐碱地改造、荒山荒岭的开垦、修建水库堤坝、种草植林的公共工程建设，这与罗斯福在20世纪30年代美国经济大萧条时期推行新政，招募上千万的青年义工参加规模庞大的水电大坝、公共住宅、道路等公共工程建设，实施"以工代赈"的积极的就业计划具有类似的政策效应。这对于吸纳当前中国城镇化期间愈加膨胀的剩余劳动力可能具有较强的借鉴意义。

这段时期的城镇化，还有一个重要的特征就是内陆型城市的兴起，而且它们的兴起出于战略备战的国防工业的需要。从1949年至1978年，中国经济的重工业化与城市发展受苏联影响较大，备战色彩浓厚。由于大搞"三线建设"，工厂选址原则上不靠近城市，技术、设备与资金"靠山、分散、进洞"，致使原有的城市发展缺乏资金动力支持，新城市虽然建成，但是或边远闭塞，或因缺少与原有城市的经济互补性联系而成为孤岛，全国城市经济发展严重扭曲、滞后。

（二）1979年以后的现代城镇化发展

自1979年改革开放后，中国城市走上了一条非平衡发展的道路。中

---

① 参见顾洪章、马克森《中国知识青年上山下乡大事记》，中国检查出版社1997年版有关部分。本部分关于"知青上山下乡运动"导致的逆城镇化的资料，参考了该书。

国城镇化也相应地走出了一条从东部区域领先,再到东、中、西部城镇化发展差距不断缩小的道路。这具体表现在:四个经济特区与沿海十四个开放城市由于得到优惠政策,其发展快于中西部城市;16 个副省级计划单列市,由于得到不同于普通地级市的行政待遇,发展速度一般也快于普通的地级市。

1979 年以后,中国进入经济制度转型改革期。不过,市场化取向的改革是从传统的农业部门开始的,现代的城镇工业部门在相当长的一段时间,仍然保持传统的计划经营模式,这种二元经济体制交织并存的独特格局,是为了防止各方利益不协调而导致振荡加剧。1978—1984 年,全国粮食总产量几乎翻番。1984—1992 年,全国城镇国有企业推行承包制,许多产品的销售价格开始从计划控制中松绑,客观上促进了乡镇企业的迅速崛起;1992 年邓小平南方谈话以后,中国坚定地确立了走中国特色社会主义市场经济体制道路的方向;2001 年 11 月中国加入了 WTO,经济体系基本上完全融入国际经济大循环中,改革与开放也进入整体发展时期,市场在配置资源方面的主导作用日益凸显,因而城镇化有了较快的发展。

1979—1996 年,城镇化与工业化基本协调,发展比较稳定。中国的城镇化在 20 世纪 90 年代中后期开始放慢,所以,总的来说,这个阶段中国城镇化虽有发展,但滞后于工业化。

1996 年,中国城镇化率达到 30.5%,但是中国城镇化年增长率此后总体趋势上开始下降,成为自 1979 年以来城镇化由增长转为下降的拐点,这种趋势在 2003 年的城镇化率达到 40.5% 以后,开始得到扭转。[①] 在此阶段,"贫困的城镇化"(urbanization of poverty)现象开始在中国出现:棚户区、贫民窟在不少大中型城市普遍存在,上千万下岗职工生活保障得不到普遍解决,贫富收入差距越来越大,大城市住房价格奇高,使得广大的普通市民与工薪阶层生活成本过重,于是城镇化严重倒退。因而,反贫困与反"贫困的城镇化"成为当前中国城镇化和城市发展的新课题。

针对此间出现的新课题,"十一五"规划纲要以专门一章重点阐述了城镇化发展,表明决策层在战略上和行动上对城镇化健康发展的体认和

---

① 胡欣、江小群:《城市经济学》,立信会计出版社 2005 年版,第 31 页。

重视。此后，"十二五"规划纲要将城镇化发展与区域经济作为并列的重要问题，上升为专篇，指明城镇化发展的一系列制度和政策措施。特别是随着国家新型城镇化规划的颁布，"十三五"规划纲要又以单独一篇且内含五章的大篇幅容量，前所未有地详细阐述了城镇化道路选择和城镇化战略实施，中国城镇化开始走上一条稳健快速发展的新型之路。2013年、2014 年、2015 年我国常住人口城镇化率分别达到 53.73%、54.77%、56.10%。

纵观新中国成立以来我国城镇化的变迁过程，可以清楚地发现：其一，城市经济的发展与繁荣的确是创造就业机会，吸引农业富余人口入城，从而成为提高城镇化的基础动力；其二，政治制度、经济制度和教科文方面的政策，对城镇化的发展是否持续健康，具有关键的作用，正是新中国成立以后直至"一五计划"完成这个时期，我国城镇化发展水平相比于旧的封建社会制度下的城镇化，有较大的进步和提升，说明了社会主义制度的优越性；而改革开放至今，由于在不断探索中国特色城镇化道路方面逐渐取得一些经验，并采取了一些有效政策，制定城镇化规划，实施了城镇化战略，因而中国的城镇化水平又有了较大提高。当然，由于人口基数极其庞大、国土广袤辽阔以及相关政治经济文化等体制机制尚在完善之中，加上世所罕见的大国城镇化本身的复杂艰巨性，使得我们在城镇化发展方面虽然取得不少成就，但是也存在重物轻人、"政市失调""三无农民"、被城镇化、城市病蔓延、农村病凸显现象等诸多不完善之处。

有鉴于此，应在加快建设充分的城镇化智库体系的基础上，持续有效地制定并实施契合国情的中国新型城镇化发展的制度与政策，推动我国户籍城镇化水平和城镇化质量迈上新台阶，至少应该在"十三五"规划期末超过东亚和世界城镇化发展的平均水平。[①]

---

① 早期实现城市化的国家，其完成时间较长；早期实现工业化的国家，所用的时间也较长。例如，英国耗时一个半世纪完成工业化，而苏联执行几个五年计划后，仅用数十年时间就成为大工业强国。《不列颠百科全书》，国际中文版修订版第 8 卷，第 378 页。

第 五 章

中国城镇化稳健快速发展的
关键问题

　　本章将要阐述的中国城镇化快速发展战略问题主要体现在：基于国情的城镇化阶段判断、以农户为单位的市民化转移、货币瓶颈突破和城市公共服务设施承载力扩容等关键问题。在这些大问题中又分别包括次级分项问题，并且，像"市民化转移人口的目标城市准入门槛""城市体系向高层次人才敞开户籍大门""大学生下乡和农民工进城"等问题的中国式特征显著，破解难度自然相当大。

第一节　城镇化快速发展的战略问题

一　基于国情的城镇化阶段判断

　　1996 年我国的城镇化率达到 29.37%[①]，当年的人均 GNP 只有 750 美元，所以从城镇化与经济发展的指标相关性来看，1996 年中国城镇化实际上还没有进入加速阶段。

　　2003 年，我国人均 GDP 突破了 1000 美元[②]，标志着我国已经不属于低收入国家，正在进入中等收入国家的行列，同年的"城镇化率"达到40.5%[③]，两项指标均达到国际理论界通行的城镇化加速阶段的特征值。另据官方统计数据，2015 年中国常住人口城镇化率为 56.1%，户籍人口

---

①　《中国城市统计年鉴》，中国统计出版社 1997 年版。
②　《中国统计年鉴》，中国统计出版社 2004 年版。
③　《中国城市统计年鉴》，中国统计出版社 1997 年版。

城镇化率则为 39.9%，两者之间存在着 16.2 个百分点的差距①，并且都未达到 70% 这个城镇化实现的衡量指标值。所以，当前我国城镇化总体上还处于加速阶段——这是第一个判断。

与世界城镇化平均水平相比，2003 年我国城镇化率甚至低于 2000 年世界平均水平（47.2%）②；2005 年我国城镇化率为 42.5%，也低于世界城镇化平均水平（49.1%）；直到 2010 年，我国与世界城镇化率则分别为 49.2% 和 51.6%，两者之间仍存在差距。国家"十二五"规划纲要以专门的篇章，阐明积极稳妥发展城镇化的战略，此后全国城镇化进程不断加快，然而正如本书第一章所述，直到近年，我国一般意义上的城镇化率，即户籍城镇化率仍低于世界平均水平，与发达国家和一些新兴工业国的差距就更大。如此看来，尽管我国城镇化已经处于加速阶段，但是城镇化发展滞后于世界平均水平——这是第二个判断。

表 5—1　　　　　　　部分主要国家城镇化发展阶段的时间点

阶段 国家	加速（人均 GDP 为 1000 美元，城镇化率达到 30%）	基本完成（城镇化率达 50%，人均 GDP 为 3000—10000 美元）	成熟稳定（城镇化率达 70%，人均 GDP 为 10000 美元以上）
美国	1880 年	1920 年	1970 年
中国	2003 年	2012 年前后	2050 年
英国	1830 年	1851 年	1921 年
韩国	1950 年	1960 年	1995 年 "86.4%"
日本	1940 年 "37.9%"	1960 年	1970 年
世界	2003 年 "47.2%"	2000 年	据世界发展指标估测，目前世界城镇化率为 55%

资料来源：这里的数据来源于 HABITAT（1996）：世界银行（1999）和本论文第四章《世界城镇化进程概览》中的文献回溯，与国内有关部门统计的城镇化数据，有一定的差异。

――――――――――

① 徐绍史等主编：《国家新型城镇化规划》，中国计划出版社 2006 年版，第 37 页。

② United nations population division：world urbanization prospects：the 2002 revision. New york. 26 – 27，http：/www. un. org/esa/population/publications/wup2001.

综上所述，确切地讲，当前我国城镇化处在滞后世界城镇化平均发展水平的加速阶段——这是对我国城镇化发展水平所处阶段的总体的基本判断。

二　基于国情的城镇化快速发展模式选择

实际上，亚当·斯密（Adam Smith）早就对城市及其功能，进行了详细的论述。又过了50年，冯·杜能（Von Thunen）提出了后来城市经济学家们经常引用的区位理论模型。然而，对城镇化，特别是许多国家的快速城镇化，大多数新古典经济学家却罕有著述。对于城镇化快速发展模式的选择，现代西方城市经济学家的相关论述更少，在一些文献中只能看到他们只言片语地提到发展中国家的城镇化发展，应该不同于发达国家，而且在发展中面临一些挑战，如进城后的就业不足、城市不堪重负的治理等。中国城镇化是否需要快速发展呢？对这个问题的必要性与肯定的回答，已经在本书第一章的导论中阐述过了，现在主要讨论的是发展的模式问题。

（一）城镇化快速发展的跨越式速度

辜胜阻先生曾谈到城镇化进程三步走的渐进模式。[①] 当然，如果按照作者书中预测的到20世纪末中国城镇化率达到50%的目标来说，现在的城镇化速度并不快。作者在书中又提到"发展的非平衡战略观"。相当一些专家坚持中国城镇化应在2050年前后达到70%，这多少受英国、美国等城镇化完成时间表的影响，但是，审视一下日本、韩国用不到30年就完成的城镇化时间表，也许我国可以用30年左右的时间，完成城镇化从加速到成熟的这一关键阶段。

在认识中国城镇化是否需要快速发展方面，也应有跨越式发展的理

---

① 辜胜阻：《非农化与城镇化》，浙江人民出版社1991年版，第206—207页。作者提出中国城镇化的三步走战略发展，当时是大城市率先发展还是大中小城市共同发展的争论，还没有结果。相应地，城镇化的提法占优势。随着世界大都市圈的迅猛发展和我国东部沿海三大都市圈的兴起，大城市的主导地位渐渐地得到了认可，以大城市为核心的包括城镇在内的连绵地域的整体协调为主导的发展模式，将成为20世纪末和21世纪城市发展的主流形式。相应地，"城市化"的提法似乎也更能体现时代特征。不过，无论是"城镇化发展"，还是"城市化发展"，本质上大体一致。

念。事实上，在市场经济体制的建立方面，我国不就是选择了一条稳健快速的道路吗？我国初步建立市场经济体制的时间用了不到 30 年，而现代西方市场经济的形成则用了上百年的时间。[①] 韩国、日本城镇化的快速发展说明，在资源、空间受到约束的现代国际发展环境中，中国城镇化的完成不可能再像早期的西方国家那样，需要经历几百年的自然演变。世界城镇化的发展现实与国际城市经济竞争的环境，以及韩国、日本的成功经验，表明中国实施城镇化快速发展的战略，似乎是必要且可行的。

快速发展城镇化，或者说中国城镇化的跨越式发展涉及城镇化发展的速度问题。也就是说，中国在 2003 年城镇化进入加速发展期后，未来的城镇化发展似乎应该选择一种类似韩国、日本的快速发展模式。当然，正如后文将要谈到的，由于中国人口数量极其庞大，以及城镇化进程中将要转移入城的农村富余人口也较为庞大和其他特殊的国情，要求我们不能一味地着眼于速度，而是应该采取一系列契合国情的政策和法律法规，使得我们的城镇化发展既快速，但又稳健，以求得城镇化总体上健康发展的效果。

（二）城镇化快速发展的两种动力与作用点

发展模式选择的另一个问题，是围绕农民转移进城的动力模式的设计。在本书前面的分析中已经提到，从配置生产要素资源的角度，城镇化的动力分为"市场力"与"政府调控"两种不同性质的力，对这两种力的主次以及如何搭配使用的程度，世界上经济体制不同的国家在城镇化从加速到完成的这个阶段，其模式也不同，分析表明，这主要同该国的经济体制模式有关。通常认为，经济体制大致可以分为以下四种典型模式（见表5—2）。那么，在市场机制与政府调控相结合的模式上，我国应该采取什么样的方针和原则呢？

正如资深专家的研究所表述的，"市场机制与政府宏观调控相结合，是中国特色社会主义制度下资源配置的有效方式，但是，加强和改善宏观调控，一般地说，政府调控的作用领域主要是宏观总量调控、结构调整和经济布局优化，以及一些重大的经济活动，通过财政政策、金融政

---

① 易纲：《中国的货币化进程》，商务印书馆 2003 年版，第 16 页。

策、产业政策、出口导向政策等解决好重大资源和社会利益的调整问题。在调控手段上，要以财政、货币等经济手段为主，同时运用法律手段和必要的行政手段。市场经济是法制经济，加强法制建设，建立完备的经济法规体系，运用法律的规范性、统一性和稳定性的特点，保障市场机制的正常运行，是建立社会主义市场经济宏观调控模式的迫切要求，也是国家对经济的宏观调控逐步成熟的重要标志。"[①]

表5—2　　　　　　　　　当代经济体制的不同模式

经济体制模式		自由市场经济	社会市场经济	政府市场经济	社会主义市场经济
典型国家		美国	德国	日本	中国
基本特征		市场竞争	市场竞争 社会目标	市场竞争 政府主导	市场竞争 社会主义
制度形式	产权形式	私有为主	私有为主	私有为主	公有为主
	运行机制	私人垄断下的 市场竞争	社会约束下的 市场竞争	政府主导下的 市场竞争	政府调控下的 市场竞争
	分配方式	按资为主	按资为主	按资为主	按劳为主
管理型式	决策结构	分散	分散与集中	集中与分散	集中与分散
	管理组织	政企分开	政企分开	政企协调	政企分开
	政府调控	较弱	较强	很强	最强

资料来源：黎诣远《西方经济学》，高等教育出版社1999年版，第3页。

应该说，这个阐述既指出了我国经济发展中市场机制和政府调控各自的"势力范围"，也提出了两者如何有效结合的基本方针、基本原则，其对指导我国城镇化进程中的"政市关系"的正确处理具有较强的启示意义。

纵观世界各国城镇化发展，正如本书导言所指出的，从政府调控和市场力搭配的视角，各国城镇化的动力模式主要应归结为四种。

第一种是早期西方国家的自然而然的城镇化进程，以美国为经典，城镇化的动力以市场力为主，政府调控力配合，当然，在城镇化发展进

---

① 逄锦聚等：《宏观调控新论》，湖南人民出版社2000年版，第250—261页。

程中也不乏促进铁路大发展的公共政策与土地制度创新，两者的有效结合，使美国城镇化发展呈现为一条稳健的轨迹。第二种是以英国为经典，由于是第一个开启城镇化加速发展的国家，面临的国际资源环境与发展空间比较宽松，所以采取的方式同后期国家差异很大。"圈地运动"作为一种带有血腥味的暴力型"制度安排"，强迫农民离开土地从而基本完成转移任务，所以其特征是政府调控力与市场力兼具。第三种是以日韩为代表的，由于其经济体制模式属于政府主导型，在转移农民进城的快速城镇化中，政府的一系列政策措施与规划（包括法律）发挥了很大的推动作用。第四种包括中国等一些发展中国家。中国在转移农民进城方面所采用的方式，应该是政府调控力加以引导，与市场力各司其职、相互协调，稳健、快速地推动庞大的富余农户①进入城市，这应该是中国特色城镇化快速发展模式的动力机制选择。

从要素视角来看，发展模式的动力选择还涉及制度安排与资金，特别是资金瓶颈。对于中国庞大的富余农户转移进城这个世界上任何一个国家都不曾有过的难题，资金瓶颈的突破无疑是最为关键的因素之一，这要借助于货币供给扩大的路径。关于货币供给扩大的来源与产出补偿，以及风险收益分析，参见后面的有关章节。

发展模式的有效，还需要考虑下列因素：与都市圈构建模式的协调，城市产业结构与就业结构的协调，公共工程与农户就业政策的捆绑实施，依法科学规划与调控，管理部门先行组建与各司其职，城市发展与"城市病"防治等。

这里需要特别强调的是，货币供给扩大后，首要的投放领域是用来解决庞大的富余农户转移进城后的就业工资、基本住房提供与生活补贴发放，而不是城市基础设施建设或别的任何领域。这也是城镇化健康发展的前提与政府的第一要务，而不能以市场机制为主导来解决城镇化发展过程中的一些关键难题。

（三）货币供给扩大下的城镇化稳健快速发展

契合世界城镇化发展现况和国情，中国城镇化发展不仅要加快，而

---

① 在我国城镇化发展过程中，宏观政策的作用主要集中在整个农户家庭，而不是以单个劳动力转移为主要推动对象，这一点上不同于日韩，这是符合我国国情的，有关的分析详见本书"导论"和下一节。

且要保证发展进程稳健，以避免出现转移人口数量庞大以及经济社会诸多风险而带来的不稳定。为此，需要采取合适的制度安排，以促进中国城镇化既快又稳，也即走一条稳健快速的实现之路。

如何保证中国城镇化在快速发展过程中的稳健性呢？这就需要用扩大货币供给这样的积极政策，破解庞大的农户转移进城后的就业、保障房、生活补贴等基本生活保障问题，而不是单纯依赖市场机制为主导的手段。

道理很简单：其一，发展中国家的城市，就业机会本来就已短缺，市场机制难以解决本来就存在的就业困境，所以导致城镇化进程中的就业不足普遍存在。农民进城后，在就业方面几乎没有多少竞争优势，这种困境的持续必然造成农民强烈的回流乡村的意愿，或引发社会不稳定；其二，如果进城前，政府没有对农民在"三个生存保障问题"方面给予妥善解决，并付诸行动，农民对未来的前景会更加担忧，转移进城的意愿自然也就会大大弱化；其三，类似"圈地运动"的暴力迁移方式，对现时代的文明政府来说，不可能再加以采用。所以，要开启加快农户转移这一最关键的城镇化发展环节，理性而积极的政府似乎可采用扩大的货币供给政策，以支持解决农户在就业、基本住房与生活保障方面的基本生存需要，这样，农民才可能愿意彻底入城。除此之外，可能难有其他切实可行的有效途径。

如此看来，庞大的转移农户进城后的就业、基本住房与生活保障如何妥善地依靠扩大的货币供给解决，是城镇化稳健快速发展战略中的必要环节和重要的"一着棋"。

（四）"三证一协议"① 式的农户转移进城模式

承接上述的政策思路，要有效走出一条稳健快速的城镇化发展之路，关键的技术环节是积极稳健地推动农户以"交钥匙"式，或者说是以"三证一协议"式的方式进入目标城镇。

---

① "十三五"规划纲要要求，维护进城落户农民土地承包权、宅基地使用权、集体收益分配权，并支持引导其依法自愿有偿转让。采取"三证一协议"方式，积极推动农户转移入城的具有法律法规制定权限的人大和地方政府，应将其协议的有关内容以法律法规的形式确定下来。随着城镇化在各地的试点和发展，可在总结各地经验的基础上，将"三证一协议"的有关内容纳入国家层面的法律法规中。

"三证一协议"式的农户转移进城模式，简称"三证一协议"转移模式，其操作要点呈现为：（1）首先，对于政府，依法依规先行制定转移农户的规划，在城市体系先行建设好保证转移人口基本居住条件的保障房，印制好《转移协议书》与《转移农户房产证、主劳力就业证、生活补贴领取证》；（2）接着，在法院和公证机构一同参与的情况下，农户与政府签订具有法律效应的转移"协议"，依法、自愿并有偿交出宅基地和农田，同时领取具有法律效应、受到法律有效保障的"三证"，"交钥匙"式地进入邻近的"目标城镇"，简称"三证一协议"转移模式（见图5—1）；（3）法律具有强大的约束、规范力量，以及权威性，但是法律不可能涵盖并适应现实中的所有具体情况，农业转移人口市民化中的土地、基本住房、基本生活保障、保护性就业等问题兼有经济性和政治性，在某种特定情境下，其政治性更为凸显。因而既要严格按照依法、自愿、有偿的原则，推动"三证一协议"的农业人口转移，也要在遇到农业转移人口或农户不愿意转入城镇体系的情况下，发挥党和政府的思想政治工作优势，从利益改善、各方共赢的帕累托改进视角出发，耐心引导和说服转移农户，不允许强制农户签订"三证一协议"，更不允许强制拆迁农户赖以生存的住宅，冲击农户赖以生活休憩的院落；（4）需要强调，对于迁入小城镇这类广义的城市空间的就地城市化模式，可在城镇周边的集中居住规划区内，提供充裕的院落和居住面积，比方说，新院落的面积不小于政府规定的农户院落面积的一半，居住面积不低于人均30平方米等小康型农村人居标准，在小城镇中的一户一个新院落中，所新建的住房层数要符合农村建筑法律法规，也不应该鼓励小城镇体系为安置转移农户所建的住房高层化，等等；（5）要由政府和国有企业为主导，以信誉良好、社会责任感强的优秀私有性企业为补充，组成转移过程中的公共安居工程规划建设的机构设施体系，并最终由政府部门将符合质量和协议标准的公共安居工程的钥匙交到转移农户手中。

选择该模式，其基本的义理性在于：它是针对中国国情设计的一种稳健快速转移庞大农村富余人口的制度安排，是集就业理论、公共经济学与福利经济理论于一体的组合政策，目的在于积极稳健地实现中国城镇化，避免出现农户进城后大面积失业、房困与生活无着落的不利局面，

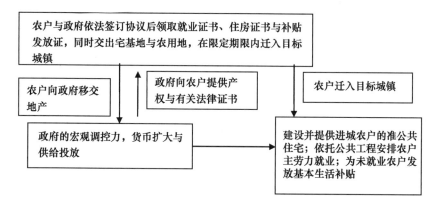

图5—1 农户进城的"三证一协议"程序流程

也避免农户进入小城镇后，出现居住空间狭窄和完全丧失原有农家院后的"幸福缺失感"。采取上述"三证一协议"式的农户转移进城模式，就在城镇化快速发展进程中，同时体现了稳健性和速度，这可能是一种又好又快的且适合中国国情的农业富余人口彻底市民化方式。

（五）"三证一协议"转移模式的适用条件

不过，这里需要强调，"三证一协议"转移模式并非适用于每个地区。事实上，只有那些经济比较发达、地方政府财力较为雄厚、地方政府公信力较强的省市县乡，才可顺利地推动这种农户转移入城的彻底的市民化模式。本书设计该种政策模型，主要在于结合中国实际进行理论和政策探索，并意在推动部分具备上述条件的地区稳健快速地推进本地城镇化发展，进而推动城乡统筹发展，乃至促进本地区现代化率先完成。实践中，一些不具备条件的地方政府，应该严格履行政府职责，并努力采取有效政策加快所属地域经济发展繁荣，在经济实力、财力、信用等条件具备时，再积极推动"三证一协议"的转移模式，而不是打着发展城镇化和率先发展的旗号，用极低的补偿资金强制性地，欺骗性地夺走农户赖以生存的农地和农宅，制造表面上虚高的"行政化城市人口占比数值"，以此作为名利双收的扭曲型政绩，却同时催生"三无农民"，酿成政民之间激烈的矛盾和冲突，这是需要高度重视的。

还需要强调的是，一些专家主张在补偿了农户足够的生存资金和生存条件后，农户转移进入目标城镇，仍然可以保留原有农地和农宅，并且享受与"老市民"一样的城市型公共服务。但是，我们稍加分析便可看出，这个政策思路具有引发城市市民和农民之间新的不平等的倾向。

持该类政策见解者之所以会有这种政策思维，可能主要是认为：在中国早期工业化阶段以及改革开放后的一段时期，政府通过"剪刀差"和二元户籍制阻止农民入城的方式，使农民蒙受了不公待遇和利益损失，现在这样做是在补偿先前农民所遭受的损失；再者，农民拿到足够的生存补偿资金后，仍然保有农地、农宅，即"穿着风衣雨衣入城"，这是为了应对进城后农民可能因贫而回乡，继续用农地、农宅确保他们基本的生存保障，以减少因政府社会保障力所不逮而导致的财力危机和社会不稳定的风险。应该说，这种考量和思维具有一定的合理性。可是，面对国内城市体系已有的低收入市民的社会保障实际水平，就必然会衍生新的城乡市民的不公平乃至对立情绪。[①] 正如我们看到的，一些具备条件的地方政府，在秉持信用、恪守基本法律法规的基础上，按月拨付而保证转移农户基本的生存条件后，这些农户又享受了与所在的目标城镇市民一样的公共服务，就不宜再加上一件不公平的额外的"保驾外衣"。要知道，城市体系一些市民在生活出现困难，从而进入社会低保这条通道后，他们并没有同时向政府索要一份在农村的农地和农宅。

当然，为了适应国内城市社会保障体系在较长一段时期仍然难以完善构建起来的现实国情，可以采取以下"折中式"办法，妥善对冲一些可能出现的负面效应：即允许一些具备实施"三证一协议"转移模式的地方政府，在依法依规保障转移农户入城后的基本生存条件的同时，让这些转移农户保留部分农地和部分安身立命的农宅，交出其余的大部分农地，促进农地规模化经营，交出部分农宅和相应的宅基地，充实到农村集体经营性资产中，以扩大财产性收益并支持就地城镇化和新农村发展。[②]

对此可能会有反对的声音，认为这是行政主导式的城镇化思维，并

---

① 马林靖：《快速城市化进程中来自新市民的声音：天津宅基地换房农民的就业与生活考察》，南开大学出版社 2012 年版。

② 部分内容参见马先标《我国农地金融发展模式问题再探讨》，《中国社会科学》（内部文稿）2016 年第 5 期。

且在国内当前执法效力还不强的现实情境下，贸然推动这种"三证一协议"转移模式所带来的，反而可能是"好心办坏事""事与愿违""南辕北辙"等不利的后果。

事实果真如此吗？答案显然是基本否定的。理由也很简单：其一，我们已经明确，实施该转移模式，必须是具备经济比较发达、地方政府财力较为雄厚、地方政府公信力较强等条件的那些地区的城镇政府；此外，也设置了"折中式"保险措施。在这样的前提下，的确会出现个别城镇政府仍然不真心实意地履行该模式所要求的职责，侵犯农户利益，带来社会不稳定和风险的情况，但是，不能因为个别负面的政策实施情况，就否定该模式应有的主导性积极功效。这就正如一个形象的比喻，即不能因为洗澡水不干净，而将澡盆里的孩子倒掉。要想理性地对待个别具备条件的城镇政府仍然不积极履行相应职责的管理办法，主要还是应该加强依法依规的惩处治理，而不是否定该转移模式本身。

对于"三证一协议"模型，最后需交代的是转移农户迁入目标城镇的制度约束问题。契合中国国情和有序流动的稳定偏好，农业转移人口迁入城市体系并获得完全意义上的城镇户籍，还需受到一定条件的制约，而非绝对自由地迁入任何城市，并获得完全的市民户籍。① 总的来说，应该按城镇化三阶段稳步推进农业转移人口的市民化进程。详细地阐述可参见本书第六章的有关分析。

综上所说，我国城镇化的发展模式是货币供给扩大下的稳健快速的发展模式，是政府调控有效引导、市场机制有效配置资源的统筹模式，

---

① 鼓励农民工积分落户并举家迁入城市体系，是近年来政府倡导的一项促进城镇化稳健快速发展的政策措施，这有利于提高农民科技文化素质，以适应城市经济活动和社会生活的要求，也有利于体现以知识为导向的收入分配政策导向。依此逻辑，在城镇化发展的过程中，对人才，特别是具有博士后与副教授职称的高级人才，任何城市体系都不宜设立迁移入城的户籍障碍。数据表明，博士后制度实施以来，我国共培养了 10 万多名博士后，这个数字占比还不到京津沪任何一个超大城市人口总量的百分之一，所以，就是所有的博士后群体都进入京津沪等任何一个超大城市，也不会对其造成人口压力。相反，因为这些超大城市在当前和今后较长一段时期，都是走科技创新型、知识经济主导型和文化型等发展道路的城市，所以，更需要对博士后与副教授职称以上的高级人才敞开大门。生活经验和常识告诉我们，由于诸多普通大城市在人文、自然资源、生活宜居、山水田园、气候等方面的优势和魅力，因而这些高级人才中的相当一部分，并不青睐迁移到那些超大城市体系中。

是妥善安置农户就业与生活保障的稳健的快速发展模式，是优先发展大都市圈、依法科学规划与调控、实现大中小城市（包括小城镇）体系协调发展与城乡协调发展的稳健快速发展模式。

正如第一章已经提到的，货币供给扩大与妥善安置农户就业及生活保障，是城镇化快速发展这个复杂的系统工程中两个最关键的环节，对于政府调控部门来说，两个最关键环节的组合，也即如何用扩大的货币供给，妥善安置农户就业、保障房、生活补贴等基本生活保障问题，显然就成为城镇化快速发展过程中政府调控部门的第一要务。

三　"投入—产出"的风险收益评价

（一）巨额货币投入后城镇化快速发展的"产出"分析

瓦西里·W. 里昂惕夫（Wassily. W. Leontief）是"投入—产出"的分析之父。1936 年，瓦西里·W. 里昂惕夫出版的《美国经济体系中投入产出的数量关系》一书，阐述了"投入—产出"理论和相应的模型，后来，"投入—产出"模型作为一种研究国家宏观经济运行效益的分析工具，被广泛运用到经济核算和经济决策中，也被运用到教育与卫生等社会公共决策中。[1] 城市经济学家借鉴了这一工具，对城市经济增长与发展的决策有效性进行判断。"投入"意味着"成本"，"产出"则与收益相关，透视经济活动和经济决策的"投入—产出"情况，可以预见决策的可行性与可能出现的风险，这有利于决策者采取相应的策略，以规避风险。

快速发展城镇化作为一项兼具经济性与社会性的制度安排，其未来的受益如何？存在哪些风险？这些都是政府管理部门不得不考虑的重要问题。而其中用以支持庞大农户转移进城的巨额货币的先期投入，是否能在城镇化发展后通过宏观经济的持续繁荣得到充裕的货币性补偿，尤其需要运用"投入—产出"的方法进行专门的分析。

---

[1]　在《大学排名失真的理性探析》一文中（《江苏高教》2006 年第 1 期），作者曾运用"投入—产出"的经济分析工具，设置了指标体系，对大学竞争力进行了跨学科探讨。本书研究货币供给支持城镇化中的农户转移时，借鉴了这种"投入—产出"理论分析工具，用来跨学科分析城镇化发展问题。

　　用巨额的货币供给支持农户转移进城后，城镇化的步伐自然会加快。但是，这会对中国经济社会的诸多方面产生哪些收益，又会酝酿哪些风险呢？这又要围绕中国城镇化快速发展的问题体系展开评价（参见图5—2）。

　　从图5—2的流程可以清晰地看出，巨额的货币供给投放，是积极推动庞大的富余农户转移进城，从而开启城镇化稳健发展的第一步；货币投放后，引起了一系列的"产出"变化，既有"收益性的产出"，也有"风险性的产出"，但是，"收益性的产出"远远大于"风险性的产出"，收益在"对冲"风险后，还可源源不断地以回流的货币进一步支持城镇化发展。

　　"收益性的产出"，包括土地收益、对工商业需求的拉动、就业机会的扩大和政府税收的增加；而"风险性的产出"，只有下岗人员再就业机会和农户进城后的城市社会管理难度加大，以及环境污染与城市公共设施承载力所面临的挑战。从性质上来看，政府税收的部分回流，可以在一定程度上弥补下岗人员因再就业机会的缩减而导致的福利损失。

　　（二）就业的风险受益分析

　　从就业机会的扩大来看，农地机械化的规模经营，对大学生"村官"的下乡产生了巨大的就业需求，这有利于缓解大学生就业压力，也有利于农业现代化与新农村建设（见图5—3）。

　　从就业风险与收益的总体比较分析来看，就业环境显然是优化了，但是这种环境的持续优化，还有待于政府实施城市产业结构优化与就业积极协调的措施。这将在下一节展开。

　　（三）政府的反应

　　城镇化快速发展的战略为何受到冷落？中央与地方政府对此的担心是其得不到重视的主要原因之一。当然，政府的担忧从某种意义上来说，也是可以理解的。为什么这么说呢？让我们从城镇化快速发展的两个最关键环节来进行分析。

　　如前所述，城镇化中的农户转移与货币供给瓶颈的突破，是两个最

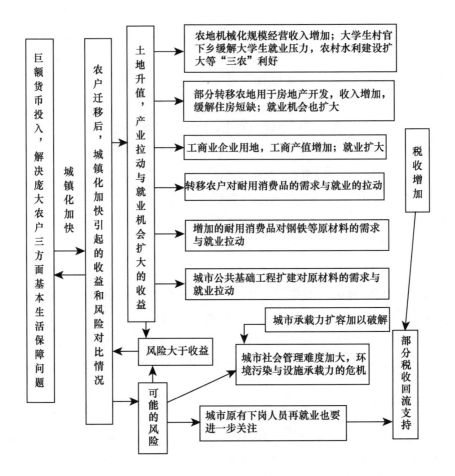

图5—2 巨额货币投入后城镇化快速发展的"产出"分析①

---

① 巨额货币投入后能否收回呢？这是从经济效益与风险的角度进行的理性考虑。看起来好像风险很大，但是正如俗语所言，"舍不得兔子，打不到狼"：数量庞大的农户转移进城后，首先是移交了数量巨大的宅基地与农田，在保证农业产量不减的情况下留足农用地，其余部分可用作工商业用地，也可用来开发大量的房地产。当前中国的居民对价格适中的商品房存在巨大需求，但因地价昂贵而直接导致的高房价使得大部分居民买不起住房，如移交部分转移农用于房地产开发，大量的土地供给正好弥补了这个缺口。在人均 GDP 超过 1000 美元时，中国城镇化进入加速阶段，正是追求住房数量和质量攀升的时期，这一时期至少要持续 20 年，这就给每一年的移交农地进行房地产开发提供了源源不断的有效需求，进而以产出的货币弥补先期支持农户转移的投入，形成良性循环。当然，从框图中还可看到，农户转移后对宏观经济与社会就业产生其他利好的效应。从这个意义上说，测算货币的"产出"是否超出"投入"并借以判断宏观经济收益风险，不是片面的，而是做了保守的推断。

为关键的问题。由于中国人口基数相当庞大，转移农户总量达到 1.68 亿[①]，中央政府担心庞大的农户进城后，城市就业环境与社会管理出现大的风险；如果用增加货币投入以支持转移农户的生活与保护性就业安置，那么增发的巨额货币是否会引发宏观经济环境恶化？再者，巨额货币资金投入是否能收回也是政府所担心的问题。

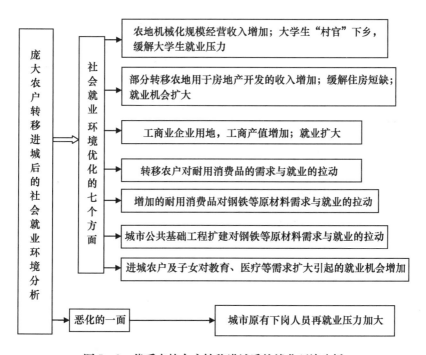

图5—3　货币支持农户转移进城后的就业环境分析

结合图5—3，通过"投入—产出"经济工具的分析，我们可以发现，中央与地方政府对此的担心是多余的。巨额货币供给下的农户转移，不但会给城市经济乃至宏观经济带来"利好"的局面，而且在这种制度变迁下的风险，基本上是可以得到有效控制与规避的（见下页图5—4）。由此可见，政府的理性态度也许是大力赞成上述城镇化快速发展的方案。

---

①　假设城镇化率达到70%时需转移的农户数量，具体参见第六章：以中国为案例的总体测算。

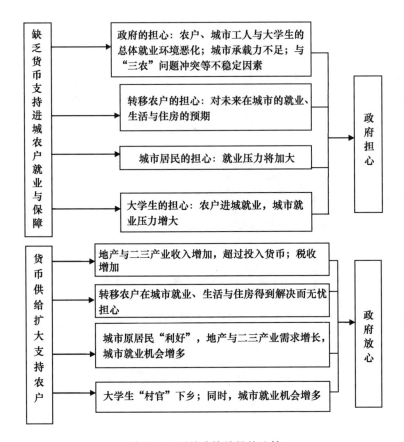

图5—4 两种政策效果的比较

第二节 城镇化中的农户转移

一 公共工程建设与转移农户的"保护性就业"①

上一节已经谈到，中国在21世纪的城镇化快速发展模式是货币供给

---

① 人们通常会对非自由市场机制调节的制度安排持否定或敌意态度。不幸的是，在城镇化问题领域中，这种态度往往是不适当的。道理很简单，因为城镇化转移的对象是低收入的弱势群体——农民，对他们以及同时作为社会过程的城镇化中所出现的问题所采取的措施，往往要依赖公共产品、公共经济学与福利经济理论的组合政策，马歇尔式的自由价格机制在此几乎不适用，城镇化中的市场失灵范畴太多了。不过，正如一个耳熟能详的规则所表白的：不管白猫黑猫，只要能抓到老鼠，就是好猫。这对那些不顾城镇化转移农户问题的公共政策性和复杂性，而仍坚持自由价格机制万能论，或无视自由价格机制在城镇化领域多处失灵的人，是最好的注解。

扩大的快速发展模式，是政府调控有效引导且市场机制有效配置资源的统筹模式，是妥善安置农户就业与生活保障的稳健的快速发展模式，是优先发展大都市圈、依法科学规划与调控、实现城市体系总体协调发展与城乡协调发展的快速发展模式。在该模式中，关键的一个技术环节是庞大的农户"交钥匙"式的进入目标城市。

快速发展，但是又不能出现大的经济与社会风险，这种特点要求政府调控力的制度安排必须保证货币供给的扩大，另外，必须用扩大的货币供给，妥善安置转移农户进城后的就业、基本住房与基本生活保障，这也是快速稳健发展的两个根本性前提。在这个前提下启动的城镇化快速发展是符合国情的积极稳健的发展方式。① 在实施这种积极稳健的发展方式后，城镇化中的农户转移得以顺利展开。然而，紧随其后所面临的一个具体政策问题就是，在农户转移进城后，在为促进城市承载力提高或构建都市圈而需要建设的大量公共工程中，如何通过公共工程建设来承担其对农户主劳力的"保护性就业"安排。

芝加哥大学的乔治·托利和威克森林大学的约翰·克瑞菲尔德，在研究最低工资效应时，认为最低工资安排其实就是一种保护性就业，并注意到，在欠发达国家，保护性就业吸引工人从农村流向城市。②

前面有关部分已经提到，世界银行的 D. 马祖姆达在研究发展中国家的农村向城市移民问题时，认为移民是个人对更好机会的反应，原则上应该明显提高经济福利。这与人口经济学家的推拉力理论和托达罗的迁移模型所反映的思想是一致的。中国农村的农民在进入城市前，首先要考虑的就是在城市得到的就业与福利是否比现在的状况要好，如果城市就业的概率很低，未来不确定因素太多，那么城市就不会对他们产生多大的拉力，因而其选择留在农村的可能性很大。再加上四十年的改革开放，农村的生活条件都有较大的变化，已有的农地与宅基房产至少能维护农业人口最基本的存活条件。所以，如果想要积极推动富余的农业人口进城，但是不给他们提供最低工资的保护性就业安排，市民化转移将

---

① 两个根本性前提或两个最关键环节，对政府则构成第一要务。

② 爱德温·S. 米尔斯主编：《区域和城市经济学手册（2）》，郝寿义等译，经济科学出版社 2003 年版，第 499 页。

难以进行。而目前中国城市就业难的现状则强化了这种政策安排的必然性与必要性。

当然，这种就业安排还应该与提高城市承载力的公共工程建设捆绑起来，政策才更具有可行性与有效性。为什么呢？这与菲利普斯曲线的移动规律有关。凯恩斯主义者坦言，紧缩性的政策治理通胀，无论是财政政策，还是货币政策，都可以降低总需求，缩小供求缺口，但这只会进一步减少对劳动力的需求，产生更多的失业。所以，这种方法与坚持以保增长、扩内需、调结构、惠民生和就业扩大为导向的中国经济社会发展战略，是不相符合的。

而新凯恩斯主义则认为，经济沿着菲利普斯曲线运行的治理通胀的传统方法是以失业继续恶化为高昂代价的，如果采取适当的政策措施，使曲线向下移动，就可以既不增加失业，又能降低通胀水平了。这些措施包括：（1）福利性国家政策。给失业者较好的维持生活水平的失业保险金，这样，相当一部分失业者不会急于找工作，从而对冲失业恶化的诸多压力。（2）稳定心理预期。人们的心理预期对通胀的影响很大，如果人们对未来充满信心，就不会贸然地将所有的货币都投在近期的消费中，挤占未来消费量，这会减少实际流通中的货币量，进而缓解价格持续攀升的势头。稳定的预期还使人们愿意配合政府的行动，合力治理通胀[①]。"保护性就业"不但可以稳定人们的心理预期，还可以大大减少工作流动性，使长期的菲利普斯曲线右移。

一个基本的原理是，通货膨胀存在需求和供给两方面的冲击形成机制，分别被称为"需求拉动的通货膨胀"，以及"成本推进的通货膨胀"。现在从需求冲击出发进行分析。

我们知道，$AD = C + I + G + (X - M)$，如果 C、I、G 和 $(X - M)$ 中的任一个变量发生变动，都会引起总需求的变动；当经济要素充分就业时，如总需求增加，但产量没有增加，就会发生供给缺口的充分就业，导致需求拉动的通胀，致使物价上升；但是，如果要素没有充分就业，如需求增加后，经济部门积极地推动要素就业，这样，在产量供给相应增加的基础上，总供给曲线向右移动，物价水平可能依旧维持稳定的水

---

①　参见黎诣远《西方经济学》，高等教育出版社 1999 年版，第 457—463 页。

平。中国现在宏观经济所面临的情况大体属于第二种，劳动力、结构性的资本剩余等都表明要素就业不足，如果扩大货币供给，就会相应地拉动要素充分就业下的产品供给持续增加，从而有利于实现宏观经济在需求导向下的更高水平上的均衡。

通过扩大货币供给，实施公共工程建设与转移农户的"保护性就业"，充分拉动了中国目前还没有就业的过剩资本、钢材、劳动力、土地等生产要素，使其得到有效配置，使经济在下移的菲利普斯曲线中运行，同时还可以消解原来的通胀困境。

正如所见，作为发展中国家，中国城市体系的劳动力数量已经十分庞大，这表现在城市体系中存在大量的没有充分就业的下岗工人。要为迁移农户主劳力提供就业机会，又不挤占城市原有短缺的就业机会，只能创造新的就业集合，这个新的就业集合要依赖于提高城市承载力的公共工程建设项目。由于农户迁移引起城市承载力不堪重负，现在就由农户参加这些提高承载力的工程建设，既解决了工程建设和用工短缺的问题，也解决了农户主劳力的保护性就业问题，还不挤占原有的城市就业机会，政策效果可谓"一石二鸟"，乃至"一石多鸟"。

二　准公共住房与基本生活保障

关于转移农户的生活保障与住房短缺，可以分解为两个部分。

关于最基本生活保障。这里的转移农户生活保障，主要针对农户家庭中除去主劳力以外的家庭成员，管理部门应按月发给农户最低生活补贴，可以因区域、城市而有一定的数量差额。

而基本住房的提供，则是针对整个农户家庭所有成员的。进城农户多属于低收入家庭，而且，按照上述农户转移进城的方式，农户是"交钥匙"式的进入目标城市的，离开乡村时，已经将农地与宅基地移交给政府，失去了绝大部分生活、生产资料，所以，政府为转移农户提供基本的住房是非常必要的，而且还应该提前建好这类保障性安置房。当然，关于这类房屋的产权性质，可能会作出一些附加的规定，但是，至少有一点应该界定：农户在未来的城市生活中，不得将该类房屋出售给社会投资者，只能用于中低收入者居住；在农户没提出搬迁房屋的意愿时，政府也不得收回居住权。

　　失去了绝大部分生活、生产资料的大多数进城农户，作为城镇化中的低收入者，为其提供准公共住宅的政策措施或住房保障制度①是有相应的国际经验可以参照的。

　　在世界城镇化进程的加速阶段，由于大量农民离开本地涌向城市，使得城市出现"房荒"，住房数量严重短缺，城镇化成功的各国政府承担了建设准公共住宅的任务。无论是市场力为主导的城镇化国家美国，还是政府调控力与市场力并重的日本，在重视公共住房政策以解决中低收入者住房问题方面，都具有相当的一致性。这些国家在处理住房短缺问题时所采用的办法，主要是政府建造"公屋"，推行"居者有其屋计划"。

　　例如，在19世纪末至第二次世界大战结束前，由于美国城市化向成熟迈进，农村人口向城市转移，以及一般规模的城市的人口向大城市转移，因而旧城布局不适应工业化和人口剧增的要求。这就需要拆除大量工人住宅，而这样做，又会造成房租进一步提高，住户更加拥挤，有些人甚至无家可归。为此，美国国会于1949年通过《全国可承受住房法》。美国的住房与城市发展部，是在成熟市场经济发达国家政府规模缩减的情况下筹建，并始终是对住房保障发挥作用的内阁部门。住房政策的目标是让每个美国家庭承受得起一套环境适宜的体面住房。1968年的"住房条例规定"中，包括计划修建或修复2600万套住房，其中600万套用于低收入或中低收入家庭；并且，作为提供公共住房的选择方式，政府

---

　　① 住房保障的重点在于满足中低收入阶层的基本居住需求，尤其是低收入阶层的基本居住需求。住房保障的责任在政府，为保障公民的基本需求得到满足。由此，住房保障制度是住房制度的重要组成部分，它更多的是从政府的角度出发，强调政府在住房方面承担的职责。详见潘小娟、吕洪业等：《外国住房保障制度研究》，国家行政学院出版社2014年版。书中回顾了英国、法国、德国、芬兰、瑞典、俄罗斯、日本、印度、澳大利亚、新西兰、美国、加拿大、巴西、南非等住房保障制度。书中第471—484页总结到，外国住房保障制度的发展走向：由政府主导向市场化运作转变、由单一主体向多元主体转变、由政府出资向多渠道筹款转变、由单一行政手段向多种手段并用转变、由"补砖头"向"补人头"转变、由中央集权向地方分权转变、由单纯解决住房问题向促进社会融合转变。其中，存在商榷之处较多。英国的保障性住房一般统称为"社会住房"（social housing），自2006年始，英国政府在官方文件中逐渐以"可负担住房"（affordable housing）替代"社会住房"，根据产权和使用性质不同，英国可负担住房分为"社会租赁住房"（产权归政府或社会机构，承租人不享有住房产权）和"过渡住房"（intermediate housing，先租后售，先享有使用权和部分产权，在使用过程中逐步购买剩余产权）。此外，英国有些地区还有一种开发商按市价低价折扣出售的住房（discounted sale housing），差额部分则由政府给予租金或土地补贴。

提供购房成本中的 80% 的抵押担保金和补助，来扩大不富裕者的住房拥有空间。正如前面有关章节指出的，作为建立"伟大社会"的一部分，联邦政府意欲确保每一位美国公民拥有一套舒适的住房。

再例如，日本结合本国人多地少的土地资源状况，加强立法和规划使用土地，相关的法律法规主要有《住宅建设计划法》《公营住宅法》《地价房租管制令》。其中《公营住宅法》是促进国家和公共团体，建设符合健康要求和文化生活的住房，满足中低收入者的需求。其住房政策在肯定住房市场调控的基础上，重视建立公共住房机构，直接向低收入家庭提供廉价住房，或进行住房补贴。

20 世纪 80 年代后，美国、日本、英国等市场经济发达国家的城镇化已经完成，住房短缺的尖锐问题得到缓解，因而此时的住房私有化政策开始占主导地位。但是，就是在城镇化高度成熟阶段，美国政府在 1990 年仍然投入 40 亿美元建设公共住宅，用以解决城市发展中可能出现的新的住房短缺问题。[①]

如果将城镇化已经完成国家的公共住房政策与中国的国情，以及将要实施的城镇化独特的发展模式结合起来，我们可以清楚地看出，直接给转移农户提供定价合理的准公共住房，在诸多情境下也是相当必要的。

那种认为依赖市场机制配置的商品房来主导解决转移农户住房问题的政策思维，忽略了中国正处在城镇化加速阶段而尚未进入美国、日本等城镇化高速稳定阶段的具体国情，因而可能是不现实的，也是有相当大的弊端的。

三　三大国情下的目标城市准入选择与社会管理

目标城市的准入是有特定含义的，市场机制主导的城镇化应该给转移农户选择城市的自由，但是，在中国城镇化发展的较长一段时期中，迁移农户自由选择城市是不现实的，这既可能给社会管理与经济秩序带来风险，也会造成相当程度的资源浪费。

---

① 参见曹振良等《房地产经济学通论》，北京大学出版社 2005 年版，第 538 页。

例如，重力模型表明，迁移距离越大，距离摩擦效应①越大，对农户来说迁移成本也越大。这至少表明，国内庞大的迁移农户绝对自由的、反复无序的跨省远距离迁移入城，会对有限的交通资源形成冲击，并造成不必要的浪费。

最充分的反对自由选择迁移城市的理由，还在于中国城市分布、人口数量等不同于世界上任何一个国家。例如，虽然大都市圈的构建，使韩国这样的国家首都（首尔）集中了近一半的人口，但是韩国的总人口只有4882万，作为首位度城市，如果全国有1/10的人口涌向北京、上海或天津会是什么结局？所以，人口基数庞大的量变，引起政策决策思维必然要转换的质变，韩国、日本对农民转移进城没有设置目标城市，但是这一点在中国城镇化发展的相当一段进程中却并不适合。

之所以需要政府对农户转移设置目标城市，还与城市的边界与最优规模有关。城市经济学家普遍认为，大城市确实存在规模优势，城市规模增长的平均成本成"U"形曲线，当人口在一定的范围内时，随着人口的增加，大城市的公共设施利用效率不但不降低，反而提高，即城市规模增长的平均成本在合理规模的人口范围内是下降的。随着人口进一步增加，超过城市承载力时，平均成本上升，交通、公共安全、就业与社会服务的成本的上升，将使城市单位资本的支出大大上升，导致经济环境、社会环境恶化，生活成本加大。然而，由于信息不对称，人们往往继续涌向已经不堪重负的大城市，于是就带来了诸多城市病以及经济社会风险。

芝加哥大学的乔治·托利和威克森林大学的约翰·克瑞菲尔德在谈到城市规模时强调："如果不存在外部性，就没有任何经济学方面的理由要求进行政府干预。由于外部性的普遍存在，干预问题便产生了。"国内，城镇化问题资深专家辜胜阻先生早就指出，中国城镇化进程可分三步走：其一，到下世纪初，达到城镇化转折点，即城镇人口占总人口的

① 在迁移成本的构成要素中，"距离"是一个重要的变量。一般情况下，距离越长，运输的成本越高，需要克服的困难越多，要获得信息也越困难。总之，距离越长，迁移成本越高，迁移风险越大。迁移和距离的这种关系可以用"距离摩擦效应"（the effect of friction of distance）来说明。

50%，非农业劳动力在社会总劳动力中的比重达到 60%，以县域城或县域首位城镇为据点基础，向农民打开"城门"；其二，进入城镇化的完成时期，城镇化率达到 70%，劳动力不限于县域流动，限制人口流动的户籍制度基本被废除；其三，进入城镇化稳定或逆城镇化时期，非农人口从城市中心向城市周边和非都市地带扩散，城镇化率稳定在 80% 左右，城市文明普及全国城乡。[①] 这应该表明，辜胜阻先生早已注意到需要从国情出发，承载转移农业人口应有目标城镇载体，并提出了分阶段目标城镇化的发展理念。

四　各类城市应向高层次人才敞开户籍大门

就国内的情况来说，上述提到的目标城市"准入"选择的制度安排，主要是考虑到中国城镇化实现进程中，将有庞大的几亿农村富余人口涌入城市体系。故而，为了缓解国内特大乃至超大城市的"人资环"承载压力，迫不得已而需要阶段性设置进入"目标城市"的准入门槛。为增强这个制度安排的效果，我们自然就需要支持东部地区发达的地级市和县级市，也积极实施"就地城镇化"战略，从而在全国形成"就地城镇化"与异地城镇化的平衡。

当然，特别需要强调指出的是，在当前我国城镇化已经进入蓬勃发展的新阶段，包括北上广深津等任何一个超大城市或一线城市，都应该向高层次人才，特别是高层次科技创新人才敞开城市大门，让其自由获得完全的城市户籍。理由很简单，我们常说的高层次人才，特别是高层次科技创新人才主要指副教授或博士后以上的特殊人才群体，其中的博士后，如果从 1985 年我国创设博士后制度并开始招收进站人员算起，截至 2017 年年底，出站的博士后总数量也不超过 19 万。即使是这些博士后都涌向北上广深津中的任何一个超大城市，都不会给这些城市的人口承载力带来多大威胁。相反，这些经历过长期"科研战斗"磨炼，专业基础深厚，科技创新能力较强乃至很强的高层次人才群体，无疑给所迁入的超大城市带去了创新驱动型发展的智慧红利，他们也是这些超大城市积极发展文化产业、科技创新产业、先进制造业、现代服务业的重要方

面军。而个别一些超大城市，曾经将针对普通农民工、普通农户迁移入城的户籍门槛政策，不加区别地用在博士后、副教授以上的高层次科技创新人才群体身上，这样的做法是不明智的，甚至可以说是完全错误的。一般而言，包括超大城市在内的各类城市，均应该对高层次人才，特别是副教授或博士后以上的高层次科技创新人才完全敞开"城市户籍大门"，以更有效地促进创新型高层次人才高地规模化涌现，从而更大规模地促进世界一流的创新型智慧城市的建设。

五 原有下岗工人的再就业与大学生"下乡"

前面已经提到，对城镇化进程中的转移农户主劳力的就业安排问题，已经通过公共工程建设来实施安置，这不会对原有下岗工人的再就业与城市大学生就业造成负面影响，相反，正是由于庞大的农户离开乡村，留下了数量巨大的土地，从而引发了对经济增长与就业的诸多有利的结局。正如本书前面所分析的，在经济增长方面，有六个主要增长，在就业方面有七个扩大的渠道，这七个扩大的渠道基本上是市场机制调节的就业领域，无论对大学生，还是原有下岗工人，都意味着就业福利的扩大。对进城农户主劳力的"保护性"就业安排，以及数以万计的大学生"村官"的政策性就业，货币供给扩大支持农户转移而开启的快速城镇化发展，绘就了一幅农民、大学生和城市产业工人总体就业"帕累托改进"的图景。

对原有下岗工人在再就业中出现的问题，还可以用城镇化中扩大的部分税收收入给予支持。

六 "暂住证"式的滞留人口与"候鸟型农民工"

在货币供给扩大支持农户转移而开启的快速城镇化发展之前，由于没有充裕的货币支持，自发进城的农民往往会陷入就业与生存的困境，在相当长的一段时期内，中国的许多大城市存在数量可观的流动性人口，以"候鸟型农民工"最具代表性。早期，上海市统计局根据 2000 年第五次人口普查统计数据，上海 2000 年流动人口 387 万，这一数据在 2003 年的北京则为 386 万，流动人口文化素质偏低，户籍管理的必要性又使得它们在居住、社会保障与子女教育方面难以纳入城市管理体系，所以造成了很多社会问题。跨省流动的所有农民工中，有 70% 以上流入地级以上大城市，直辖市吸纳的比重虽在近年来有所减缓，但是依然占到相当的比例。近期，2015 年上海市外来常住人口 981.65 万人，比 2014 年减少约 15 万人，同比下降 1.5%；北京市外来常住人口也仅比 2014 年增加 3.9 万人，增长 0.5%，远低于 2013 年之前的增幅，超大城市人口规模控制的政策效应正在逐步显现。①

最主要的负面因素是，"暂住证"式的滞留人口与"候鸟型农民工"虽然为城市建设作出了提供低成本劳动力要素的贡献，但是由于不是彻底地进城，因此这既是假城镇化（或伪城镇化）的表现，也不利于实现彻底的快速城镇化。② 另外，庞大的"候鸟型农民工"还给西部地区农业发展造成了雪上加霜的困境。当然，近些年来，由于实施了新一轮西部大开发和倾斜政策，中西部地区经济增长加速，带来了更多的非农就业机会，在中西部地区就业的农民工比重持续提高。例如，2015 年，中西部吸纳农民工 11186 万人，占全国农民工总量的 40.4%，比 2010 年增长了 3236 万，年均增长 7.1%，占比提高了 7.51 个百分点。重庆、成都、武汉等中西部城市保持了较快的发展速度，在全国经济版图中的地位逐步提升，吸纳人口能力不断提高。③

如此看来，在实施稳健快速的城镇化发展战略之后，对"暂住证"式的滞留人口与"候鸟型农民工"，要作为原所属地农村人口统一登记。按照依法自愿有偿和进城后的基本生活得到保障的原则，愿意转移进城的，政府给予转移农户的待遇，同时将乡村宅基地与农田中的合理部分或将全部宅基地和农田，移交给政府体系。

---

① 徐绍史主编、胡祖才副主编：《国家新型城镇化报告：2015》，中国计划出版社 2016 年版，第 9 页。

② 由于浓厚的乡土情怀和缺乏对未来前景的信心，使得这两类人品中的绝大多数人把在城里所赚的财富用来修建原有的农村住宅，而这些住宅在将来城镇化发展的过程中将被拆除，造成财富与建筑材料的巨大浪费；更为关键的是，原有的农村住宅被保留，零散细碎的土地依然如故，农业机械化耕作与规模经营仍然不能实施，这就从根本上背离了转移农村人口、促进农业现代化与城镇化双重优化的本质意义。柳欣教授在《经济学与中国经济》一书中对此做了详尽的分析。

③ 徐绍史主编、胡祖才副主编：《国家新型城镇化报告：2015》，中国计划出版社 2016 年版，第 8 页。

第三节　货币供给瓶颈的突破

一　"高速经济增长方案"下的货币供给

在本书前面第二章对城镇化经济学科理论回溯时，已经谈到发展中国的城镇化为什么需要扩大货币的问题，而且最后认识到，中国城市经济已经高度货币化。既然城镇化的内在机制在于城市经济发展，那么货币的力量就是发展城市经济与提高城镇化水平的重要力量了。

西方城镇化中的货币金融支持，主要是从政策性金融工具和商业性工具角度来分析的。特别要强调，政府应在资金上对城市的公共服务建设与交通战略管理体系的建设，给予支持。但是，也正如前文已经指出的，对中国城镇化来说，在所推行的快速发展模式中，一个最关键的环节就是庞大的富余农户转移进城，当然这种转移是彻底地进城，大批农户彻底地进城，在中国的现实国情下意味着政府必须供给扩大的货币，支持解决它们的保护性就业工资、基本住房与生活补贴。这个扩大的货币供给，不但在现实的国情下存在可行性与必要性，而且与"高速增长模型"理论相契合。至于如何扩大货币供给，将在本书相关章节予以分析。

柳欣教授提出了解决"滞胀"经济困境的"高速经济增长方案"。如前所述，"高速经济增长方案"包括大幅度提高名义 GDP 增长率、加速农村的货币化和劳动力转移、建立与之相适应的完善的货币金融体系和在国际经济中保持其独立性，这是与各国经济发展的普遍经验，特别是资本原始积累的货币化时期的经验相一致的。英美等国在早期实现货币化和建立货币金融体系阶段，经历了长期的过程，日本和韩国则使这个过程缩短到 20—30 年，对于当前我国的经济发展来讲，我们完全可能在不太长的时间内，完成我国的货币化和城镇化过程，建立起完善的货币金融体系和经济发达的社会主义市场经济制度。[①]

而扩大货币供应量和名义 GDP 增长率的一致性，以及农村劳动力转移进城的速度与城镇化速度的一致性，则建立了扩大货币供应量与加快

---

① 参见柳欣《经济学与中国经济》，人民出版社 2006 年版，第 371 页。

城镇化发展速度的紧密的逻辑联系。

根据这一理论视角，金融管理部门在中国城镇化快速发展的15—20年，每年都可以增发一定量的货币来支持城镇化，以提供强大的货币支持动力。

至于准公共住房的投资，并没有直接发给农民，似乎可以在M_1、M_2中加以选择。但是经分析可知，这种住宅为支持源源不断的人口进城，已经有了政策限制，即在15—20年不能作为投资房，所以在建设融资时，这部分资产在资本市场升值的空间不大，最大的可能还是投入货币直接购买材料建房。

二　货币供给扩大的三个关键来源分析

资金来源主要由央行货币年增发量、外汇膨胀消解转移，以及财政专项资金（包括国际组织支持城镇化的资金）三个主要部分组成（见图5—5）。

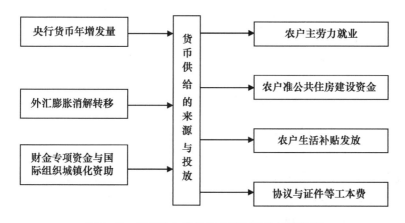

图5—5　货币扩大供给的来源与投放领域流程

在货币供给扩大的来源分析中，要考虑如下问题：（1）央行货币增发，是否引发恶性通胀？（2）财政专项资金，是否挤占原来其他部门的财政资金投入？（3）外汇膨胀消解转移，是否会引发国际支付风险？[①]

---

① 对此的分析请见第六章第五节"以中国为案例的总体测算"。可以看到，如果转移后的土地转让价格在500元/亩，则仅凭土地收入，就可弥补看似庞大的货币增发投入量与看似可能出现的风险，这样的分析是保守的估计。

至于财政专项资金支持方面，主要是将原来支持"三农"的资金抽出一部分，加上从城市基础设施的资金中抽出一部分，以支持城镇化。城市基础设施的建设，应该依法规划，保证道路、房屋长期的使用寿命，避免反复拆建而造成材料浪费和环境污染。从庞大的农户转移进城后，宏观经济环境所出现的七个就业扩大源和六个经济增长点（参见图5—2、图5—3）可以发现，城镇化快速发展后，国民边际消费倾向会普遍增加，国民经济发展也就更加繁荣，社会也会更加和谐。

更详细的"风险—收益"分析，见本书第六章第五节——"以中国为案例的测算"。

除了这三个主要资金来源外，还需围绕中长期城镇化发展乃至城乡统筹发展，进一步改革与完善投融资体制，吸引信誉好、守法经营、富有社会责任感和公共精神的民营企业，加入城镇化公共基础设施的建设管理运营中。

改革开放以来，我国城市化进程快速发展，已经成为经济和社会发展的重要引擎。根据住房城乡建设部统计数据，1978—2008年，我国城市化率由17.92%增加到45.7%，城市总数由193个增加到655个（截至2007年），城镇人口由1.7亿人增加到6.07亿人，城市化率年均增长0.9个百分点，城镇人口年均增长1410万人。据国家城建管理部门综合测算，每增加一个城镇人口需投入基础设施及相关资金约6万元。城市化的提高，引发了城市基础设施及相关的巨额投资需求。然而，我国长期以来基础设施建设投资比例偏低，投资总量不足，历史欠账多，导致我国城市基础设施建设投资与城市经济发展、城市化发展不协调。联合国曾建议发展中国家城市基础设施投资比例应占其全部固定投资的9%—15%，GDP的3%—5%，而从2001—2007年，我国城市建设固定资产投资占GDP的比例为2.9%，占全社会固定资产投资的比例为6.4%，均低于世行推荐比重。除了投资比例过低、投资总量不足外，稳定的资金来源渠道有限也是制约因素之一。例如，目前城市基础设施建设稳定的资金来源渠道主要是税收和收费，首先从税收看，与城市基础设施直接发生关系的是"城市建设维护税"和"公共事业附加税"，这两项税收收入规模较小。例如，2007年城市建设维护税为1156.39亿元，仅占当年城市建设资金投入量的17.4%，尚不够支付城市基础设施维护费用，更谈不上新的开发建设。[①]

三　"转移土地"运营获得货币"产出"

庞大的农户"交钥匙"式的进入"目标城市"后，政府获得了大面积的土地。那么，如何在"三大产业"与构建城市圈的公共设施占地这四个主要用途之间调配，并采用市场与政府调控相结合的手段运营土地，获得货币"产出"，补偿支持农户进城的货币"投入"，这是城镇化发展中的另一个重要命题。

关于农用地转为工商用地和城市房地产用地后，其价值提升的规律为学业两界所熟知。作为影响城市经济发展质量的重要因素，农用土地转为工商用地的运营开发，受到城镇化中各国政府调控部门的普遍重视。

丹尼思·迪帕斯奎尔（Denise Dipasquale）和威廉·C. 惠顿（William C. Wheaton）在《城市经济学与房地产市场》一书中，对"城市经济学"的定义进行了如下描述：城市经济学是对城市土地和住宅市场的运行规律、交通体系、大都市的发展过程及区域开发等方面进行深入分析的科学。[②] 作者进一步谈道："现在，房地产专业人士、金融机构、城市规划人员和政府官员越来越意识到，充分理解影响城市发展的经济因素，对进行明智决策是至关重要的。"在书中，作者除了深入研究在美国城市化高度发展时期房地产业的发展经营与城市经济的密切关系外，还列出了对房地产定义的简明描述。最常见的定义是"全国范围内的存量建筑物""用于建造这些建筑物的土地"以及"其他所有的空置土地"。这些建筑物可能被公司、政府部门、非营利组织和类似的其他机构作为办公场所使用，也可能被普通家庭作为居住场所使用。另外，还指出房地产存在两个市场，即使用市场（承租或购置的目的是自己使用）和房地产

---

① 参见陈元主编《中国城市化进程中的规划研究与实践》，清华大学出版社 2013 年版，第 14—15 页。近年来，我国城市基础设施投资各项资金来源结构已发生明显变化，总的趋势是政府财政资金投入逐年减少，目前大约占 35%，而社会及外资投入资金逐年上升，大约占 65%。这种多元化的投资格局有利于资金渠道的拓宽和社会资金参与基础设施建设，但是政府职能改革和金融创新仍不够，不利于城市建设资金的增长。

② 参见丹尼思·迪帕斯奎尔、威廉·C. 惠顿《城市经济学与房地产市场》，龙奋杰等译，经济科学出版社 2002 年版，前言部分第 1—4 页。

资产市场（进行房地产的买卖是为了投资）。

正如前面有关章节已经阐述和交代过的，中国人口基数庞大等特殊国情要求我们在城镇化快速发展过程中，必须确保农用土地面积占有相当大的比例，以进一步保证庞大人口的粮食安全。在满足这一前提和基础条件下，应依法规划并有效运营城镇化过程中的农村转移土地，唤醒"沉睡"的土地资本，从而获得充裕可观的货币"产出"。

那么，如何正确有效地使用好这些运营农村转移用地而产出的货币呢？秉持"情为民所系、利为民所谋"，以及"从人民群众最关心、最直接、最现实的问题出发"的原则，应该首先将这笔货币"产出"用于支持转移农户的保障性安居工程建设、基本生存补贴和就业补贴的领域，特别是要建设更多的普通商住房和保障房，以不断提高转移农户乃至城乡居民的居住水平，在反"城市居住贫困"的进程中，积极推动中国城镇化稳健快速发展。在满足这一基本要求后，如果在"产出"的货币蛋糕中还有盈余，就将其投向支持城市圈和城镇体系持续吸纳转移人口，以及不断提高综合承载能力的其他公用设施范畴，如公共卫生和公共医疗设施、公共交通、公共环境保护事业、公共就业培训、公共文化素质教育，等等。

第四节　城市公共服务设施的承载力扩容

这里主要分析在大批的转移农户进城后，中国大城市交通服务设施面临的新情况与政策应对措施。

关于交通在城镇化加速发展中的重要意义，已经从世界各国城镇化历程中得到充分的反映，这也证明了城市的交通区位在城市经济发展中独特的比较优势。各国的发展经验告诉我们，要保证城镇化和工业化的持续健康发展，交通和通信这类基础设施必须超前发展。这是因为，社会系统的有效性是由人流、物流、信息流、资金流等的速度和质量所规定的，而交通和通信正是其载体，要打破我国交通和通信滞后状况同城镇化发展要求不相适应的格局，实现我国城市发展的网络化、圈带化，必须对交通和通信实行更大的倾斜。同时，要改变这类基础设施由中央包揽的格局为中央、省市政府和企业共同承担的方式，实行投资主体的多元化。[①]

我们知道，交通是由交通轨道和在其上运行的交通工具组成的，交通轨道建设能力与交通工具装备制造能力是我国重化工业的重要任务。以铁路发展为例，铁路建设需要列车与轨道，轨道铺设需要大量铁轨，铁轨以及列车建造所需要的原材料，都要以大量的钢铁做基础，钢铁的锻造生产又依赖于能源、冶炼技术、冶炼高炉的先进设备与相关的机器设备，由此形成重化工业产业链的发展。历史地看，重化工业产业链的构建和用机器制造机器的能力体系，是英、美、德在工业革命和工业现代化时期就已经完成了的。

但是，我国交通体系仍在一定程度上滞后于城市发展与城镇化进程。要彻底缓解许多大城市的"首堵"问题，其根本的出路之一，还在于大公交模式下的交通战略管理体系构建，以及管理能力的提高。

在经济活动的躯体内，以铁路为代表的交通运输设施就像密布于躯体内的动脉，源源不断地调动生产要素的进出。运量大、便捷、低成本的特点，使得铁路建设在国家、区域与城市的发展史上备受青睐，那些工业化、城镇化成功的国家与城市，都从优先发展大规模的先进的铁路网中收益非凡，而忽略此战略的国家与城市却饱受教训，转而重视构建规模化的铁路网。

例如，19世纪后半期，美国城市空间由东向西梯度发展的承载工具就是铁路。正如J·雷布斯所认为的："铁路是19世纪后半期美国西部城镇化迅速扩展的"无可争议"的重要动因"。[②] 洛杉矶与圣迭戈，西雅图与塔科马的竞争，都是围绕铁路的区位优势展开的，最终，洛杉矶与西雅图因其铁路体系运载能力强而分别胜出，成为所在地区的中心城市。再例如，韩国首都首尔到仁川的地铁紧密地将其都市圈内的卫星城揽入怀中，这种快速的通勤方式使得大都市成为真正意义上的大城市，一般来说，其他的交通工具都难以担当此重任。

令人鼓舞的是，在中国城镇化水平与经济发展较快的东部地区，早

---

① 参见辜胜阻《非农化与城镇化研究》，浙江人民出版社1991年版，第206页。
② 王旭：《美国城市发展模式：从城市化到大都市区化》，清华大学出版社2006版，第96页。

已开始为建设发达的城市与城际交通战略体系而努力。如上海磁悬浮列车、京津城际 28 分钟高速铁路和"一小时重庆"等。中国东部沿海其他经济发达的特大城市，以及一些内陆特大城市，也在为构建高速铁路网络而紧张地行动，这就为推动形成高水平的、充满活力的城市群提供了重要支撑。正如我们所见到的，这个宏伟的蓝图已经逐步化为生动的现实了。

第 六 章

"城镇化稳健快速发展"的
总体模型设计

在前面几个章节，作者分别对城镇化的定义、城镇化经济学科归属、城镇化理论回溯、世界城镇化历史进程、中国城镇化快速发展中的关键问题等，进行了较为深入和系统的阐述。接下来，我们对城镇化稳健快速发展的总体模型予以设计。

第一节　城镇化稳健快速发展的
政府调控组织体系

正如有的学者所强调指出的，规划是一种战略性公共政策①。然而我们知道，在 21 世纪头十年，还没有如何促进中国城镇化发展的完全意义上的总体规划。之所以如此，一个重要原因可能在于，学业两界虽已逐渐认识到城镇化对中国城乡统筹发展、经济社会发展乃至实现整个现代化的战略意义，但是在推动主体、推动力结构组合和有效的战略性推动机制方面，尚未达成共识。具体而言，由于主观上受市场机制万能论的影响，期间有相当一部分观点坚持认为，城镇化是自然而然的演进过程，既然发达国家以市场机制主导了城镇化的发展，那么，国内政府调控部门不宜采取行政手段干预城镇化发展，应该让市场去自由调节人口在城

---

① 作为战略性公共政策，发展规划在实现我国发展战略目标、弥补市场失灵、协调利益关系、有效配置公共资源等方面发挥越来越重要的作用。参见杨永恒《完善我国发展规划的编制》，《行政管理改革》2014 年第 1 期。

乡之间迁移，让市场去自由引导非农产业在城市集聚和发展。可以说，这种观点在 21 世纪头十年间是占据主导地位的，因而，在此期间，关于中国城镇化发展的总体规划、顶层设计、战略性测算，往往被视为城镇化中"政府直接的行政干预"的代名词。

应该说，这种看法有一定道理，但是总体上是存在偏误的。其一，正如前面有关章节已经阐述的，城镇化不仅是经济现代化的过程，也是以人为核心的社会进步的过程，关涉迁移入城的那些农村富余人口，或农业转移人口的各种公共服务、社会保障事务的处理，是政府专有性职责。其二，即使是与城镇化发展相关的经济层面、经济领域，也存在需要政府来履行宏观经济调控和微观经济合理规制的职责。例如，法律是实行政府调控和维护市场秩序的重要保证，现代市场经济又是法制经济，而制定法律法规就是政府体系①的专有性职责。因而，调整完善与城镇化发展相关的经济问题的各类法律法规，需要政府体系来履行职责。其三，规划、计划作为政府调控的重要手段，也必然应该成为引导和推动中国城镇化健康发展的重要手段。②

另一个原因可能在于，长期以来国内一些领域的规划"声誉不佳"，所以大部分观点可能认为，增添一个新的规划品种如"城镇化规划"，又是来给经济社会发展添乱的。于是，学业两界也就疏于制定关于城镇化发展的规划。的确，上述这种看法同样也有一定的道理。由于缺乏协调管理和完善的实施机制、监督机制，以及某些制度缺位或存在缺陷等原因，我国规划制定和实施领域弊病丛生，多个政府部门往往就同一内容重复规划，导致规划措施之间产生矛盾、冲突。近来，已经展开了"多规合一"的试点，对于克服人们一谈到规划就色变，或一谈到规划就联想到腐败和任意性的病态效应，进而引领当前和今后一段时期城镇化相

---

① 注意，这里的政府体系是广义的政府，包括立法、执法、司法等机构部门。

② 作者于 2006 年博士论文撰写期间，已经注意到学业两界忽视对中国城镇化进行总体的战略规划的现实，并且在认真学习市场经济中的政府调控、现代政府职能等相关理论过程中，找到了就城镇化相关问题进行总体规划、总体测算的义理性根据，从而在当时仍面临一些理论压力的情境下，进行了相关的城镇化总体规划和总体测算的初步探索。2014 年 3 月，《中国新型城镇化规划》的出台，有力地证明加强城镇化总体规划的必要性和重要意义。这里还参考借鉴了如下文献：吴树青顾问，逄锦聚、洪银兴、林岗、刘伟主编，《政治经济学》，高等教育出版社 2014 年版。

关规划的制定和实施，都具有积极意义。

规划是相对于事物的整体特征而言的，是对全局性、长期性、基本性问题的总体认识和行动方案。纵观世界各国的经济社会发展，每前进一大步，都离不开好的规划。最早的具有现代意义的规划源于英国，英国在工业革命时期，为了解决城市化中出现的问题，出台了一部融入城市规划理念的《公共卫生法》；十月革命后，苏联制定了军事、产业和社会发展规划，迅速从落后的农业国变成了工业国；第二次世界大战后，法国制定了工业发展、航空航天工业发展规划，积极推动欧共体经济、政治和货币一体化方面的规划，使法国恢复了一流国家的自信和在关键领域的重要地位，欧洲也就此成为能与美国抗衡的重要力量。[①] 第二次世界大战后，日本之所以能从废墟上很快站立起来，并经过短短的几十年一跃成为世界强国，其持续而完备的产业规划在其中发挥了重要作用。

如此看来，理论界和政策界需要达成共识，从多个层面、不同侧面加强对中国城镇化发展的统筹谋划和战略性思考，从而依法制订、科学制订相关的城镇化发展规划。规划的先行编制及其实施评估，要成为城镇化理论与实践发展的重要组成部分。

鉴于规划对城镇化发展的重要意义，这里就城镇化稳健快速发展的政府调控组织体系，包括调控的组织结构体系与职能划分、总体规划与部门规划，进行总体探讨。本节还在设计政府调控组织体系的基础上，对城市性质定位与城镇化率的总体规划，进行了模型分析。

一 组织结构与职能划分

虽然城镇化首先表现为一个生产力要素向城市不断积聚的自然的经济过程，但是城镇化的外在表现是农业人口流向城市，所以它同时又是一个分散的乡村社会转型为聚集的城市社会的社会过程，牵涉复杂的经济与社会管理范畴，如土地规划流转、就业与社会保障、城市市政管理、自然资源开发规划、环境保护、城市文明的生活习惯与理念等多方面。因而，建立统一、有效的政府调控组织体系，对于统筹城镇化积极稳健

---

① 陈元主编：《中国城市化进程中的规划研究与实践》，清华大学出版社 2013 年版，序言。

的快速发展是非常重要的。[①]

上述图表已表明，城镇化发展的政府调控组织结构体系包括两个大的等级层次：中央政府和以省级行政单位为主的地方政府。

中央政府组成部门体系与主要职能：国家发改委主要负责城市性质定位与城镇化率规划；自然资源部、农业部、住房和城乡建设部负责对进城农户的原有土地流转规划，农业与非农用地的比例调配规划；自然资源部负责全国范围内的城镇化土地占用规划；住房和城乡建设部负责城市市政管理与公共住宅建设；财政部负责安置农户就业的保障性住宅、铁路等公共工程建设的财政资金规划，由央行增发货币和发行建设国债筹集，交由国家政策性银行或商业银行发放；人力资源和社会保障部负责就业登记与安排；财政部、央行、人力资源与社会保障部负责就业工资的发放管理，人力资源和社会保障部与公共工程建设管理部门一道，监督工程施工单位按时足额发放工资；财政部、央行、人力资源和社会保障部负责社会保障资金发放；交通部负责城镇化发展中的省际市际交通项目建设，并与人力资源和社会保障部安置就业；城镇化中的城市地铁与公交、农地机械化耕作所需要的水电项目，由水利部、国家电力主管部门建设管理，农村的公路重点工程建设由交通部负责；城镇化中人口迁移的登记与治安管理由公安部实施。

省级行政单位为主的地方政府组成部门与主要职责：非垂直管理的政府部门，由省级行政单位为主的地方政府组成相应部门，完成分内任务，体系与职责与中央政府组成部门体系相同；垂直管理的政府部门，接受上级部门的委托任务；其他委托实施项目，由对口的上级政府部门与下级政府相应部门协调实施。职能划分见表6—1。

[①] 笔者设计该政府调控体系结构是在2006年前后，后来，随着行政体制改革，特别是机构改革，相关部委在职能和称谓方面都有一些变化，故而，这里根据最新的机构名录进行了调整。此外，近年来，国家决策层加大了对城镇化发展的战略调控和发展。参见《国务院关于深入发展新型城镇化建设的若干意见》（国发〔2016〕8号）、《关于印发国家新型城镇化综合试点方案的通知》（发改规划〔2014〕2960号）、《关于公布第二批国家新型城镇化综合试点地区名单的通知》（发改规划〔2015〕2665号）。

表6—1 政府调控体系的组织结构与职能划分

部门等级	部门名称	职责划分
中央政府	国家发改委	城市性质定位与城镇化率;协调部委间的联动,制订各项工作的总体规划
	财政部	负责总体财政资金规划;运营非农用地,获得货币产出,支持城镇化中的农户不断转移
	自然资源部	全国城乡土地流转规划
	央行、外汇局、银监保监会、国家开发银行等	货币增发规划与投放;外汇消解转移与投放;商业银行可接受委托,负责资金的具体管理发放;监管资金投融资效率;政策性金融融投资
	人力资源与社会保障部,与交通部、住房城乡建设部、铁道行政管理部门等	共同安置转移农户的就业,农户主劳力凭就业证领取月工资
	交通部与住房城乡建设部	城镇化中的城市地铁与大公交体系构建
	铁道行政管理部门	城镇化中的城际铁路网
	国家发改委、自然资源部、农业农村部、住房城乡建设部	对移交的农户地,进行农业与非农用地的比例调配;按行政法规、职能,各司其职
	公安部	人口迁移的登记与治安管理
省级政府	非垂直管理的政府部门	组成相应部门,履行分内职责
	垂直管理的政府部门	接受上级部门的委托任务
附加说明	其他委托实施项目	上级政府部门与下级政府相应部门协调实施

注:上述只是结合城镇化发展任务,展开政府职能的理论上规划,与当前政府权能情况并不完全符合,不符合之处,也不意指职能一定错位。由于牵涉各个部门的利益调整,以及政府各部门处在行政改革与职能调整中,本书不作进一步的细部设计。

二 部门规划与总体规划

前文已指出,对转移农户的妥善安置与货币扩大供给,是中国城镇化快速发展的两个最关键的问题。从这两个最关键的问题出发,政府调控组织结构中的各个部门,相应地制订并履行与其职责相关的部门规划,而部门规划的有机联结,则组成了总体规划。这些部门规划包括"财政金融规划""公共工程建设与就业规划""土地流转与调配规划""社会保障规划""人口迁移的登记与社会管理规划"。国家发展与改革部门负责协调各部门规划，并对全国城市的性质与城镇化率进行总的设计，见表6—2。

表6—2   部门规划与总体规划

规划项目名称	相关部门
"城镇化发展总体规划"	国家发改委等
"财政金融供给规划"	财政部、金融管理部门等
"公共工程建设与就业规划"	人力资源和社会保障部，交通部、住房和城乡建设部、铁路行政管理部门等
"土地流转与调配规划"	国家发改委、自然资源部、住房和城乡建设部等
"社会保障规划"	人力资源和社会保障部
"人口迁移的登记与社会治安管理规划"	公安部

三 城市性质定位与城镇化率的规划

1. 行政体系与城市体系。

中国现在实行五级行政体制，即中央、省、地级市、县、乡。关于我国城市体系及其类别，主要包括2003年和2014年两个版本。

国家统计局2003年按市辖区人口，将中国城市划分为巨型城市（400万人口）、超大城市（200万—400万）、特大城市（100万—200万），大城市（50万—100万），中等城市（20万—50万），小城市（20万以下）。这种按人口划分城市级别[1]的方法与国际分类标准相似，不同的是与其他人口较少的发达国家相比，由于我国人口基数庞大，所以超过200万以上人口的城市数量很多，而人均经济指标的数值并不高，城市基础设施占有指标也明显低于发达国家相应规模的城市。相应地，城镇化质量严重偏低。1978—2003年，出现大量的县改市与乡改镇，城市行政建制被再次划分，城市与城镇数量大幅度上升，在政绩考核的压力

---

① 另一种说法是，城市体系类型包括特大城市、大城市、中等城市、小城市等四类。

下，出现地方政府包装城市的现象，因而，城镇化并没有从经济发展与就业方面有效地促进城市发展，这种局面是需要扭转的。按人口统计数值来看，许多城市算是大城市，但是大而不强，经济发展与就业、社会服务都没有跟上去，还不是真正意义上的大城市。另外，有些不具备实力的县改市、乡改镇与城市行政建制再划分，更加剧了这种统计分类的不真实性。

2014年，根据城镇和城镇化发展的新形势，国务院印发《关于调整城市规模划分标准的通知》，对原有城市规模划分标准进行了调整。该《通知》明确，新的城市规模划分标准以城区常住人口为统计口径，将城市划分为五类七档：城区常住人口50万以下的城市为小城市，其中20万以上50万以下的城市为Ⅰ型小城市，20万以下的城市为Ⅱ型小城市；城区常住人口50万以上100万以下的城市为中等城市；城区常住人口100万以上500万以下的城市为大城市，其中300万以上500万以下的城市为Ⅰ型大城市，100万以上300万以下的城市为Ⅱ型大城市；城区常住人口500万以上1000万以下的城市为特大城市；城区常住人口1000万以上的城市为超大城市（以上包括本数，以下不包括本数）。

与原有城市规模划分标准相比，新标准有四点重要调整：一是城市类型由四类变为五类，增设了"超大城市"。二是将小城市和大城市分别划分为两档，细分小城市，主要为满足城市规划建设的需要，细分大城市主要是实施人口分类管理的需要。三是人口规模的上下限普遍提高。小城市人口上限由20万提高到50万，中等城市的上下限分别由20万、50万，提高到50万、100万，大城市的上下限分别由50万、100万，提高到100万、500万，特大城市下限由100万提高到500万。四是将统计口径界定为城区常住人口。城区是指在市辖区和不设区的市，区、市政府驻地的实际建设连接到的居民委员会所辖区域，以及其他区域。常住人口则包括：居住在本乡镇街道，且户口在本乡镇街道或户口待定的人；居住在本乡镇街道，且离开户口登记地所在的乡镇街道半年以上的人；户口在本乡镇街道，且外出不满半年或在境外工作学习的人。

弗里德曼对世界城市进行分类，给出了城市的等级体系结构问题。居于体系顶端的是一些遍布世界的"国际大都市"，城市人口达到1000

万以上，即目前国内最新的城市体系标准中的那些"超大城市"。1950 年的美国纽约，1960 年的日本东京，1975 年拉丁美洲的墨西哥、加勒比海的圣保罗，以及后来亚洲的上海、北京、天津等城市人口，都先后达到 1000 万。围绕"国际大都市"，出现了大都市圈式的城乡统一协调发展的态势。据 2001 年韩国城市行政研究所编著的《全国统计年鉴》来看，首尔本身的人口即已达到 1027 万，首尔大都市圈人口更是高达 2019 万，约占全国人口的 45.3%，都市圈规划面积为 11726 平方公里，占全国面积的 11.8%，区域生产总值为 141 万亿韩元，占全国生产总值的 46.2%。"国际大都市"以及在新的世纪"国际大都市"圈的建设，对北京、天津、上海发展大都市圈，以承担更多地从周边腹地吸纳转移农户的任务，提供了良好启示，也就是说，除了率先吸纳本地农户外，在发展都市圈的基础上对周边人口的拉力还可能大幅度提高。

在城镇体系中所处的等级，暗含了不同类别的城镇在中国整个城镇化发展总任务中承担的人口迁移数量的不同，城镇化发展的时间表不同，城镇化率也不同。如仍按照国家统计局 2003 年城市等级划分标准，巨型城市（400 万人口）绝大多数是直辖市、省会城市、计划单列市，或区位、资源比较优势明显的城市，它们现在的发展成果已经显示了其未来发展的趋势与原有的发展潜力，因而要多承担人口迁移数量；特大城市（100 万—200 万）以及 50 万—100 万的大城市，大多是地级行政区中心地，农业基础好、轻工业体系基本建立，有的还是特色旅游地区或矿产资源、能源丰富的地区，或拥有港口，应承担相适应的人口迁移任务；而 20 万人以下的小城市，则应平稳地发展城镇化，不应刻意提倡快速发展城镇化。

从世界城镇化与国际产业转移的情况来看，中国城镇化的一个重点，是要加快大城市的城市化发展，使其成为首位度明显的国际区位城市、地区中心城市。当然，中国人口极其庞大，以及未来相当一段时期农村转移人口市民化的数量也极其庞大的国情都启示我们，城镇化的另一个重点是积极推动就地城镇化和发展社会主义新农村式的准城镇化，这是在中国未来相当长的一段时期，在雄心勃勃建设一批国际化大都市和世界城市时，需要理性选择的另一个中国特色城镇化发展路径。

2. 全球城市体系中的中国城镇化率总体分析

国际区位城市（国际大都市）城镇化率大都在 90% 以上，中国四大直辖市应按照这个标准确定城镇化中的农户转移量。东北部的沈阳、大连、哈尔滨、长春，东部的南京、杭州、青岛、济南，东南部的广州，中西部的武汉、西安、成都、南昌、合肥等，都存在人口迁移的巨大空间。

四个直辖市，加上 15 个副省级计划单列市以及 268 个地级市，共同组成了吸纳城镇化转移农户的城市体系；268 个地级市转移空间较大，适合中老年人迁移；374 个县级市增长空间潜力不可小觑，可能是退休后解甲归田的城市老人回流的目标区域，追寻的是乡土情怀和自然的恬静。

表6—3 省、自治区与直辖市的城镇化率设计

区域城市类型	城镇化率	时间
中央直辖市	90%	2021 年
东南沿海省	80%	2030 年
辽宁等省	75%	2030 年
中部地区的省	70%	2035 年
西部地区省	60%	2035 年

按照区域经济发展水平差异，可以为东、中、西部城市初步确定城镇化转移任务。东部沿海地区还可细分为三个层次：北京、上海、天津的人均 GDP 在 2006 年都超过了 5000 美元，为东部第一梯队，未来城镇化率以 90% 为目标；东南沿海的广东、山东、江苏、浙江、福建等地，因对外开放与经济改革早，经济活力强，位于第二梯队，未来城镇化率以 80% 为目标；第三梯队是辽宁与西部一些强省，老工业基地基础设施良好，能源与矿产资源丰富，重化工业发展实力与潜力都很大，未来城镇化率应以 75% 为目标。中部地区有些省矿产资源丰富，具备重化工业发展实力，但是区位优势欠佳，可以走内陆型的农业→工业化→城镇化

道路，未来城镇化率以 70% 为目标；西部地区一些省份大多不具备港口、矿产资源优势条件，铁路等交通条件也有待改善，未来城镇化率应以 60% 为目标（见表6—4）。

表6—4 　　　　　　　　　基于城市等级的城镇化率设计

城市未来的发展等级	城镇化率	城市
国际大都市	0.90	中央直辖市与深圳等
国家区域一级城市	0.85	七大区域中心城市中非直辖市的城市
区域二级城市	0.8	省会城市、计划单列市
区域三级城市	0.7	地级市
区域四级城市	0.6	县级市

注：确定的总体原则即参照国际标准；从国家中部崛起、东部率先发展、西部大开发、振兴东北老工业基地的区域战略，到配合国家统筹区域发展、统筹城乡发展，并结合各地区的产业结构经济发展状况、区位交通条件、资源禀赋等制定不同的城镇化率与不同的路径，分类发展城镇化。

3. 城镇化率的估算模型

这里建立一个模型来估算城镇化率。其中的有关因子确定需借助经验判断，但是，这并不影响对问题的总体分析和方法的科学性。

$$\xi = f(\eta) \tag{6.1}$$
$$\eta = g(c_1, c_2, c_3, c_4, v) \tag{6.2}$$

ξ：城镇化率

η：城市首位度系数

c_1：城市区位引力，如交通区位、工业区位的优势是否明显，是否为港口或自由贸易区等

c_2：城市人均的绿色 GDP，引入绿色 GDP 主要是为降低能耗指标系数，加强环境保护

c_3：产业结构就业系数，这里指城市的现代制造业与服务业就业总量占总就业量的比值

c_4：城市的等级，主要由总人口、总产值、总面积、是否直辖市、省

会城市或计划单列市等因素决定

v：其他需补充考虑的因素

城镇化率与城市首位度、城市区位引力、城市人均 GDP、产业结构就业系数、城市的等级等因素有关。参考国际城市的城镇化发展规律与现状，国际中心城市的城镇化率为 90%，国家区域一级城市为 0.85，区域二级城市（省会城市、计划单列市）为 80%；区域三级城市（地级市）为 70%；区域四级城市（县域城市）为 60%。

第二节 城镇化稳健快速发展的货币供给与投放模型

一 模型建立的理论说明

模型涉及城市体系中的城市性质定位、快速城镇化的几个关键指标选择、货币供给来源指标、货币投向领域等。其中城市性质定位包括城市中心地理论、城市等级规模法则、引力模式、首位度、城市区位商，由此建立区域的城市群体系和体系中各个等级城市的城镇化率；在城镇化率确定后，快速城镇化的几个关键指标选择，主要涉及下列内容：根据产业结构软化系数与主导产业选择，确定以就业为导向加快发展劳动密集型的传统服务型行业的战略，根据产业结构演进规律和梯度推移理论，为城镇化向成熟阶段发展与拓展进城农民未来就业空间，提供产业金融支持措施；货币供给来源指标主要涉及年货币供给增量的调配投入；货币投向领域主要保证快速城镇化进程中，保持城市经济与社会和谐发展，以就业、居住安置、城市交通和市政等承载力提高为主要内容的货币投放，还包括政策性固定资产投向和产业基金发展。关于年度货币增发量、发展劳动密集型的传统服务型行业的战略等范畴的阐述，见下面有关章节。

二 模型结构分析

如本书第五章分析的，城镇化的快速发展应以农户为单位转移，这里为便于理论分析，假定以三口之家为一标准户。

（一）需转移为城市居民的人口数量

1. 总转移数量

$$P_{\Delta u} = P_u - P_{u0} \tag{6.3}$$

$$P_u = U \times \xi \tag{6.4}$$

$$\xi = f(\eta)$$

$$\eta = g(c_1, c_2, c_3, c_4, v)$$

$P_{\Delta u}$：需转移为城市居民的人口数量

U：城市总人口数量，包括辖区内县级市、区的农业人口

P_u：城市居民总人口数量，不包括辖区内县级市、区的农业人口

P_{uo}：快速城镇化发展前原有的城市居民人口总量

ξ：城镇化率

η、c_1、c_2、c_3、c_4、v 的含义见函数（6.1）、（6.2）

如前所述，城镇化率与城市首位度、城市区位引力、城市人均 GDP、产业结构就业系数、城市的等级等因素有关；参考国际城市的城镇化发展规律与现状，国际中心城市的城镇化率为 95%，国家区域一级城市的城镇化率为 90%，二级城市（省会城市、计划单列市）的城镇化率为 80%；三级城市（地级市）的城镇化率为 70%；四级城市（县级市）的城镇化率为 60%。

$$P_{\Delta u3} = P_{\Delta u}/3 \tag{6.5}$$

$P_{\Delta u3}$：政府调控体系安排转移进城的农户数量

2. 年度转移数量

$$P_{\Delta un} = P_{\Delta u}/n \tag{6.6}$$

$P_{\Delta un}$：年度转移为城市居民的人口数量

n：快速城镇化发展的年数，如 20 年、30 年等

$$P_{\Delta un1} = P_{\Delta un}/3 = P_{\Delta u}/3n \tag{6.7}$$

$P_{\Delta un1}$：每年政府调控体系安排就业的进城农民数量，三口之家只安排一个主劳力就业

$$P_{\Delta un2} = P_{\Delta un} - P_{\Delta un1} - P_{\Delta un3} = 2/3P_{\Delta un1} \tag{6.8}$$

$P_{\Delta un2}$：每年进城农户中，因未就业而享受最低生活保障的人口数量

$$P_{\Delta un3} = P_{\Delta un1}$$

$$P_{\Delta un3}：每年政府调控体系安排就业的进城农户数量 \qquad (6.9)$$

（二）安排进城农户就业与生活保障的资金总需求量

$$Md = Ma + Mb + Mc \qquad (6.10)$$

Md：安排进城农户就业与生活保障的资金总需求量

Ma：用于进城农户就业的年度工资发放资金总需求量

Mb：用于进城农户生活保障的年度资金总需求量

Mc：政府用于建设、提供公共安居房所花费的资金总量

$$Mdt = Md/n = Mat + Mbt + Mct \qquad (6.11)$$

Mdt：年度用于进城农户就业与生活保障（包括住房）的资金需求量

$$Mat = Ma/n；Mbt = Mb/n；Mct = Mc/n \qquad (6.12)$$

$$Mdt = Md/n = (Ma + Mb + Mc)/n = Mat + Mbt + Mct \qquad (6.13)$$

Mat：用于进城农户就业的年度资金量

Mbt：用于进城农户生活保障的年度资金量

Mct：政府用于建设、提供公共安居房所花费的年度资金量

（三）家庭模型

$$Hm = Hma + Hmb + Hmc \qquad (6.14)$$

m：总转移户数

Hm：在城镇化总的推进期内每户就业与社会保障资金总量（包括住房供给）

Hma、Hmb 与 Hmc，分别是 $Hmat$、$Hmbt$ 和 $Hmct$ 在城镇化总的推进期内的总数量。

$$Hm = Hmt \times n \qquad (6.15)$$

$$Hmt = Hmat + Hmbt + Hmct \qquad (6.16)$$

mt：年转移户数

Hmt：年度计算的每户就业与社会保障资金（包括房租）①

$Hmat$：年度计算的每户就业资金量

①　最低居住面积，北京有过人均不小于 6 平方米的非地下室的居住规定，巴黎是人均不小于 8 平方米的非地下室，且具有卫生设施（公用也有人数限制）。所谓正式工作就是有社会保险、拿最低工资以上的薪酬。如果达不到这个标准，农民还不如在农村幸福，就不提倡其入城。

$$Hmat = Mat \qquad (6.17)$$

$Hmbt$：年度计算的每户社会保障资金量

$$Hmbt = Mbt \qquad (6.18)$$

$Hmct$：每户每年房建资金量

$$Hmct = Hmc/n \qquad (6.19)$$

$$Md = Hm \times P_\Delta u \qquad (6.20)$$

$$Mdt = Hmt \times Q = Hm \times P_\Delta u13 \qquad (6.21)$$

（四）货币资金的供给总量

$$Ms = Mr + Mi + Mc \qquad (6.22)$$

Ms：为推动进城农户就业与生活保障而供给的资金总量

Mr：供给总量中来源于外汇储备消解的支持部分

Mi：货币增发用于进城农户就业与生活保障而供给的资金量

Mc：供给资金的其他来源，如财政固定资产投资转移支持、产业投资基金、国际组织城镇化基金支持、支持城镇化的债券

n：同上，城镇化所需时间，以年计算

$$Mst = Ms/n = (Mr + Mi + Mc)/n = Mrt + Mit + Mct$$

Mst：年度供给用于进城农户就业与生活保障的资金量

Mrt、Mit、Mct 分别为相应的年度供给货币变量

从理论上来看，$Ms = Md$，$Mst = Mdt$，但是在实际过程中，可以根据各年度城镇化率的实现情况进行微调，在总的年限期，货币总供给 Ms 与 Md 应保持平衡。

第三节　城镇化稳健快速发展的其他部门规划

一　土地流转与调配

城镇化以及城市圈的拓展，必然会引起城市空间的重新规划，土地流转与调配是其中的一项主要环节。

（一）对转移土地重新规划调配的必要性与国际经验

土地、资本、技术、劳动力是人类有史以来经济活动的生产要素体系，城镇化引发了生产要素在城乡空间的重新配置，其中对土地的配置

影响程度最大,配置方式也不同于资本、技术、劳动力。表现在:因为资本、技术、劳动力可以从一个地域搬迁到另一个地域,土地却不能实现这种地理上的空间转移,而只能有经济资源使用功能上的转变,如农地变为工业厂房用地、出口加工区用地、流通集贸市场用地、仓储用地等;再者,土地的权属特殊,各个国家在土地的使用权与所有权上的具体规定,虽然都有不同的表现形式,但是在加强或保证国家对土地的集中控制、管理这一方面,有着共同的特点。我国规定,土地的所有权属于国家,使用权属于个人或法人单位;对农业土地的承包经营权进行改革,国家加强对农用耕地的保护,以保证粮食总产量只增不减的粮食安全。调研中发现,关于土地使用、调配的法规,各部门之间存在不一致的地方,如《土地管理法》与《土地承包法》,存在多个主管部门重复交叉管理的现象,自然资源部、住房和城乡建设部和农业部对超过 1.55 亩的农地由哪个部委负责调配为建设用地,在实践中曾经有较多的摩擦;再者,小城镇遍地开花,影响国家土地资源的产出效率,大都市圈扩大后,土地调配又涉及多个主管部门,所以急需进行全国统一规划。

大规模城镇化进程的展开,对城乡土地的流转调配与城市圈、新农村建设的再规划,都涉及全国范围内土地长久、有效利用的问题,所以应由政府调控体系成立城镇化—新农村土地流转与调配领导小组,先行制定《城镇化—新农村土地规划法》,这对于避免土地浪费,实现科学用地、规划用地,以及大都市圈与新农村的长远建设,都是必要的。

韩国在 20 世纪 70 年代的大规模城镇化推进中,为提高国土均衡有效的利用,制定了全国统一的区域规划、国土规划,城市开发与整治严格依据《城市规划法》,对开放的城市体系进行 20 年长期规划,在城镇化不断演进的过程中,有效地破解了随城市发展而伴生的(即"城市伴生")的住宅重复拆建、土地资源浪费问题;依据上述法案进行城市再规划,解决"城市伴生"的问题,这为我国城镇化中的国土规划与运营,提供了可资借鉴的良好经验。

(二)农地转移交付后流转与调配的三个基础原则

庞大数量的农民迁入城市后,其交付下来的土地由宅基地和经济田两部分组成,使用方向也主要分为两个部分:机械化经济田地和扩展的城市工商用地。但是,这些大量的土地如何平整,经济田和工商用地分配份额如何确定呢？

必须保证：粮食总产量只增不减，以规避粮食风险；优先保证城镇化过程中的准公共住宅建设用地；支持不断扩展的城市工商用地的需求。上述三个方面构成了土地流转与调配的三个基础原则。城镇化进程中的土地流转和调配的这种现象，在发达国家被普遍称为"国土整治"或"国土统一规划"。城镇化中的"国土统一规划"涉及的管理部门多，它们的协作机制对于土地流转与调配的效率影响很大。

（三）先行制定《城镇化—新农村土地规划法规》

《城镇化—新农村土地规划法规》颁布后，可由国家发改委、财政部、自然资源部、住房和城乡建设部、农业部加以执行。国家发改委根据城市功能定位与城镇化率，统筹某区域进城农户的总量控制与监督；财政部（央行、税务总局、银监保监会）负责进城农户农地转为非农地的流转收入收缴与管理；农业部根据粮食产量安全条例原则，负责进城农户农地转为非农地的比例确定与管理；自然资源部根据政策，负责农地转为非农地的审批；住房和城乡建设部负责审批后的土地用于公共住宅建设开发，以及城市基础设施建设管理；农户进城后交付的农地转为工业、商业用地的使用管理，由原管理部门负责；国家统计局依法负责月度、年度统计。

法案内容至少应包括以下主要范畴：农户转移进城后，农地转为规模农业用地、工商用地与准公共住宅等基础设施的"三块用地"的比例划分；政府各调控部门对上述"三块用地"的使用、管理权限；对"三块用地"违规使用的可以举报、起诉，进而获得相应的奖励与惩罚；使用农地的城市如何制定20年以上的科学使用规划等内容。

二 公共工程建设与农户主劳力就业

（一）捆绑的"保护性就业"

1. 必要性

为接纳庞大的迁移人口入城，政府调控体系需要建设数量可观的准公共住房，以及城市市政、交通、医院、学校等各种公共服务设施，以提高城市的承载力。将这些公共工程建设与安置进城农民的就业结合，是一种捆绑的"保护性就业"方式，可以应对大规模农民入城后所产生的一系列经济、社会问题。① 韩国在《第六次经济开发五年计划（1987年—1991年）》中，制定了《住宅 200 万户建设规划》，稳定了 90 年代奥运会期间韩国住房价格，确保了住房困难的中低收入阶层基本的住房福利；在德国的城镇化过程中，政府用政策性贷款资助住房建设。在罗斯福新政期间，公共住房政策是美国防治城市房困的主要措施之一。1934—1937 年，公共工程局建了 2600 万套造价低的低租金住房；1937年，住房法案制定后，公共工程局改为"美国住房署"，负责低收入家庭的住房建设与提供，将联邦政府的资金以贷款的方式，拨给地方政府清除贫民窟，提供低租金住房。第二次世界大战结束时，住房署与地方政府为 16.8 万个建筑单元提供了 90% 的资助，负责选择施工地点与物业管理，提供信贷保证，贷款期限长达 25 年。国际经验说明，在中国城镇化稳健快速发展的进程中，对庞大的进城农户主劳力实施捆绑的"保护性就业"并提供准公共住房，是非常必要的。

2. 具体运作方式

公共工程建设。公共工程建设既包括进城农户所需要的数量巨大的住房，也包括提高城市承载能力的地铁、公共交通道路、下水道以及城市间的高速铁路建设等城市基础设施。进城农户所需要的数量巨大的住房，总体上属于准公共产品，政府调控体系应该在专项资金中拨付建设；其他项目的资金可以用产业基金、城市发展债券的市场化工具，与公共政策工具一起参与建设，竣工后的工程还可以引入 BOT② 等现代经营方式。

进城农户就业。由于中国劳动力大量富余和就业不足的局面将长期存在，所以对进城的三口之家的农户，只安排一个主劳力就业机会，其他两名家庭成员的生活保障由政府发放月生活补贴加以解决，补贴数量

---

① 进城农户属于低收入阶层，在城镇化与工业化发展中，通过将低收入阶层所需的住房列为准公共产品加以建设、提供，是发达市场经济国家与发展中国家普遍的公共政策。这项公共政策的实施主体是国家宏观调控体系，政策实施所需的资金自然来源于公共财政。正如本书第一章导论中分析的那样，城镇化的领域往往是自由的市场机制失灵的，有关城镇化的经济政策因而经常需要运用公共经济学、制度经济学相关理论来解释并提供。实施城镇化快速发展的主体当然离不开宏观调控体系。

② 由建设（build）、运营（operate）与转移（trasform）的英文单词的第一个字母缩略而成。

参照目标城市的最低生活标准。将建设数量巨大的住房工程与解决进城农户的就业问题捆绑起来是"一石二鸟"的公共经济政策。当然，不少农民仅能从事住房建设中的体力工种，如泥瓦工、钢筋工、木工、油漆工、脚手架工等，工程所需的专业技术人员还应专门从单位调拨，或从劳动力市场招聘，以保证工程的质量。

（二）相关的几个事项

1. 经济实用与可能条件下的美观，应该成为转移农户居住工程建设的原则，而得到贯彻。要通过全面质量管理，保证房屋70年以上的正常使用寿命，从居住的质量上巩固城镇化进程中的农业富余人口市民化成果。

2. 相当数量的农民涌入城市，原本窘迫的城市交通必然变本加厉，为提高城市承载能力，建设以地铁、公交、下水道、自来水设施与煤气（北方城市还应包括暖气）为代表的城市基础设施，应该由政策性资金专门加以解决，这些公共工程按相关政策，可吸纳大批的进城农民从事体力劳务。经过培训，农户主劳力也可以担任技术工种。

将城市地铁、公共交通道路、下水道，以及城市间的高速铁路建设等与就业捆绑起来，也是在城镇化进程中国家对宏观经济实施有效调控的重要表现。

3. 公共工程建设与安置进城农民就业相结合的领域，还可扩大到：地级市铁路网、重点的县级市铁路网的建设，当然这种铁路网的建设要从工程结构上体现货运网与客运网并重，从就业结构上应坚持以安置进城农民工就业为主，避免"计划外用工"挤占政府的调控保护性就业安置计划，从而扰乱城镇化就业的总体规划。

在面临诸多复杂变量因素的中国城镇化发展中，政府为进城农户提供相类似的这些公共服务职能，是不可或缺的。政府调控体系这样的作为不是"越位"，而是及时"到位"。

三　住房与社会保障

对未能就业的进城农民提供社会生活保障，是城镇化稳健快速发展进程中的城市政府的一项重要职能。我国面临的就业严峻形势将在一段时期内长期存在，就业的这种客观情况，要求经济政策着眼于对一个农户只安排一人就业的保护性政策，对未就业的农民实施货币补贴发放的基本生活保障政策，以解决其基本的吃饭、穿衣问题。城镇化发展道路表明，不能就业的劳动力人口总是存在的，对这些人群要实施最低生活保障。

前面的有关分析中已谈到，通过政策性资金为进城农民建造准公共住宅，如果加上社会保障资金的发放，那么进城农民的"衣、食、住"三个方面的基本生活问题就有了着落。至于行的问题，再通过改善公交、修建地铁的公共工程扩容，城市的承载力大体可以满足扩张的人口对交通出行的需求。当前，我国相当一部分超大城市、特大城市和大城市，之所以存在交通"首堵"、居住不足的状况，似乎都是没有按照上述的就业、货币补贴、准公共住宅与公共工程建设政策，来发展城镇化和治理城市的结果。

发展经济学认为，更好的生活条件（如较好的教育、便利的通勤系统与良好的公共服务）与生活质量是吸引人口迁移的主要经济因素。如果进城后的未就业农民不能得到必要的货币补贴资金，或者因不能安居而委身于棚户区，城镇化就不会得到农民的衷心拥护。这样，农村劳动力即使表面上转移进城，但因缺乏生存能力和缺少就业机会，势必返贫回流，既浪费了运输资源，也可能耽误了农业的正常发展，扰乱中国城市与农村经济发展一体化的整体秩序。对这一点，我们应有深刻的认识。

需要指出，新时期的温饱型指标应该包括"衣、食、住、行"四个方面，而不能仅停留在"解决了吃饭、穿衣问题"的20世纪中国式解困的传统温饱标准上。① 马克思在谈到"衣、食、住、行"的重要性时指出，"衣、食、住、行"是人类的基本生活条件，只有在解决这一问题的前提下，人们才能从事生产劳动与精神文明建设。温饱型指标体系中，有的指标关系到生命的延续，还有的关系到生活质量，后者如"行"的条件指标，主要应通过人均交通设施拥有量得到反映。不管是农村还是

---

① 住房既是生活必需的最基本的耐用消费品，也是商业性投资物品，这两种性质决定了对住房的政策，必然也是自由市场机制与宏观调控机制相结合的组合政策。中国城镇化进入加速阶段后，城市居民的住房短缺加剧，特别是对广大的中低收入者，住房仅是生活必需品，因而在这个阶段，宏观调控体系应该将其作为准公共产品加以建设、供给，到城镇化进入成熟期的2020年以后，由于绝大多数城市居民已经解决了住房问题，因而那时的住房主要是受自由价格机制调节的商业性投资物品，宏观调控体系要减少干预。美国的住房政策演变与其城镇化发展阶段的协调，经历的就是这样一个过程。实际上，即使在1980年美国城镇化进入完全成熟阶段后，政府为继续解决未来可能出现的新的城市房困，仍然十分重视公房的投资建设。

城市，住房都是最基本的生活保障与基本的耐用消费品，应该得到政府的高度重视与大力支持。

四 人口迁移的社会管理制度安排

由于城镇化不仅是经济过程，也是复杂的社会过程，再加上中国城镇化进程中所要迁移的人口基数相当庞大等独特的国情问题，所以，加强对转移农户实行集中统一的户籍登记与社会管理具有必要性。这体现在以下几个方面。

（一）城市发展规律和"三大国情"下的"目标城市"准入设置

目标城市的"准入"是有特定含义的，关于其必要性，已经在本书前面有关章节阐述过，这主要是由中国这个最大的发展中国家的特殊国情，以及城市本身的发展规律所决定的。

需要引起关注的是，在中国城镇化实现之前的整个进程中，让迁移农户绝对自由选择进入任何城市并获得完全的市民户籍，所带来的负效应可能还很大，这主要表现在：（1）交通资源的浪费。重力模型表明，迁移距离越大，距离摩擦系数也大，对农户来说迁移成本自然也较大；而且，庞大的迁移农户会对有限的交通资源形成冲击，并造成不必要的浪费。（2）城市规模的有限边界性。中国的城市分布、人口庞大等特征不同于世界上任何一个国家，农民绝对自由、盲目地涌入城市可能带来巨大的风险。正如芝加哥大学的乔治·托利和威克森林大学的约翰·克瑞菲尔德在谈到城市规模时强调："如果不存在外部性，就没有任何经济学方面的理由要求进行政府干预。由于外部性的普遍存在，干预问题便产生了。"也正像前面已经列举的例子一样，虽然大都市圈的构建使韩国首都首尔集中了全国近一半的人口，即2019万，但是韩国的总人口只有4882万，如果中国有1/2或1/10的人口，也即7亿或1.4亿人口涌向北京、上海或天津中的任何一个城市，那会给社会经济秩序带来多大的风险呢？可见，人口基数庞大的量变，必然引起决策思维需要转变的质变，韩国、日本对农民转移进城没有设置目标城市，但是，在中国城镇化进程中的相当一段时期设置"目标城市"，还是有必要的。

迁移目标城市的选择，强调要尽可能就地、就近迁移农户，以减少交通运输资源浪费，降低距离摩擦系数，降低搬迁成本。这就是说，庞大的农业转移人口中的相当一部分，需要通过就地城镇化的方式实现市民化,从而体现中国式城镇化中的目标城市准入选择的必要性。基本的理由是:中国是农业大国,也是城市大国和城市化大国,这就是城市化进程中与人口迁移、目标城市紧密关联的所谓中国的"三大国情"。

谈到中国是城市大国,大致意思是提醒学业两界,由于近十多年来随着城镇化加速,国内现有的城市体系人口已经十分庞大,2013年国内城镇人口即达到7.3亿。就像过去我们常说中国是农业大国,因而农村人口十分庞大的理念认识一样,对中国城市化发展进行理论解读和政策制定时,也要考虑当下我们作为城市大国的国情。

而当我们进一步提到中国是城市化大国时,意在表明要达到60%或70%的城镇化率实现指标,所需转移的农村富余人口巨量庞大,按照国家新型城镇化规划目标,到2020年我国城市化率达到60%,加上人口自然增长率,估计新转移人口总数会达到1.2亿以上,再加上近2亿的落地不生根的候鸟型农民工,这样总计高达3.2亿左右的庞大人口转移量可谓举世罕见。大城市体系还能作为"主力部队",持续吸纳巨量转移人口中的大部分吗?即使是继续吸纳3.2亿转移人口中的2.2亿,就相当于依赖10个全新的大北京大上海、15个全新的大天津级别的超大城市。于国外城市体系而言,则要依赖30个全新的大伦敦、大纽约这样的世界先进城市。国情和综合体制不完善的现状都表明,这不是国内大城市体系在十多年内能完成的人口转移任务。

那么,在农业大国、城市大国和城市化大国的"三大国情"下,如何减轻持续的城镇化进程中已经不堪重负的大城市体系人口转移的压力呢?

面对"两亿多进城农民工和其他常住人口还没有完全融入城市;许多城市资源环境承载力已经减弱,水土资源和能源不足、环境污染等问题凸显;城市政府债务负担过重,财政和金融风险不断积累,以及一些地方城市病兆头比较明显,社会稳定面临挑战"①的严峻形势,应该说,这就要用新的思路提高小城市小城镇的发展质量和人口承载潜力,推动相当一部分农业转移人口就近就地在小城市小城镇安家落户,通过中国式就地城镇化路径消化庞大的转移人口。

此外,引导转移农户迁入"目标城市"的必要性,自然也反映了人

---

① 《习近平总书记系列重要讲话读本》,学习出版社、人民出版社2014年版,第71—72页。

口严格登记与社会管理的必要性。

(二)"门槛户型"准入

极为重要的一个政策思路是,以户为单位,而不是以单个劳动力为单位迁移入城,这是适合中国国情的城镇化快速发展特点的,至少有利于富余农户"彻底进城",从而实现城镇化稳健快速发展中的"彻底的城镇化"。"彻底进城"是与"候鸟型入城"相对应的,正如所见,那种"回家的打算始终在心头"式的乡土眷念,以及对城市高成本生活的恐惧和捉摸不透,使得农民钟情于"离土不离乡、脚踏两只船",然而,这不是真正的农村劳动力转移,这种转移也不是有利于城乡协调发展的真正的城镇化。在这种模式下,一方面,农村土地依然被零散占用,农业规模经营与机械化耕作施展不开,农村宅基地和农村住房闲置浪费现象更是相当严重;另一方面,工商用地依然紧缺,城市圈发展的地理空间依然没有彻底改善,城乡互动协调的引擎不能充分开启,从而表现为城乡双重恶化。本书导论中对其原因已经作了详细的解释,这里不再赘述。

从人口、资源与环境保护的三大长期国策出发,还应该对以户为单位的迁移,作出进一步的界定,即以三口之家的标准户为迁移单位,从而有利于鼓励少生少育。因为快速发展城镇化不是简单的自由经济演进过程,它广泛的社会属性,使得规定合理的"门槛属性"① 是有利于而不是阻碍城镇化发展的。

(三) 迁移人口严格登记与社会管理的其他必要性

这表现在农民的文化、习俗、传统观念等方面。

其一,说服农民离土又离乡的彻底的城镇化,这当然需要对其做大量的思想教育工作。由于相当一部分小农的局限性和轻易反悔的习性,加上基层政府在推动城镇化发展进程中的不当行为,并且这些行为有时侵害了农民的实际利益,却不能得到及时纠正,那么在一段时间内,就可能会出现普遍的抵制城镇化的过激行为,这是在公共安全中需要注意的。

_____

① "门槛属性""门槛户型"准入的积极意义表现在:以三口之家的户为单位的门槛属性,体现了中国特色的城镇化迁移战略与国家发展的其他战略的协同效应。三口之家就是一对夫妇只生育一个孩子的家庭,这种门槛属性,可以将城镇化迁移政策选择与计划生育制度安排结合起来,更有利于控制中国的人口膨胀,有利于提高人均资源拥有量,从而有利于中国城乡经济的和谐发展的。

其二，转移农户彻底进城，意味着农民离开原乡村，放弃宅基地、自留地与承包田，与此同时，领到目标城市体系的一套住房，每月享受基本生活保障资金资助。但是，由于农民的知识水平、传统思想观念、觉悟等局限性，有可能在迁入城市后出于某种不合理的缘由返乡，引发地权、宅权等纠纷，扰乱城市与农村经济发展一体化的发展秩序。而严格加强人口登记则有利于社会管理，也有利于人们安心从事经济活动。

其三，通过对某市的乡村调查发现，生死轮回的观念阻碍着农民进城，不少农民倾向于死后实行土葬，这一点，在内陆乡村与沿海乡村有不同的表现形式。如果工业用地或农业规模经营用地波及土葬用地，纠纷是否会大量出现呢？另外，对土地流转收入中的经济纠纷、犯罪等问题，都需要司法、公安等政府管理部门依法依规加以治理。

其四，调研和生活经验表明，部分农民在进城得到社会保障后，还可能盲目攀比城市的高收入阶层，产生心理不平衡，从而出现一些不当的行为。这就需要进行必要的心理疏导和有针对性的宣传引导。

如此看来，人口严格登记与社会管理的原则，着眼于为城镇化的快速发展，为城市经济、农村经济发展，创造和谐的外部环境，具有必然性和必要性。它所创造的和谐环境以稳定与安全为导向。毋庸置疑，稳定与安全压倒一切，没有稳定、安全的环境，城镇化的有序发展与新农村建设都不可能顺利实现。

此外，需要建立全国统一的户口变更登记系统，实施更加科学、规范的管理，避免农户重复入城、"假进城"、重复领取补贴、重复就业①等一系列扰乱中国城镇化健康发展的现象。

第四节　城镇化稳健快速发展的
"投入—产出"评估

在本书第五章的第三节中已经谈到，为支持快速城镇化，政府调控体系投入了数量庞大的货币，资金来源主要包括央行的货币年增发量、

---

① 在城镇化进入成熟期后，也即城镇化快速发展的期限结束后，对农户的就业政策可以灵活地由劳动力市场予以调节。

外汇储备支持、财政专项资金（包括国际组织支持城镇化的资金）三个部分，然后投向农户主劳力就业工资发放、农户准公共住房建设与农户生活补贴发放三个领域，以积极稳健地推动富余农户转移进城。巨额的货币投入后，是否能够从运营移交后的转移农地等其他领域获得充裕的货币性"产出"，关系到快速城镇化在经济上的有效性。当然，从第四章的分析中可以看出，快速城镇化必然使得农户享受现代化的城市文明，但是，这里着重从经视角度分析农户被迁移进城后，货币性"产出"是否大于货币"投入"，以检验城镇化快速发展的货币政策效果。无疑，这种检验没有将庞大的农民所享受的现代城市文明的福利考虑进去，因而，对政府调控体系来说，这是一种保守的安全的估计。当然，这种分析可以围绕转移后的土地调配与运营展开。

虽然前面有关章节已经给出了城镇化快速发展后的经济、社会总体的产出效应框图，但是，为了进一步为宏观经济构建安全运行的保护网，需要扩大安全系数。下面的分析进一步撇开快速发展城镇化所产生的七个领域的就业扩大正效应，以及政府的税收收入增加的正效应，专项讨论仅在转移土地的开发权转让收入上，其单项的货币性产出，是否能弥补先期增发的货币"投入"。

农户进城后移交的土地功能调配与"产出"图6—1显示，市场化经

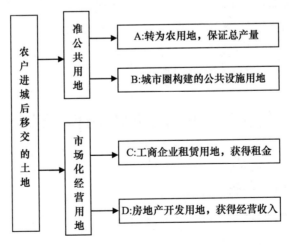

图6—1 农户进城后移交的土地功能调配与"产出"

营用地包括工商企业租赁用地（政府获得租金）和房地产开发用地（政府获得转让开发权的经营收入）。[①] 反之，如果从 A、B[②] 两项土地经营中的货币收入大于或等于先期货币"投入"，那么就不必挤占政府的其他收入。当期货币"产出"的回流，则弥补了先期货币的"投入"，成为下一年度支持农户转移的"投入"资金，由此循环往复地支持富余农户不断地转移进城。

在接下来的第五节，将利用"以中国为案例的总体测算"中的有关部分，运用数据，测算转移土地运营中的 C、D 两部分"产出"，能否弥补货币"投入"的情况。

第五节 以中国为案例的总体测算

一 迁移进城的农民总数量

假设：2006 年为当期年[③]，城镇化稳健快速发展期为 20 年，2027 年城镇化将进入成熟期；2027 年全国城镇化目标率为 70%[④]；据国家统计局 2006 年预计，2030 年全国人口总量为 14.5 亿，2030 年后，全国总人口开始下降，由于放开"二孩"政策，假设 2027 年我国人口已经达到 2030 年的 14.5 亿。

已知条件：2006 年全国总人口 U_0 为 13.1 亿，2006 年的城镇化率预测值假设为 46.7%，

则 $P_{u0} = U_0 \times \xi_0 = 13.1$ 亿人 $\times 46.7\% = 6.1177$ 亿人

---

① 当然，政府不一定直接经营，也可以许可给信誉好的开发商经营，但是，不管采取哪种经营方式，政府从经营中获得足额的产出利润是必需的。因为，这部分利润如果小于先期支持农户增发的货币"投入"，就需要从对工商用地企业征收的税收中抽拨一部分，构成足额的"产出"，以平衡"缺口"。

② A、B 的含义见图 6—1。

③ 本专著是以作者在 2006 年基本完稿的博士论文为基础，考虑到延续和尊重当时的政策创新思路和理论思考，这里仍然以 2006 年作为基准年来展开分析。理论模型和政策分析的基本逻辑乃至一般性的结论，并不会因为具体基期年度的不同而有大的差异。时过十年，如今中国各地正在展开的城镇化，基本上都源于政府宏观调控和市场机制相结合的组合动力，这也充分说明了对大国城镇化进行总体规划和预测计算的必要性和价值。

④ 按照城镇化发展阶段基本理论，70% 的城镇化率是城镇化进入成熟阶段的拐点数值。

$$P_u = U \times \xi = 14.5 \text{ 亿人} \times 70\% = 10.15 \text{ 亿人}$$

表6—5　　　　　　　　20年发展期的城镇化总量指标值一览

2006年人口总量和城镇化率	13.1亿人；46.7%
2027年人口总量和城镇化率	14.5亿人；70%
城镇化快速发展时期转移农民总数量	4.03亿人
城镇化快速发展时期转移农户总数量	1.3441亿户
城镇化快速发展时期农户主劳力就业总数量	1.3441亿人
每年转移的农民数量	2015万人
每年转移的农户数量	672.02万户
转移农户的主劳力就业数量	672.02万人

$$P_{\Delta u} = P_u - P_{u0} = 10.15 \text{ 亿人} - 6.1177 \text{ 亿人} = 4.03 \text{ 亿人}$$

$$P_{\Delta un} = P_{\Delta} u \div n = 4.03 \text{ 亿人} \div 3 = 1.3441 \text{ 亿户}$$

$$P_{\Delta un} = P_{\Delta} u \div n = 4.03 \text{ 亿人} \div 20 = 2015 \text{ 万人}$$

$P_{\Delta un}$ 为全国农村每年转移进城的人口数量

$$P_{\Delta un3} = P_{\Delta} un \div n0 = 1.3441 \text{ 亿户} \div 20 = 672.02 \text{ 万户}$$

$P_{\Delta un3}$ 为每年转移进城的农户数量

$$P_{\Delta un1} = P_{\Delta un3}$$

$$P_{\Delta un1} = P_{\Delta un3} = 672.02 \text{ 万人}$$

$P_{\Delta un1}$ 为每年政府调控体系安排保护性就业的进城农民数量

二　转移人口的城市分配

在城镇化发展期的20年内，需推动4.03亿的农户人口入城，可主要依靠4个直辖市、15个副省级计划单列市和268个地级市作为主要吸纳载体，以374个县级市为辅助转移载体，形成吸纳农户迁移的城市等级体系，以体现超大城市、特大城市、大城市优先发展，以及大中小城市统筹发展。其中，268个地级市转移农户人口的空间较大，且以中老年迁移者居多；374个县级市增长空间不大，而点缀其间的小城镇，最终要以发展现代农业为主。

4个直辖市吸纳人口量：800万/市×4市=3200万人

15 个副省级计划单列市吸纳人口量：400 万/市 × 15 市 = 6000 万人

268 个地级市吸纳人口量：268 市 × 100 万/市 = 2.68 亿人

374 个县级城市吸纳人口量：374 市 × 30.3 万/市 = 1.136 亿人

从上述计算数据可以预见，到 2021 年，经过这样的转移，374 个县级城市将变成拥有 50 万左右人口的中等城市，268 个地级市将变成拥有 200 万左右人口的大城市，并且在城市体系中吸纳人口的总量最大，15 个副省级计划单列市变成拥有 800 万左右人口的特大城市。4 个直辖市将成为国际性的大都市，人口均在 2000 万—2500 万，相当于纽约大都市圈总人口，或首尔大都市圈人口的总量。

三 安置农户就业与社会保障的货币总需求量计算

假设 1：迁移进城的农户为三口之家，每户安排一人享受"保护性就业"，其余两人享受低保；农村籍大学生每年入学的数量，不包括在转移人口与货币需求的总额中，所以应该扣除；自由投资买房或与城市居民结婚的入城农户人口，不包括在本模型中。

假设 2：基本生活保障补贴发放 20 年；对进城未就业的农户人口，按每月 500 元标准发放基本生活补贴；每个转移农户的家庭中，有两人领取生活补贴，衣食的温饱型成本为 500 元/人 × 2 人/月 = 1000 元/月；农户主劳力每月工资发放标准为 1000 元/月。我们得到：

$Hmbt = 1000$ 元/月/户 × 12 月 = 12000 元/年/户

$Hmat = 1000$ 元/月/人 × 12 月 = 12000 元/年/人

假设 3：保障性房屋一次性建成，并有 70 年以上使用寿命，而城镇化总发展期限为 20 年，于是：

$Hmc = 80$ 平方米/户 × 1000 元/平方米 = 80000 元/户

根据 2005 年版《中国统计年鉴》，2004 年安徽竣工房屋造价 979 元/平方米，河南 889 元/平方米，湖南 915 元/平方米，由于是政府供给土地，建设转移农户的住房，其造价理应低于上述三省的平均值。但是，考虑到房屋的质量，所以按 1000 元/平方米的造价提供资金，意在保证农户住在坚固、"寿命"长的房屋中。由此，我们又得出：

$Hmct = 80000$ 元/户 ÷ 20 年 = 4000 元/户/年

$Hmt = Hmat + Hmbt + Hmct = 12000$ 元/户 + 12000 元/户 + 4000 元/户 =

28000 元/户①

$P_{\Delta un3} = 672.02$ 万户

$Mdt = 28000$ 元/户 $\times 672.02$ 万户 $\times 20$ 年 $= 3.76348$ 万亿元

$Md = Mdt \times 20 = 3.76348$ 万亿/年 $\times 20$ 年 $= 75.2696$ 万亿元　　　(6.22)

$P_{\Delta un} = 4.736$ 亿户 $\div 3$ 年 $= 1.3441$ 亿户

上述 Mdt，是指在城镇化发展期的 20 年内，每个农户每年都享受就业工资、基本生活补贴，住房则是一次性建成提供，其所需的总费用会按年度平均分摊到农户生活的货币成本中。

四　基于"投入—产出"的风险收益分析

从分析计算可知，在城镇化发展期的 20 年内，政府体系要提供 75.2696 万亿元人民币（每年 3.76348 万亿元人民币），将 1.3441 亿富余农户转移进城，巨额货币主要用来为这些农户发放 20 年的就业工资、基本生活补贴和准公共住房费用。

巨额货币从何处筹集？是否能筹集到？下面根据宏观经济指标，并按照两套解决方案来进行测算分析。

（一）方案 A

1. 财政专项支持

鉴于城镇化发展战略的社会经济意义，可根据人口总量比例，确定财政支付力度。

发展期资金转移系数：$k = P_{\Delta u} \div U_0 = 0.307$

考虑到在其他方面的财政支出也很重要，取 k = 0.3 代入转移资金量公式，做保守计算。2006 年财政收入 3.9 万亿元，于是：

财政年支持货币量 = 3.9 万亿元 $\times 0.3 = 1.17$ 万亿元

在城镇化发展期：

财政总支持货币 $Z_1 = 1.17$ 万亿元 $\times 20$ 年 $= 23.4$ 万亿元　　　(6.23)

---

① 转移农户家庭满意度分析：2005 年农村居民人均纯收入达到 3255 元，按 3 人每户计算，每个农户年收入仅为 9675 元，大大低于 28000 元；进城后农户人均收入 11253 元，超过 2005 年城镇居民人均可支配收入（10493 元），考虑到物价指数，应与 2006 年城镇居民人均可支配收入相当。所以宏观调控体系推动农户进城，并以这样的就业福利与社会保障标准支付货币给农户，会得到进城农户的普遍支持，从而在经济基础上保证城镇化快速发展。

2. 外汇消解支持

我们知道，适度的外汇储备是保障必要的进口用汇、促进进出口贸易顺利进行之需，是偿付外债之需，也有利于稳定外汇市场，提高一国在国际金融市场、国际贸易市场和国际借贷市场的信誉。不过，外汇储备显然不是越多越好，过度的外汇储备不但形成"外汇占款"，影响本国货币政策调控效力，增加通货膨胀压力，还将造成大量的资金闲置、浪费，以及巨大的机会成本，影响本国经济健康发展。

就我国而言，20 世纪 90 年代初，由于汇率、结售汇、管理等外汇体制机制的改革，以及经常项目、资本项目双顺差等因素，使得外汇储备快速增加，许多研究者开始探讨、辨析我国外汇储备的适度规模问题，并表示了对不断膨胀的过度外汇储备的担忧。如果说对 1996—2000 年之间国家外汇储备保持在 1000 亿美元至 2000 亿美元之间的规模[1]，还存在储备是否过度的怀疑，那么，到 2006 年，我国外汇总储备额突破万亿元大关，激增至 1.0663 万亿美元，外汇储备过度膨胀、亟须消解转移以克服多重负效应，显然已成为共识。[2] 现在，我们用外汇储备中的一部分，例如 30% 的比例，用来支持城镇化中的转移农户的社会保障体系的建构。以保守的汇率 $E = 7$ 代入，则有：

外汇年支持货币量 = 1.0663 万亿美元 × 0.3 × 7 = 2.23923 万亿（美元）

考虑到中国金融稳定，以及中央政府对保有外汇以支付国际收支平衡的偏好，现取折算系数为 0.9，则外汇年支持货币 Z_2 变为 2.0153 万亿美元。

外汇总支持货币 Z_2 = 2.0153 万亿美元 × 20 年 = 40.306 万亿（美元）

$$(6.24)$$

3. 政府调控部门出让转移农地用于房地产开发和工商企业用地的租赁收入

设运营土地收入 $Y = Z_3 = \sum K_I \ (C \times N_I + D \times F_I)$ （6.25）

---

① 1996 年外汇储备为 1050.29 亿美元，2000 年外汇储备为 1655.74 亿美元。参见国家外汇管理局官网：http://www.safe.gov.cn/wps/portal/sy/tjsj_lnwhcb。

② 关于外汇储备规模应该适度以促进经济内外均衡的相关理论与政策探讨很多。在中国知网上输入"外汇储备规模"的搜索篇名，出现的学术文献就超过百篇。大部分赞成中国外汇储备过度，应该消解。而消解后的外汇资金如何用来发展本国经济和社会事业，虽然也有探讨，但是与城镇化发展相结合的比较少见。

K_l：区域城市由于区位优势等而产生的土地价格偏离平均值系数

C：工商企业租赁用地面积

D：房地产开发用地面积

N_l：某区域城市单位面积工商企业租赁用地价格

F_l：某区域城市单位面积房地产开发用地价格

假设：各地区的区域价格相加后，存在一个总的平均价格 N 和 F，相应得到平均价格无偏离系数 $K=1$，C、D 分别代表平均价格下总的工商企业租赁用地面积和房地产开发用地面积，于是：

$$Y = K \ (C \times N + D \times F) \qquad (6.26)$$

据统计，中国人均耕地面积0.11公顷，设户均宅基地面积为100平方米，由于 1 公顷 $=10000$ 平方米，于是：

三口之家的户均转移地面积 $=3 \times 0.11 \times 10000$ 平方米 $+100$ 平方米 $=3400$ 平方米

其中，每户平均有 1000 平方米用于房地产开发，600 平方米用于工商租赁用地，

按亩计算，两项合计面积 $=1600 \div 1000 \times 1.5 = 2.4$ 亩/户。

$P_{\Delta un} = 4.736$ 亿户 $\div 3$ 年 $=1.3441$ 亿户

转为工商用地的总面积 $=1.3441$ 亿户 $\times 2.4$ 亩/户 $=3.22584$ 亿亩

又假设农地转为工商用地后，转让开发权的费用为 5 万元/亩[①]，转让期为 20—40 年，可以得到：

$$Z_3 = Y = 3.22584 \text{ 亿亩} \times 5 \text{ 万元/亩} = 16.1292 \text{ 万亿元} \qquad (6.27)$$

4. 在金融部门货币增发前，上述财政、外汇消解与土地收入三项支持总额为：

$$\begin{aligned} Z &= Z_1 + Z_2 + Z_3 \qquad (6.28) \\ &= 1.17 \text{ 万亿元} \times 20 \text{ 年} + 2.0153 \text{ 万亿元} \times 20 \text{ 年} + 16.1292 \text{ 万亿元} \\ &= 79.8352 \text{ 万亿元} \end{aligned}$$

---

① 关于每亩工商用地的价格，并没有统一的标准。但是，90 年代中期和 20 世纪初，一些城市为吸引外资，以每亩地 5 万元到 10 万元的"跳水价"转让工商用地并已经受到国家宏观部门严厉查处的事实来看，每亩农转商土地定为 5 万元的转让价已经是偏于保守的了，是从经济安全角度所作的保守估计。

显然，Z 也表示在央行增发货币支持城镇化稳健快速发展的战略行动前，政府调控部门在 20 年内可提供的货币支持总量。

由式（6.22），$Ms = Md = Mr + Mi + Mc$

则 $Z = Z_1 + Z_2 + Z_3 = Ms - Mi$

$Z_t = 79.8352$ 万亿元 $\div 20 = 3.9918$ 万亿元

此处的 Z_t，表示按年计算的政府调控部门可以支持供给的货币量。

5. 安置农户的总货币需求量

由（6.22）的计算数值可知：

$Mdt = 28000$ 元/户 $\times 672.02$ 万户 $\times 20$ 年 $= 3.76348$ 万亿元年

$Md = Mdt \times 20$ 年 $= 3.76348$ 万亿元 $\times 20$ 年 $= 75.2696$ 万亿元

由于 $Z > Md$，Z_t 自然也大于 Mdt。至此可以发现，按照这个政策方案，无论是在城镇化发展期的总时间跨度 20 年内的总数量，还是年度数量，在央行增发货币支持城镇化稳健快速发展的战略行动前，政府体系所拥有的资金实力，都可以有效保障庞大的转移农户的基本生活保障问题。

表6—6　　稳健快速城镇化发展中的货币供给与需求一览

项目 / 项目		货币供给			货币需求（元）	缺口（元）
		20 年总量（元）	年均量（元）	年均指标量占 GDP 比例		
方案 A	79.83 万亿元	财政支持 23.4 万亿	1.17 万亿	5.85%	总量为 75.2696 万亿；年均量为 3.76348 万亿	盈余 4.5656 万亿
		外汇消解 40.306 万亿	2.0153 万亿	10.07%		
		部分转移农地开发权转让收入 16.1292 万亿	0.8064 万亿	4.03%		
	金融部门增发货币	10 万亿	0.5 万亿	2.5%	总量为 75.2696 万亿；年均量 3.76348 万亿	货币增发后，盈余 14.5656 万亿
	货币总供给	89.83 万亿	4.4915 万亿	22.45%		

续表

项目\项目			货币供给			货币需求（元）	缺口（元）
			20年总量（元）	年均量（元）	年均指标量占GDP比例		
方案B	61.226万亿	财政支持	23.4万亿	1.17万亿	5.85%	总量为75.2696万亿；年均量3.76348万亿	总缺口资金为14.0436万亿
		外汇消解	34.6万亿元	1.73万亿	8.65%		
		部分转移农地开发权转让收入	3.22584万亿	0.1630万亿	0.08%		
	金融部门增发货币		24.0436万亿	1.2万亿	6%	总量为75.2696万亿；年均量3.76348万亿	货币增发后，盈余10万亿
	货币总供给		84.0436万亿	4.202万亿	21.01%		

2006年财政总收入3.9万亿元；外汇储备1.0663万亿美元，按E=7保守值计算

附：2006年中国GDP总量突破20万亿元，这里取20万亿元代入计算；城镇化发展期为20年；货币增发后的盈余资金主要用于城镇化中的基础设施扩容建设，以及对可能出现的经济负效应进行"救助"。

从上表可以看出，在方案A与方案B中，货币年增发比例最高为6%，在城镇化加速期这个值是较低的，不会引发恶性通胀。

进一步地，$Z - Md = 79.8352$ 万亿元 $- 75.2696$ 万亿元 $= 4.5656$ 万亿元。这说明在金融部门增发货币前，上述财政、外汇消解与土地收入三项支持总额，在支付20年内所有转移农户基本生活保障费用后，还有相当的盈余资金。如何将这笔盈余资金用在支持城镇化快速发展的领域，以保证其发展的稳定性？

考虑到增加公共设施对提高城市承载力的重要意义，可以将货币供求盈余的4.5656万亿元用于该类建设领域，如学校、下水道、大公交战略体系构建等。

若保守地认为 4.5656 万亿元的供需盈余，仍不足以支持城市基础设施扩容。这时，可以借助政府调控体系与央行的协调机制，每年增发城市建设国债 0.5 万亿，这个数量只占到 2006 年中国 GDP 总量的 2.5%，而 2.5% 这个数值远远低于日本、韩国在城镇化进入加速阶段的货币增发数值。

增发一定的城镇化专项国债后，城市公共设施承载力扩容资金总额变为：

4.5656 万亿元 + 0.5 万亿/年 × 20 年 = 14.5656 万亿元；每年达 7280.2 亿元。

根据上述测算绘制出表 6—6。经验告诉我们，这个巨额数值，足以支持因农民进城而对城市基础设施的总需求的扩容量。

可以认为，这个较低比例的货币年增发方案，从中央政府始终保持的稳定与稳健的政治偏好来看，契合性与可行性最大。

（二）方案 B

如果农业经济学家担心，从每户 3400 平方米的转移农地中，抽出 1600 平方米用于工商用地，可能存在粮食总产量难以满足城市人口需求的风险，我们可以再作保守的处理，不计算农用地转为房地产开发用地的收入，20 年内 1.3441 亿转移农户的 3.22584 亿亩地，全部作为规模化机械化经营耕地，转让耕地的价格按 10000 元每亩（青苗费）计算，转让期 20 年。此时，政府调控部门获得 3.22584 万亿土地转让收入。

如果政府调控部门担心金融体系不稳定，希望保有相当的外汇，那么假设再降低外汇支持的数量，按 2006 年和 2005 年外汇储备存量之差额的 1.73 万亿元人民币（美元单位的储备换算成人民币）[1] 代入计算，考虑到城镇化速度加快后，城市与农村经济更加繁荣，外汇储备年增量递增，故至少取 2006 年的外汇储备增量，作为年消解转移资金的额度。

则 Z_2 = 1.73 万亿元 × 20 年 = 34.6 万亿元

财政总支持货币的数量则与方案 A 一样，都取 Z_1 = 1.17 万亿元 × 20 年 = 23.4 万亿元，那么，在这种相当保守的方案下：

---

[1] 2005 年，我国外汇储备为 8188.72 亿美元。

$$Z = Z_1 + Z_2 + Z_3 = Ms - Mi = 3.22584 \text{ 万亿元} + 23.4 \text{ 万亿元} + 34.6 \text{ 万亿}$$
元 $= 61.226$ 万亿元

支持城镇化发展 20 年的货币总缺口为：61.226 万亿元 $- 75.2696$ 万亿元 $= -14.0436$ 万亿元

而年分解货币缺口量 $= 7021.8$ 亿元

此时，货币增发比例为 7021.8 亿元/20 万亿元 $+ 2.5\% = 6.01\%$

在城镇化从加速向成熟迈进时期，这个增发数额与日本、韩国相比是很低的，也不会引发影响经济效率的通货膨胀。

（三）本节结论

上述两种方案，几乎没有对整个国家的经济安全运行增添新的宏观经济风险，各项年度指标占总量的比例都比较低（见表6—6）。但是，实施任何一个方案，都为 1.3441 亿富余农户在进城后 20 年内的基本住房、衣食与保护性就业提供了充裕的货币支持保障。1.3441 亿富余农户，也即 4.03 亿农民进城后的基本生活有了保障，相当于建设了一个较高水平的福利大国；与此同时，随着 4.03 亿农民稳妥进城，使得 2027 年我国的城镇化率达到 70%，城镇化发展进入成熟期这个具有战略意义的阶段，城镇的空前繁荣必将与农业现代化交相辉映，编织一幅城乡协调发展的美好图景。

综上所述，表面上看来，20 年增加 75.2696 万亿元人民币"投入"支持城镇化中的富余农户市民化，似乎有经济风险，但是通过分析可知，依靠财政、外汇、农地转让开发权的收入与一定量的货币增发，即可满足巨额的货币投入需求。至于上述分析中所采用的指标值偏于保守，主要是从中国国情与经济主体各方对风险的厌恶出发，作相应考虑的。

第 七 章

东部地区直辖市率先城镇化模型

中国疆域广袤，东中西部等主要区域板块的自然资源、人文地理、经济发展水平等差距较大，这些区域也处在不同的主体功能区，因而各区域板块在是否要把城镇化发展作为第一要务，以及在城镇化的速度和发展目标数值等方面均存在差异。例如，促进中西部地区就近城镇化可能契合国情，既推动中西部地区本身的城乡统筹，也缩小了东中西部发展的差距；就西部地区而言，有些省市的诸多地区生态脆弱，但是却承担了全国重要资源的保障功能和生态安全的屏障功能，所以被新近的国家规划确定为禁止开发地带，因此，加快发展并实现城镇化，并不是这些地区的主要任务（参见"十二五"规划纲要和国家新型城镇化规划）；显然，那些重点开发、优化开发区域的东部省市，应该将稳健快速发展城镇化，摆在十分重要的位置上，而作为超大城市的直辖市，就更需要率先实现城镇化。

如此看来，除了本书第六章所述的中国整体的城镇化稳健快速发展的模型设计命题外，还存在区域视角下的东部、中部和西部有差异的城镇化发展命题。就东部地区而言，直辖市体系的城市化发展无疑更具先锋和战略意义。因而，本章首先总体概览世界范围内大城市率先发展与都市圈体系构建的问题，然后选择天津，分析其在中国城市体系中的竞争力概况和城市化发展阶段，最后制订天津率先实现城市化的方案。

第一节 大城市率先发展与都市圈体系构建

一 "世界城市"

20 世纪 70 年代中叶以后，欧美发达国家基本完成城镇化，伴随着经济全球化的进一步加快、全球生产体系的形成与跨国分工体系的日益发达，城市的发展开始冲破原来国家疆域的限制。尤其是市场经济发达国家与一些新兴国的特大城市，凭借雄厚的现代工业基础与良好的现代服务业基础，不再甘心于停留在协调本国经济活动的国内经济中心的地位上，而是积极参与协调跨国界的生产经营活动与金融服务，发展成为跨国公司总部云集，信息流、资金流、物流和人流聚集的中心，迅速跻身为"世界城市"。①

研究世界城市发展卓有成就的美国学者弗里德曼，于 1986 年提出"世界城市假说"，认为"世界城市"（world city）或"全球城市"（global city）的形成原因来自跨国分工与经济全球化的深入发展，本质上是对世界城市体系的经济影响与控制力。正如所见，世界城市往往是跨国公司总部、国际金融中心、国际交通中心与信息中心，是对全球或世界大多数国家发挥全球性政治、经济、科技、文化影响的国际第一流大城市。基于城市在全球经济和空间体系中的作用，弗里德曼又将全球 35 个世界城市划分为三个等级，世界金融节点城市、跨国节点城市、重要的国内节点城市、地区性节点城市②。

不过，"世界城市"一词，最初是由苏格兰规划师戈迭斯（Patric Geddes）于 1915 年提出的，但当时只是一般的描述，所以没有引起重视。1966 年，英国地理学者霍尔（Peter Hall）在《世界城市》一书中认为，世界城市应具备如下特征：①主要的政治权力中心；②国家的贸易中心，拥有大的港口、铁路、空港和发达的公路体系；③主要银行所在地及国家金融中心；④信息汇集和传播的中心；⑤各类专业人才集中的地区，广播电视、出版业与新闻业发达；⑥拥有相当比例富裕阶层人口的大规模人口集聚地区；⑦娱乐业一般都很发达。

"世界城市"的出现，使得城市体系的演变被置于经济全球化与全球城市化的双重背景下，因而，发展中国家的区域中心城市在制定发展战

---

① Saskia Sassen：The global City：New York，London，Tokyo，Princeton University Press. 1990.

② 参见成德宁《城市化与经济发展：理论、模式与政策》，科学出版社 2004 年版，第201—205 页。

略时，目光开始投向世界城市，并重新思考自身在全球城市体系，而不仅仅是在本国城市体系中的地位。

表7—1　　　　　　　　　　　　　　世界城市等级序列

等级类别	城市
核心国家主城	纽约、洛杉矶、芝加哥、伦敦、巴黎、东京
核心国家辅城	法兰克福、阿姆斯特丹、布鲁塞尔、多伦多、旧金山、悉尼、迈阿密、休斯敦、墨西哥城、马德里、维也纳、米兰
边缘国家主城	北京、香港、新加坡、里约热内卢
边缘国家辅城	首尔、上海、莫斯科、台北、加尔各答、孟买、曼谷、布宜诺斯艾利斯、约翰内斯堡、加拉加斯、马尼拉

资料来源：Friedmann, J.：The World City Hypothesis, Development and Change, International Journal of Urban and Regional Research, Vol. 17, 1986。

有关研究和资料显示，在随后的 1980 年到 2000 年，发展中国家城镇化步伐普遍加快，对世界城市化贡献率不断增大，此间，世界的城市化水平上升 8 个百分点，而高收入国家只提高了 4 个百分点。20 年中，世界城市化增长的 2/3 是低收入国家带来的。

发展中国家的大城市在这个时期发展更快：到 2000 年，世界上人口超过 1000 万的城市已有 19 个，其中 15 个在发展中国家（见表 7—2）。而此前的 20 世纪 70 年代末，全球只有纽约、东京、圣保罗、墨西哥城 4 座人口规模超过 1000 万的国际性大都市。

表7—2　　　　　　全球不同规模等级城市数量的增长（座）

人口 年份	10 万— 20 万	20 万— 50 万	50 万— 100 万	100 万— 500 万	500 万— 1000 万	>1000 万	合计
1950	4853	281	101	65	6	1	907
1980	999	727	265	208	21	5	2225
2000	1514	1171	433	370	22	19	3529

资料来源：United Nations：Word Urbanization Prospects, The 1999 Version。

二 大都市圈

但是，发达国家的世界城市在此间的发展，并不像发展中国家那样是单个核心城市的增长，而是表现为一种被称为"大都市圈"的发展。"在世界上一些人口密集的发达地区，城市化的广域扩展和近域发展高度结合，城市地域相互交融，城市之间的农村间隔地带日渐模糊，整个地区内城市用地比例日益增高，形成地域范围十分广阔的大都市连绵区（megalopolis），亦称大都市连绵带。"[1] 大都市连绵区最初出现在美国东部大西洋沿岸和五大湖南部地区，以及西欧发达国家。目前，全球典型的大都市连绵区有三个美国，即美国东北部大西洋沿岸波士顿—华盛顿大都市连绵区；美国五大湖地区的芝加哥—匹兹堡大都市连绵区；美国西部太平洋沿岸圣地亚哥—旧金山大都市连绵区。有一个日本，即日本东海岸东京—名古屋—大阪大都市连绵区。位于英国的大都市连绵区，则是伦敦—伯明翰大都市连绵区。

发展经济学家刘易斯曾认为，一个城市在其规模达到30万人以后，就会失去规模经济效益。相当经济的办法是应该发展大批的农村小城镇，每一个小城镇都应该拥有一些工厂、电站、中等学校、医院和其他一些能够吸引居民的设施。[2] 但是，当20世纪中国的乡镇工业在经历80年代到90年代的辉煌之后，大城市以及大都市连绵区发展占主导地位的演变，已经承接了这种辉煌，并在20世纪90年代中期出现令人瞩目的势头。

随着世界范围内城市化的普遍发展，自20世纪70年代起，许多发展中国家经济发达、人口稠密的城镇密集地区，如巴西东海岸、韩国、印度等地的城镇密集地区，以及中国沿海地区，都已经出现大都市连绵区的雏形。特别是，我国《全国主体功能区规划》和《国家新型城镇化规划》提出，要把城市群作为发展城镇化的主体形态，推动大中小城市和小城镇协调发展。最新的国家有关规划提出了建设世界城市以及世界级

---

[1] 胡欣、江小群：《城市经济学》，立信会计出版社2005年版，第339页。

[2] ［美］阿瑟·刘易斯：《二元经济论》，施炜等译，北京经济学院出版社1989年版，第94页。

城市群的战略要求，通过主体功能区引导城镇化优化布局。以"两横三纵"为主体的中国新型城镇化战略格局显示，京津冀、长三角、珠三角在发展并实现中国城镇化的过程中，有可能发展成为世界级大都市连绵区。

毫无疑问，大都市连绵区是城镇化进程中大都市圈演进的一个更高级的发展阶段。大都市连绵区内部的各城市之间，形成了十分紧密的信息、人口、交通、产业联系与功能整体，大都市连绵区区域性基础设施共建共享的程度很高，形成了十分发达的区域性基础设施网络体系，小城镇与城市则沿交通轴线呈带状分布，生态用地与农林业用地则间隔其中。这种功能互补的空间组织形式，在相当程度上避免了单个城市过度扩张而造成的生态环境等"城市病"问题，既强化了超大城市、特大城市、大城市所具备的区位比较优势，又能有效地缓解了单一中心的人口膨胀和环境污染压力。正因为如此，大都市连绵区成为20世纪70年代以来全球最具经济活力的地区，在国家和地区经济发展中发挥着至关重要的核心作用，也为发展中国大城市提供了良好的"示范效应"。

这种各城市之间以及间隔其间的城镇、生态与农用地带的协调发展，在我国东部沿海地带，则表现为大都市圈的演进。特别是20世纪90年代以来，我国沿海大城市的外向型经济功能和服务能力普遍增强，城市规模和综合实力发展迅速，城市体系的互动与协调，催生了以广州、深圳为核心的珠江三角洲都市圈、以上海为核心的长三角都市圈和以京津双核为轴的环渤海经济圈。① 区域性中心城市的国际地位也明显上升，在国内外经济事务中的影响力进一步增强，以大城市为核心的城镇群体不断发育形成，可以预见，围绕三大都市圈的东部沿海地区大城市连绵区正在形成。

---

① 2014年12月中央经济工作会议把"京津冀"与"一带一路"、长江经济带并列作为我国区域发展三大战略，京津冀要实现一体化发展格局的战略定位被重新确定为：一核双轴三中心等。2015年年底，协同发展的交通规划、生态环境保护规划、旅游一体化协同发展规划等，都相继获批。

第二节　天津市城市竞争力概况与城镇化发展阶段

一　城市经济地理总体情况介绍

地理与交通区位：天津市地处华北平原东北部，东临渤海，北枕燕山，位于北纬38°33′至40°15′，东经116°42′至118°03′之间。北与首都北京毗邻，东、西、南部分别与河北省的唐山、承德、廊坊、沧州地区接壤。天津市位于海河下游，地跨海河两岸，"扼海河要冲"，居"九河下梢"，境内有海河、子牙新河、独流减河、永定新河、潮白新河和蓟运河等穿流入海。周边900公里，其中海岸线北起涧河，南至岐口，长约133公里。面积达11305平方公里。市中心距海岸50公里，离首都120公里，是海上通往北京的咽喉要道，自古就是京师门户，畿辅重镇。天津市又是连接三北（华北、东北、西北）地区的交通枢纽，从天津市到东北的沈阳，西北的包头，南下到徐州、郑州等地，其直线距离均不超过600公里。天津市还是北方十几个省市通往海上的交通要道，拥有北方最大的人工港——天津港，有30多条海上航线通往300多个国际港口，是从太平洋彼岸到欧亚内陆的主要通道，以及欧亚大陆桥的主要出海口。

水资源：天津市地跨海河两岸，而海河是华北最大的河流，上游长度在10公里以上的支流有300多条，在中游附近汇合于北运河、永定河、大清河、子牙河和南运河，五河又在天津市金钢桥附近的三岔口汇合成海河干流，由大沽口入海。干流全长72公里，平均河宽100米，水深3—5米，历史上可通航3000吨海轮。"引滦入津"输水工程，是天津市20世纪80年代兴修的大型水利工程，把水引到天津市，每年向天津市输水10亿立方米。天津市地下水蕴藏量丰富，山区多岩溶裂隙水，水质最好，矿化度低，泉水流量一般在7.2—14.6吨/小时，雨季最大可达720—800吨/小时。全市有大型水库3座，总库容量3.4亿立方米。

土壤生物：天津市北部蓟县山地土壤，是岩石风化形成的薄层残积土，其余地区是第四纪沉积物发育而成的土壤，在农业生产上具有较高肥力。

气候：天津市位于中纬度欧亚大陆东岸，面对太平洋，季风环流影响显著，冬季受蒙古冷高气压控制，盛行偏北风；夏季受西太平洋副热带高气压左右，多偏南风。天津气候属暖温带半湿润大陆季风性气候，有明显由陆到海的过度性。气候特点是四季明显，长短不一；降水不多，分配不均；季风显著，日照较足。

旅游资源：天津市历史遗址多，出土文物丰富，有 40 处国家级和市级重点文物保护单位。其中有始建于隋朝的大型木结构庙宇——独乐寺。有蓟县黄崖关长城，全长 41 公里，多种不同造型的古台一千多座，险峻、雄奇，素有"蓟北锁钥"之称。有号称"京东第一山"的蓟县盘山，山势雄伟，层峦叠嶂，建筑与自然山水浑然一体。此外，还有天后宫、文庙、大悲院、清真大寺、天尊阁、天成寺、大沽口炮台、望海楼教堂、广东会馆以及周恩来青年时代在天津市革命活动的纪念馆等。天津的建筑具有古建筑和现代建筑并存的特色，有"万国建筑博物馆"之称。由于开埠较早，且有 9 国租界，以风格各异的小洋楼为特色，保留着 19 世纪末 20 世纪初东西方各国的各类建筑一千多幢。天津市有驰名天下的四大民间艺术。"泥人张"彩塑艺术闻名全国，饮誉世界。"杨柳青年画"历史悠久，深受国际友人青睐。"魏记风筝"获 1914 年巴拿马国际博览会金奖。以"刻砖刘"为代表的建筑装饰砖雕，使天津刻砖成为中国独一无二的民间建筑工艺。

动植物生态资源：滨海地带多耐盐碱植物。树木有白蜡、槐、椿、柳、杨、泡桐等；近年来又发展了梨、枣、杏、桃、葡萄、苹果等林果。积水洼地生长有芦苇、菖蒲及人工栽培的菱、藕。北部山地盛产油松、侧柏核桃、板栗、红果、柿子。天津市保有一定数量的陆地动物，野生动物多属平原草原型，如野山羊、獐子、刺猬、松鼠和鸟类。陆上的坑塘、水库有淡水鱼类约计 30 种，产量较多的有鲤、青、草、鲢、梭等鱼种。

矿藏资源：已发现具有开采价值的矿藏资源有 20 多种。主要有锰、锰硼石、金、钨、钼、铜、铝、锌、石灰岩、大理石、麦饭石、重晶石、天然油石等多种金属和非金属，燃料矿主要有石油和天然气，埋藏在平原地下和渤海大陆架等。

产业发展：目前天津市已形成汽车及机械装备、微电子和通信设备、海洋化工和石油化工、优质钢管和优质钢材为重点的四大支柱产业，商贸、金融保险、交通运输、房地产等第三产业日益发达，成为对外开放最具活力的城市之一。国务院曾明确指示："天津是环渤海的经济中心，要努力建设成现代化的港口城市和我国北方重要的经济中心。"2006 年天津市人均指标达到 5170 美元，是我国继上海、北京之后，第三个常住人口人均生产总值超过 5000 美元的省份。农业商品化程度稳步提高，粮食生产以小麦、玉米、稻谷为主，经济作物主要有花生、棉花等，水果有苹果、梨、桃、枣、葡萄、柿子等，并盛产板栗、核桃和红果。天津市外临渤海，内接九河，有丰富的水产资源。海水产品有带鱼、黄花鱼、小黄鱼、对虾和贝类等，淡水产品有河蟹、鲤鱼、鲫鱼、鲢鳙、蛤蜊等。天津市的许多名优农产品驰名中外，"小站稻"以国家优质米的身份出口日本、古巴和东南亚，盘山的盖柿、天津板栗、紫蟹、银鱼等也在国内久负盛名。[①]

二 天津市的综合竞争力与未来发展定位

(一) 城市发展的综合竞争力

19 世纪中叶，天津市被辟为通商口岸，逐步发展成为当时中国北方最大的金融商贸中心，天津市也是近代中国工业创始基地之一与北方洋务运动的中心，20 世纪 20 年代，天津市也曾是当时民国政府的六个"特别市"。新中国成立后，则于 1953 年成为中央直辖市，此后，天津市不断发展、改造与提升自己，成为综合性工业基地与港口贸易中心；天津市油气资源丰富，港口区位优势明显。但是在 2005 年以前，天津市的综合竞争力在全国的位次并不与其直辖市地位相称（见表 7—3）。即使在综合竞争力下的二级指标排名方面，天津市的位次也不是十分理想。例如，以 2001 年的排名为例，天津市的国际化、人力资源与科技创新三项指标在全国大中城市中只居于第八位，城市基础设施建设水平排第七位，均低于综合实力第五位的位次（见表 7—4）。但是，随着滨海新区的开发开放和城市发展战略的进一步科学定位，近年来天津市在经济社会等各方面发展势头良好，综合竞争力水平呈上升趋势。在常住人口人均生产总值

---

① 参见《天津年鉴》1998 年版和《天津统计年鉴》2005 年版。2006 年的人口、GDP 以及城镇化率，摘自天津市政府工作报告。

表7—3　　　　　　　　　21 世纪初城市综合实力排名

年份\城市	2001	2002	2003	2004	附：1997
天津	5	7	7	5	4
上海	1	1	1	1	1
北京	2	4	3	2	2
广州	3	3	4	4	3
深圳	4	2	2	3	5

注：按经济指标和综合实力，天津市在 2004 年均排在第五位，参见中国社会科学院财贸所城市竞争力研究小组编制的 2005 年报告；1997 年的排名位次，则根据 1998 年 3 月 29 日的《经济日报》所载资料编制。

表7—4　　　　　　中国城市经济发展环境及竞争力分项指标比较　　　　单位：名

指标\城市	综合实力	基础设施	产业结构	科技创新	人力资源	影响力	国际化	经济发展环境
天津	5	7	6	8	8	7	8	5
上海	1	1	1	1	1	1	1	1
北京	2	2	4	1	2	2	2	3
深圳	3	3	2	3	3	6	3	2
广州	4	4	3	4	4	4	4	4
大连	6	4	7	6	7	5	5	6
青岛	7	6	5	10	10	8	7	14
南京	8	9	5	5	5	10	9	8
武汉	9	10	8	6	6	6	9	9
厦门	10	7	9	9	9	9	6	24

资料来源：据 2001 年第 22 期《中外房地产报》摘编。

指标方面，2006 年天津市人均指标达到 5170 美元，是我国继上海、北京之后，第三个常住人口人均生产总值超过 5000 美元的省份。

（二）国际性城市的战略定位

2006 年 9 月，天津市将拟定的"综改方案"上报国务院有关部门并获批复，国家将天津市未来发展目标定位为"国际港口城市、中国北方经济中心与生态城市"，这表明，未来天津市的发展定位是建设世界级的城市。"世界城市"的概念在我国的使用还不普遍,"国际化城市""国际化大都市"等,则是我国学术界及城市政府部门近年来经常提及的一个词。抛却以西方为中心的传统地缘政治观念,就城市在国际经济事务中的地位和功能作用而言,在世界城市网络体系中具有世界或地区性中心地位的大都市,都属于国际化城市,未来的天津市正是要建设成为这样的国际化大都市。正如前面提到的,进入21世纪以来,世界大城市的发展已经呈现大都市连绵区蓬勃发展的积极态势,就城镇化的空间演进规律而言,天津市建设成为国际化大都市的模式,必然是与北京一起组成双轴,与周边城市廊坊、唐山、秦皇岛等腹地城市一起,在推动环渤海大都市连绵区的进程中提升城镇化水平,这形成了天津市城市发展与城镇化演进的良性互动。

面临京津冀一体化进程加快的外部环境与滨海新区开发开放的有利机遇,天津市建设国际性大都市的步伐进一步加快,而城市经济的快速发展,必然为天津市城镇化的快速发展提供经济基础条件,从而大幅度提升天津在国内外的形象,极大地增强对腹地城市与农村的吸引力,这都为天津市城镇化向纵深阶段发展创造了良好的外部环境。

三 天津市城镇化所处阶段的判断

前文已经提到,中国的城镇化总体上处于加速阶段,但是户籍城镇化率还低于50%,即仍然没有基本完成城镇化;但是,作为居于东部沿海发达地区的直辖市,天津市的城镇化已经处在基本完成向成熟迈进的阶段,大大高于全国城镇化的平均水平。

根据国家城市统计年鉴,2005年天津市的城镇化率为59.87%,数值居于50%到70%的区间内,显然,如果根据城镇化率,在城镇化演进的三个阶段中,天津的城镇化处于基本完成向成熟迈进的阶段;从城镇化与经济发展水平的相关性来分析,2006年天津常住人口人均生产总值指标达到5170美元,处于人均3000美元到7000美元区间内。国际经验表明,这是城镇化处于基本完成向成熟迈进阶段的城市经济水平特征。上述两项指标也都说明,天津市城镇化发展水平总体上处在基本完成向成熟迈进的阶段。

而在经济全球化的现在,透视天津市城镇化总体概况与确定其未来城镇化发展的战略，不仅应考察其在全国城市体系中的状况，也应打量其在世界城市体系中的状况。按照全球影响力的强弱，国际化城市大体上可以分为两个等级：一是"世界城市"。在弗里德曼世界城市等级体系中，居于第一等级世界城市有纽约、东京、伦敦、巴黎、洛杉矶、芝加哥等几个国际性大都市，在全球经济事务中发挥着举足轻重的主导作用。二是国际性城市，这些城市的城镇化处于高度成熟阶段，具有很强的跨国影响力，如法兰克福、香港、多伦多、旧金山等，就是典型的第二等级国际性城市。

四　率先城镇化发展道路中的"两步走"

国家对天津市发展的定位、世界城市体系与大都市连绵区的发展态势，以及中国城镇化快速发展的总体发展战略要求，使得天津市城镇化的发展速度不同于中国普通的大城市，而应该走一条率先完成城镇化的发展道路。当然，率先城镇化的发展道路需要通过"两步走"来实现：两步走的战略：第一步，用 5 年左右的时间，转移城市所属地域内的富余农户，实现全市城镇化率达到 80% 的目标，建设以承载 2000 万人口的现代交通战略体系以及市政设施体系，在建设发达的城市内地铁与大公交的基础上，构建与周边腹地城市的快速城际铁路网，为第二步转移 800 万农村人口优化通勤条件，扩大城市辐射半径；第二步，用 5 年到 8 年左右的时间完成国家城镇化转移农户的数量配额，前面第六章中已经提到这个数量为 800 万农村人口，按照就近转移农户的目标城市选择原则，800 万农村人口来自周边省市。经过"两步走"，天津市总人口将达到1874.57 万，城镇化率为 90%，城市居民总人口为 1607.11 万。这个总人口数量，从天津市国际化大都市的战略定位以及"世界城市"人口规模、世界大都市连绵区人口规模来看，是适度的。

表 7—5　　　　　　　　天津率先城镇化指标一览　　　　　　单位：万人；%

年份 数据	2005	2010	2018
总人口	939.31	979.88	1874.57
非农人口	562.40	781.51	1607.11

续表

数据 \ 年份	2005	2010	2018
农业人口	376.91	198.37	267.46
城镇化率	59.87%	80%	90%

注：中华人民共和国成立以来，天津市人口变化大体经历了三个发展阶段：第一阶段从1949—1964年，是人口总量的高速增长阶段，人口年均递增率高达3.03%；第二阶段从1965—1979年，此阶段人口总量缓慢增长，人口年均递增率1.06%；第三阶段为1980年至今，人口总量平稳增长，1980—1990年人口年均递增率在1.27%，1990年至今人口增长率低于0.80%（见中国农业科学院农业资源与农业区划研究所姜文来、唐曲、雷波等撰写的学术专著《水资源管理学导论》第十八章第二节：首都圈农业水资源供需研究中的首都圈人口预测研究。本表中2010年和2018年的总人口测算考虑了人口自然增长的情况并按照0.80%的年增率计算天津市未来总人口数量，2010年总人口 = 939.31人（1 + 5 × 0.8%）= 979.88人，2018年总人口 = 939.31人（1 + 18 × 0.8%）+ 800 = 1874.57人。

表7—6 国际性城市人口规模

城市 \ 年份	1995	2015
天津	—	1874.57（2018年）
纽约	1633	1760
东京	2996	2889
首尔	1161	1298
圣保罗	1653	2032
孟买	1514	2622

资料来源：UN, Population Division, Urban Agglomeration, 1950 – 2015（the 1996 revision）。

第三节 天津市率先城镇化方案

一 天津市各辖区的城镇化率状况[①]

2005年天津市户籍人口939.31万，其中，非农业人口562.40万，

---

① 下面关于天津市城镇化率与人口的数据，均来自2006年天津统计年鉴。

占全市总人口的 59.87%，农业人口 376.91 万，仍占总人口的 40.13%；按户数计算。总户数约为 322.95 万户数，包括 206.68 万居民户与 116.27 万农户。

市内农业人口区县分布：六区（城区）中的和平区、河东区、河西区、南开区、河北区、红桥区，农业户数比值分别为 0.00、0.04、0.15、0.50、0.02、0.12；塘沽区、汉沽区、大港区农业户数百分比分别为 2.37、1.56、3.58；东丽区、西青区、津南区、北辰区、武清区（杨村镇）、宝坻区（城关镇），农业户数均超过非农业户数，为 7.48 万户、8.46 万户、9.58 万户、7.12 万户、20.09 万户、15.45 万户；宁河县（芦台镇）、静海县（静海镇）、蓟县（城关镇）分别为 7.69 万户、13.23 万户、18.83 万户，三个郊县的农户总量为 39.75 万户。

除去市内六区与由"汉沽大"组建而成的滨海新区，其他周边的六区和外边缘三县的农户数量较大，是城镇化发展的重点区域。当然，由于他们的地理位置、资源禀赋和经济水平现状不同，城镇化的路径也不一样。天津钢厂、泰达经济技术开发区与和平区已经实现了 100% 城镇化，但是 2005 年南开区农户数比 2004 年增加了 400 户，塘沽区增加了 600 户，这种"负城镇化"逆流，值得关注，并要防止其进一步扩大。

二　城镇化目标分解

上面已经提到，发达国家城镇化率现已达到 80%—90%，我国城镇化进程比发达欧美国家迟大半个世纪，也比新兴工业国韩国迟 30 年。作为经济条件好的东部沿海港口城市，天津市城镇化的任务更紧迫，按照"两步走"战略步骤，预计在 2018 年率先进入 90% 城镇化率的高度城镇化阶段。具体方案如下：

步骤：第一步，用 5 年左右的时间，转移城市所属地域内的农户，实现全市城镇化率达到 80% 的目标；第二步，用 8 年左右的时间完成国家城镇化转移农户 800 万的数量配额。

总体指导方针：（1）城市半径与通勤半径扩大。建设以承载 2000 万人口的现代交通战略体系以及市政设施体系，在建设发达的城市内地铁公交的基础上，构建与周边腹地城市的快速城际铁路网。（2）以迁移本市的三口之家农户为限，对外地人口进津，限于大学本科毕业生以上的人才，以及国家政策规定的人力资源调配与引进计划。（3）产业投资发展与安置就业捆绑。利用京津冀一体化进程加快的外部环境与滨海新区开发开放有利的机遇，发展造船、汽车、飞机制造以及通信产品制造，培训产业工人，扩大就业途径。（4）公共基础工程中的劳动密集型岗位，优先安排本市户籍的转移农民工，通过公共基础工程项目仍不能安置就业的本市进城农民工，通过财政资金先行拨付，由社会保障基金加以解决。（5）完善已有的村镇城镇化"占补式"发展经验，让农户转移进城后的宅基地、承包田充分流转起来，在不降低农业生产能力的基础上，通过最大化的土地出让与开发的工商收益，弥补先期的社会保障资金支付，做到盈亏平衡或有盈利，循环式的回流注入资金以支持城镇化。（6）利用好中央货币支持农户转移的资金，妥善安置进城农户的保护性就业、保障性住房与基本生活保障。（7）大批量地建设适合中低收入者的低价格"准公共住宅"，降低居住成本，增强对农户进城的"拉力"。（8）提高城市政府效率，为来津投资的国内外企业提供良好的低成本投资经营环境，增加就业机会。

操作细则：（1）转移农户主劳力就业。由天津市财政局、人力资源和社会保障局，以及负责公共工程的政府部门，安排公共工程就业；公共基础工程就业的用工选拔，限于从本市的转移进城农户人口中产生，由人力资源与社会保障局、用工单位组织技能培训与考试，择优选拔，培训与考试的费用由财政支付。（2）由天津市财政局、人力资源和社会保障局登记核实转移农户中未就业的家庭人口，建立专门的领取最低生活保障的证书，按月发给与天津市城市居民最低生活水平相适应的货币生活补贴，按600元／人／月的标准发放。（3）实施信息举报制，凡已享受生活补贴资金资助，而同时又享受六个月以上用工工资的，经向天津市财政局、人力资源和社会保障局举报，情况核实后，举报人每例可获千元奖励，由财政支付，人力资源和社会保障局通过银行发放。

区县的城镇化步骤与时间表：从农户的区域分布状况来看，天津市城镇化的重点区域在于宁河县、静海县、蓟县三个县，其次是城郊区，而城市中心六区中的河东区、河西区、南开区、河北区、红桥区、和平区，城镇化的主要任务是防止"负城镇化"的逆流。发展梯次如下：三郊县的城镇化→东丽区、西青区、津南区、北辰区、武清区（杨村镇）、宝坻区（城关镇）的城镇化→塘沽区、汉沽区、大港区→河东区、河西区、南开区、河北区、红桥区、和平区的城镇化。

三 以津南区为案例的测算

（一）5 年内的第一阶段城镇化

1. 津南区经济发展与城镇化状况介绍

津南区总体情况简介：津南区是天津市四个环城区之一，北部与宝坻区、西北部与武清区、西部与西青区毗邻，位于天津市东南部，海河下游的南岸。区总面积 420.72 平方公里，约 63 万亩，其中耕地 22 万亩，2005 年总人口 38.07 万人，其中农业人口 27.69 万人，城镇化率仅为 27.3%。城镇单位从业人员和乡村农林牧渔业从业人员，分别为 3.75 万人和 13.40 万人，有 8 个建制镇、173 个行政村。

城镇化与新型工业化战略的必要性：2005 年，津南区 GDP 达 85.70 亿元，农林牧渔总产值约为 5.84 亿元，占地区 GDP 的比例不到 10%，以 70% 的总人口在 22 万亩土地上辛勤耕耘，却只能创造不到 10% 的地区总财富，这充分说明了加快富余农户进城，充分流转土地，发展工业贸易，实施城镇化与新型工业化战略的必要性。

发展工商贸易型城市的区位优势：津南区在天津市环城区中的经济地理区位优势最明显，区政府所在地咸水沽镇是天津的卫星城镇之一，距天津市中心区 12 公里，距天津港 30 公里，距天津滨海国际机场 20 公里，距天津铁路站 27 公里，距京津塘高速公路 12 公里，离首都北京仅需 1 小时的车程。优越的区位优势，使得津南区接受滨海新区辐射能力，在天津环城各区中最强，主动纳入大滨海与天津国际港口城市建设的战略版图，无论对于城镇化的快速发展，还是经济现代化，都有现实的战略意义与可能性。

已有产业基础：津南区拥有工业企业 3000 多家，兴办外商投资企业 300 多家，外商投资额达 6 亿美元以上。业已形成机械、化工、轻工、冶金、纺织、建材、服装、铸造、金属制品、电子仪表、环保设备等 20 多个工业门类。工、商、建、运、服全面发展。市政府批准的津南经济开发区，分设在毗邻市区的双港镇和邻近天津港口的双桥河镇，是全区对外开放的窗口，海内外客商投资的基地。全区各镇建立的工业园区，成为吸引内外资项目的载体。经过几年的建设，开发区和工业园区均已具备良好的投资条件，并且制定了非常优惠的投资鼓励政策。

从上述分析中可以看出，津南区虽然拥有交通区位优势以及产业基础优势，但是城镇化仍处在加速发展的"前夜"，获得货币支持富余农户转移进城，运营转移农地获得占补资金，发展现代工商业，积极稳健地发展城镇化，应成为 21 世纪津南区重要的发展战略与现代化实现路径。

2. 目标分解与具体操作方案

（1）转移数量总目标与年度目标分解

推进小站镇、葛沽镇与八里台镇的快速城镇化，在此基础上，加大转移力度。

$\xi_0 = 27.3\%$，$\xi = 90\%$，$u = 39.59$ 万人，$U_0 = 38.07$ 万人，$n = 5$，由此绘成表7—7。

表7—7　　　　　　　天津市津南区第一阶段城镇化时间表

时间 项目	2005 年	5 年后
总人口	38.07 万人	39.59 万人*
城镇化率	27.3%	90%

注：* 人口自然增长率按天津市平均值 0.8% 确定，5 年后津南区总人口 = 38.07（1 + 4%）= 39.59 万人。

目标分解：

$P_{\Delta u} = P_u - P_{u0} = U \times \xi - U_0 \times \xi_0 = 35.631$ 万人 – 10.393 万人 = 25.238 万人

$P_{\Delta un} = 25.238$ 万人/3 = 8.46 万户

$P_{\Delta un3} = P_{\Delta u}/3n = 1.68$ 万户

$P_{\Delta un1} = P_{\Delta u}/3n = 1.68$ 万人

$P_{\Delta un2} = 2P_{\Delta u11} = 3.36$ 万人

$P_{\Delta un1}$：每年政府调控体系安排保护性就业的进城农民数量，三口之家只安排一人就业

$P_{\Delta un2}$：每年进城农户中因未就业而享受最低生活保障的人口数量

$P_{\Delta un3}$：每年政府调控体系安排保护性就业的进城农户数量

（2）年度货币支付资金量

安置农户就业与社会保障的货币总需求量计算，带入第五章模型中的函数公式，并做如下假设：（1）假设迁移进城的农户为三口之家，每户安排一人，其余两人享受低保；（2）假设进城未就业的农户人口按每月 600 元标准发放[①]，我们得到：

每户农户进城家庭的生活保障货币量 = 衣食的温饱型成本月 600 元/人 × 2 人/月 = 1200 元/月

$Hmbt$ = 1200 元/月 × 12 月 = 14400 元/年/户

$Hmat$ = 1200 元/月 × 12 月 = 14400 元/年/人

又假设：房屋一次性建成，并有 70 年以上使用寿命，而城镇化发展期限为 5 年，可得到：

Hmc = 60 平方米/户 × 600 元/平方米 = 36000 元/户

$Hmct$ = 36000 元/户 ÷ 5 年 = 7200 元/户/年

$Hmt = Hmat + Hmbt + Hmct$ = 14400 元/户/年 + 14400 元/户/年 + 7200 元/户/年 = 36000 元/户/年

（3）对高于全国平均生活保障水平的货币需求分析

由本书第六章第五节"以中国为案例的总体测算"可知，全国平均每户年生活保障货币需求总量为 28000 元/户/年，而在津南区，这个相关数值为 36000 元/年，于是：

ΔHmt = 36000 元/户/年 − 28000 元/户/年 = 8000 元/户/年

由于津南区第一阶段的城镇化 5 年完成，总农户数 8.46 万户，因而我们又可推算出：

$\Delta Md = \Delta Mdt$ × 5 年 × 8.46 万户 = 33.84 亿

（4）"投入—产出"的风险收益分析

可能的风险是：投入增发货币后，能否有高回报？

由前面津南区经济地理概况可知，该区人均拥有土地 1.65 亩，三口之家则拥有 4.95 亩地。假设农户转移进城后，每户有 2.00 亩地用作房地

---

① 对转移进入天津城市的农户人口，补贴适当高于全国平均水平。参见本书第六章第五节："以中国为案例的总体测算"。

产开发，0.40 亩地为工商租赁用地，则 $D = 2.4$ 亩/户 $\times 8.46$ 万户 $= 20.3$ 万亩。

以每亩地 5 万元转让开发，开发期 20 年到 40 年，那么：

土地总收益 $= 20.3$ 万亩 $\times 5$ 万元 $= 101.50$ 亿元

在城镇化第一阶段的 5 年内，我们可以推算出：

总净收益 $=$ 土地总收益 $- \Delta Md = 101.50$ 亿元 $- 33.84$ 亿元 $= 67.66$ 亿元

如此看来，对高出全国平均生活水平的 33.84 亿元进行补偿后，还剩余 67.66 亿元可支配资金，可以说，这样的城镇化发展模式没有经济风险。

结论：对天津市等区域性中心城市和具有国际大都市潜力的超大或特大城市，因为转移的土地被用来作为工商用地的升值机会和空间很大，所以，投入支持货币后，部分转移土地开发后的货币产出远远大于投入。津南区的分析就表明，如 5 年投入 33.84 亿元支持 8.46 万富余农户转移，该区城镇化率可达到 90%，靠运营部分转移农地，加上中央财政和外汇分拨的相应额度，不仅填补了投入货币的缺口，还可得到盈余资金 67.66 亿元；对这些盈余资金的使用，应统筹保管，以预备不时之需。

（二）津南区第二阶段城镇化

前文已指出，天津市承担 800 万的周边省市富余农业人口的迁移任务，津南区应分担相应的份额。对这部分农户的迁入，年生活标准按全国平均标准 28000 元/户执行。对特殊困难户，经申请，可动用上述 67.66 亿元的盈余资金，解决他们的生活困难。

与东部沿海某发达地区的土地以 2000 万元/亩的价格出让相比，上述对津南区转让土地开发权，按照 5 万元/亩的转让价格测算来分析宏观经济安全，已经是非常保守了。

其他区县则可参照津南区相关的做法，分类实施"两步走"城镇化战略。

结论：像天津市这样的未来国际大都市，上述方案在经济上基本无风险。

（三）天津率先城镇化中的其他风险与规避

1. 尽管天津市人均生产总值已超过 5000 美元，但仍面临经济结构不尽合理、经济体制改革有待进一步深化、自主创新能力不够强、节约能源资源和保护生态环境任务艰巨等诸多困难和发展压力。特别是在防范沙尘暴袭击所构建的林草工程方面，必须进一步采取更有效的措施，为今后城镇化稳健快速的发展和经济社会全面协调与可持续发展，特别是发挥城镇化稳增长、调结构等黄金结合点效应，创造良好的生态环境。

2. 水资源：在考虑南水北调对农业补给的情况下，2010 年天津市仍缺水 2.91 亿立方米，到 2020 年，天津市依然缺水 1.13 亿立方米，应通过节约用水技术的实施和海水淡化技术的突破，规避该类风险。

综上所述，采用本章提出的系列制度安排和政策模式，能够有效推动天津市城镇化稳健快速发展，在全国率先实现城镇化。与此同时，经济社会和生态环境的风险，也能在采取相应配套措施后，得到有效的规避。

附　录

国家新型城镇化规划与相关政策

国家新型城镇化规划（2014—2020 年）

目录

第五篇 提高城市可持续发展能力

第八篇　规划实施

第二十八章　加强组织协调

第二十九章　强化政策统筹

第三十章　开展试点示范

第三十一章　健全监测评估

国家新型城镇化规划（2014—2020 年），根据中国共产党第十八次全国代表大会报告、《中共中央关于全面深化改革若干重大问题的决定》、中央城镇化工作会议精神、《中华人民共和国国民经济和社会发展第十二个五年规划纲要》和《全国主体功能区规划》编制，按照走中国特色新型城镇化道路、全面提高城镇化质量的新要求，明确未来城镇化的发展路径、主要目标和战略任务，统筹相关领域制度和政策创新，是指导全国城镇化健康发展的宏观性、战略性、基础性规划。

第一篇　规划背景

我国已进入全面建成小康社会的决定性阶段，正处于经济转型升级、加快推进社会主义现代化的重要时期，也处于城镇化深入发展的关键时期，必须深刻认识城镇化对经济社会发展的重大意义，牢牢把握城镇化蕴含的巨大机遇，准确研判城镇化发展的新趋势新特点，妥善应对城镇化面临的风险挑战。

第一章　重大意义

城镇化是伴随工业化发展，非农产业在城镇集聚、农村人口向城镇集中的自然历史过程，是人类社会发展的客观趋势，是国家现代化的重要标志。按照建设中国特色社会主义五位一体总体布局，顺应发展规律，因势利导，趋利避害，积极稳妥扎实有序推进城镇化，对全面建成小康社会、加快社会主义现代化建设进程、实现中华民族伟大复兴的中国梦，具有重大现实意义和深远历史意义。

——城镇化是现代化的必由之路。工业革命以来的经济社会发展史表明，一国要成功实现现代化，在工业化发展的同时，必须注重城镇化发展。当今中国，城镇化与工业化、信息化和农业现代化同步发展，是现代化建设的核心内容，彼此相辅相成。工业化处于主导地位，是发展的动力；农业现代化是重要基础，是发展的根基；信息化具有后发优势，为发展注入新的活力；城镇化是载体和平台，承载工业化和信息化发展空间，带动农业现代化加快发展，发挥着不可替代的融合作用。

——城镇化是保持经济持续健康发展的强大引擎。内需是我国经济发展的根本动力，扩大内需的最大潜力在于城镇化。目前我国常住人口城镇化率为53.7%，户籍人口城镇化率只有36%左右，不仅远低于发达国家80%的平均水平，也低于人均收入与我国相近的发展中国家60%的平均水平，还有较大的发展空间。城镇化水平持续提高，会使更多农民通过转移就业提高收入，通过转为市民享受更好的公共服务，从而使城镇消费群体不断扩大、消费结构不断升级、消费潜力不断释放，也会带来城市基础设施、公共服务设施和住宅建设等巨大投资需求，这将为经济发展提供持续的动力。

——城镇化是加快产业结构转型升级的重要抓手。产业结构转型升级是转变经济发展方式的战略任务，加快发展服务业是产业结构优化升级的主攻方向。目前我国服务业增加值占国内生产总值比重仅为46.1%，与发达国家74%的平均水平相距甚远，与中等收入国家53%的平均水平也有较大差距。城镇化与服务业发展密切相关，服务业是就业的最大容纳器。城镇化过程中的人口集聚、生活方式的变革、生活水平的提高，都会扩大生活性服务需求；生产要素的优化配置、三次产业的联动、社会分工的细化，也会扩大生产性服务需求。城镇化带来的创新要素集聚和知识传播扩散，有利于增强创新活力，驱动传统产业升级和新兴产业发展。

——城镇化是解决农业农村农民问题的重要途径。我国农村人口过多、农业水土资源紧缺，在城乡二元体制下，土地规模经营难以推行，传统生产方式难以改变，这是"三农"问题的根源。我国人均耕地仅0.1公顷，农户户均土地经营规模约0.6公顷，远远达不到农业规模化经营的门槛。城镇化总体上有利于集约节约利用土地,为发展现代农业腾出宝贵空间。随着农村人口逐步向城镇转移,农民人均资源占有量相应增加,可以促进农业生产规模化和机械化,提高农业现代化水平和农民生活水平。城镇经济实力提升,会进一步增强以工促农、以城带乡能力,加快农村经济社会发展。

——城镇化是推动区域协调发展的有力支撑。改革开放以来,我国东部沿海地区率先开放发展,形成了京津冀、长江三角洲、珠江三角洲等一批城市群,有力推动了东部地区快速发展,成为国民经济重要的增长极。但与此同时,中西部地区发展相对滞后,一个重要原因就是城镇化发展很不平衡,中西部城市发育明显不足。目前东部地区常住人口城镇化率达到62.2%,而中部、西部地区分别只有48.5%、44.8%。随着西部大开发和中部崛起战略的深入推进,东部沿海地区产业转移加快,在中西部资源环境承载能力较强地区,加快城镇化进程,培育形成新的增长极,有利于促进经济增长和市场空间由东向西、由南向北梯次拓展,推动人口经济布局更加合理、区域发展更加协调。

——城镇化是促进社会全面进步的必然要求。城镇化作为人类文明进步的产物,既能提高生产活动效率,又能富裕农民、造福人民,全面提升生活质量。随着城镇经济的繁荣,城镇功能的完善,公共服务水平和生态环境质量的提升,人们的物质生活会更加殷实充裕,精神生活会更加丰富多彩;随着城乡二元体制逐步破除,城市内部二元结构矛盾逐步化解,全体人民将共享现代文明成果。这既有利于维护社会公平正义、消除社会风险隐患,也有利于促进人的全面发展和社会和谐进步。

第二章　发展现状

改革开放以来,伴随着工业化进程加速,我国城镇化经历了一个起点低、速度快的发展过程。1978—2013年,城镇常住人口从1.7亿人增加到7.3亿人,城镇化率从17.9%提升到53.7%,年均提高1.02个百分点;城市数量从193个增加到658个,建制镇数量从2173个增加到20113个。京津冀、长江三角洲、珠江三角洲三大城市群,以2.8%的国土面积集聚了18%的人口,创造了36%的国内生产总值,成为带动我国经济快速增长和参与国际经济合作与竞争的主要平台。城市水、电、路、气、信息网络等基础设施显著改善，教育、医疗、文化体育、社会保障等公共服务水平明显提高，人均住宅、公园绿地面积大幅增加。城镇化的快速推进，吸纳了大量农村劳动力转移就业，提高了城乡生产要素配置效率，推动了国民经济持续快速发展，带来了社会结构深刻变革，促进了城乡居民生活水平全面提升，取得的成就举世瞩目。

表1   **城市（镇）数量和规模变化情况**   单位：个

	1978 年	2010 年
城市	193	658
1000 万以上人口城市	0	6
500 万—1000 万人口城市	2	10
300 万—500 万人口城市	2	21
100 万—300 万人口城市	25	103
50 万—100 万人口城市	35	138
50 万以下人口城市	129	380
建制镇	2173	19410

注：2010 年数据根据第六次全国人口普查数据整理。

    在城镇化快速发展过程中，也存在一些必须高度重视并着力解决的突出矛盾和问题。

    ——大量农业转移人口难以融入城市社会，市民化进程滞后。目前农民工已成为我国产业工人的主体，受城乡分割的户籍制度影响，被统计为城镇人口的 2.34 亿农民工及其随迁家属，未能在教育、就业、医疗、养老、保障性住房等方面享受城镇居民的基本公共服务，产城融合不紧密，产业集聚与人口集聚不同步，城镇化滞后于工业化。城镇内部出现新的二元矛盾，农村留守儿童、妇女和老人问题日益凸显，给经济社会发展带来诸多风险隐患。

表 2   城市基础设施和服务设施变化情况

指标	2000 年	2012 年
用水普及率（%）	63.9	97.2
燃气普及率（%）	44.6	93.2
人均道路面积（平方米）	6.1	14.4
人均住宅建筑面积（平方米）	20.3	32.9
污水处理率（%）	34.3	87.3
人均公园绿地面积（平方米）	3.7	12.3
普通中学（所）	14473	17333
病床数（万张）	142.6	273.3

——"土地城镇化"快于人口城镇化，建设用地粗放低效。一些城市"摊大饼"式扩张，过分追求宽马路、大广场，新城新区、开发区和工业园区占地过大，建成区人口密度偏低。1996—2012 年，全国建设用地年均增加 724 万亩，其中城镇建设用地年均增加 357 万亩；2010—2012 年，全国建设用地年均增加 953 万亩，其中城镇建设用地年均增加 515 万亩。2000—2011 年，城镇建成区面积增长 76.4%，远高于城镇人口 50.5%的增长速度；农村人口减少 1.33 亿人，农村居民点用地却增加了 3045 万亩。一些地方过度依赖土地出让收入和土地抵押融资推进城镇建设，加剧了土地粗放利用，浪费了大量耕地资源，威胁到国家粮食安全和生态安全，也加大了地方政府性债务等财政金融风险。

——城镇空间分布和规模结构不合理，与资源环境承载能力不匹配。东部一些城镇密集地区资源环境约束趋紧，中西部资源环境承载能力较强地区的城镇化潜力有待挖掘；城市群布局不尽合理，城市群内部分工协作不够、集群效率不高；部分特大城市主城区人口压力偏大，与综合承载能力之间的矛盾加剧；中小城市集聚产业和人口不足，潜力没有得到充分发挥；小城镇数量多、规模小、服务功能弱，这些都增加了经济社会和生态环境成本。

——城市管理服务水平不高，"城市病"问题日益突出。一些城市空间无序开发、人口过度集聚，重经济发展、轻环境保护，重城市建设、轻管理服务，交通拥堵问题严重，公共安全事件频发，城市污水和垃圾处理能力不足，大气、水、土壤等环境污染加剧，城市管理运行效率不高，公共服务供给能力不足，城中村和城乡接合部等外来人口集聚区人居环境较差。

——自然历史文化遗产保护不力，城乡建设缺乏特色。一些城市景观结构与所处区域的自然地理特征不协调，部分城市贪大求洋、照搬照抄，脱离实际建设国际大都市，"建设性"破坏不断蔓延，城市的自然和文化个性被破坏。一些农村地区大拆大建，照搬城市小区模式建设新农村，简单用城市元素与风格取代传统民居和田园风光，导致乡土特色和民俗文化流失。

——体制机制不健全，阻碍了城镇化健康发展。现行城乡分割的户籍管理、土地管理、社会保障制度，以及财税金融、行政管理等制度，固化着已经形成的城乡利益失衡格局，制约着农业转移人口市民化，阻碍着城乡发展一体化。

第三章　发展态势

根据世界城镇化发展普遍规律，我国仍处于城镇化率30%—70%的快速发展区间，但延续过去传统粗放的城镇化模式，会带来产业升级缓慢、资源环境恶化、社会矛盾增多等诸多风险，可能落入"中等收入陷阱"，进而影响现代化进程。随着内外部环境和条件的深刻变化，城镇化必须进入以提升质量为主的转型发展新阶段。

——城镇化发展面临的外部挑战日益严峻。在全球经济再平衡和产业格局再调整的背景下，全球供给结构和需求结构正在发生深刻变化，庞大生产能力与有限市场空间的矛盾更加突出，国际市场竞争更加激烈，我国面临产业转型升级和消化严重过剩产能的挑战巨大；发达国家能源资源消费总量居高不下，人口庞大的新兴市场国家和发展中国家对能源资源的需求迅速膨胀，全球资源供需矛盾和碳排放权争夺更加尖锐，我国能源资源和生态环境面临的国际压力前所未有，传统高投入、高消耗、高排放的工业化城镇化发展模式难以为继。

——城镇化转型发展的内在要求更加紧迫。随着我国农业富余劳动力减少和人口老龄化程度提高，主要依靠劳动力廉价供给推动城镇化快速发展的模式不可持续；随着资源环境瓶颈制约日益加剧，主要依靠土地等资源粗放消耗推动城镇化快速发展的模式不可持续；随着户籍人口与外来人口公共服务差距造成的城市内部二元结构矛盾日益凸显，主要依靠非均等化基本公共服务压低成本推动城镇化快速发展的模式不可持续。工业化、信息化、城镇化和农业现代化发展不同步，导致农业根基不稳、城乡区域差距过大、产业结构不合理等突出问题。我国城镇化发展由速度型向质量型转型势在必行。

——城镇化转型发展的基础条件日趋成熟。改革开放 30 多年来我国经济快速增长，为城镇化转型发展奠定了良好物质基础。国家着力推动基本公共服务均等化，为农业转移人口市民化创造了条件。交通运输网络的不断完善、节能环保等新技术的突破应用，以及信息化的快速推进，为优化城镇化空间布局和形态，推动城镇可持续发展提供了有力支撑。各地在城镇化方面的改革探索，为创新体制机制积累了经验。

第二篇　指导思想和发展目标

我国城镇化是在人口多、资源相对短缺、生态环境比较脆弱、城乡区域发展不平衡的背景下推进的，这决定了我国必须从社会主义初级阶段这个最大实际出发，遵循城镇化发展规律，走中国特色新型城镇化道路。

第四章　指导思想

高举中国特色社会主义伟大旗帜，以邓小平理论、"三个代表"重要思想、科学发展观为指导，紧紧围绕全面提高城镇化质量，加快转变城镇化发展方式，以人的城镇化为核心，有序推进农业转移人口市民化；以城市群为主体形态，推动大中小城市和小城镇协调发展；以综合承载能力为支撑，提升城市可持续发展水平；以体制机制创新为保障，通过改革释放城镇化发展潜力，走以人为本、四化同步、优化布局、生态文明、文化传承的中国特色新型城镇化道路，促进经济转型升级和社会和谐进步，为全面建成小康社会、加快推进社会主义现代化、实现中华民族伟大复兴的中国梦奠定坚实基础。

要坚持以下基本原则：

——以人为本，公平共享。以人的城镇化为核心，合理引导人口流动，有序推进农业转移人口市民化，稳步推进城镇基本公共服务常住人口全覆盖，不断提高人口素质，促进人的全面发展和社会公平正义，使全体居民共享现代化建设成果。

——四化同步，统筹城乡。推动信息化和工业化深度融合、工业化和城镇化良性互动、城镇化和农业现代化相互协调，促进城镇发展与产业支撑、就业转移和人口集聚相统一，促进城乡要素平等交换和公共资源均衡配置，形成以工促农、以城带乡、工农互惠、城乡一体的新型工农、城乡关系。

——优化布局，集约高效。根据资源环境承载能力构建科学合理的城镇化宏观布局，以综合交通网络和信息网络为依托，科学规划建设城市群，严格控制城镇建设用地规模，严格划定永久基本农田，合理控制城镇开发边界，优化城市内部空间结构，促进城市紧凑发展，提高国土空间利用效率。

——生态文明，绿色低碳。把生态文明理念全面融入城镇化进程，着力推进绿色发展、循环发展、低碳发展，节约集约利用土地、水、能源等资源，强化环境保护和生态修复，减少对自然的干扰和损害，推动形成绿色低碳的生产生活方式和城市建设运营模式。

——文化传承，彰显特色。根据不同地区的自然历史文化禀赋，体现区域差异性，提倡形态多样性，防止千城一面，发展有历史记忆、文化脉络、地域风貌、民族特点的美丽城镇，形成符合实际、各具特色的城镇化发展模式。

——市场主导，政府引导。正确处理政府和市场关系，更加尊重市场规律，坚持使市场在资源配置中起决定性作用，更好发挥政府作用，切实履行政府制定规划政策、提供公共服务和营造制度环境的重要职责，使城镇化成为市场主导、自然发展的过程，成为政府引导、科学发展的过程。

——统筹规划，分类指导。中央政府统筹总体规划、战略布局和制度安排，加强分类指导；地方政府因地制宜、循序渐进抓好贯彻落实；尊重基层首创精神，鼓励探索创新和试点先行，凝聚各方共识，实现重点突破，总结推广经验，积极稳妥扎实有序推进新型城镇化。

第五章 发展目标

——城镇化水平和质量稳步提升。城镇化健康有序发展，常住人口城镇化率达到60%左右，户籍人口城镇化率达到45%左右，户籍人口城镇化率与常住人口城镇化率差距缩小2个百分点左右，努力实现1亿左右农业转移人口和其他常住人口在城镇落户。

——城镇化格局更加优化。"两横三纵"为主体的城镇化战略格局基本形成，城市群集聚经济、人口能力明显增强，东部地区城市群一体化水平和国际竞争力明显提高，中西部地区城市群成为推动区域协调发展的新的重要增长极。城市规模结构更加完善，中心城市辐射带动作用更加突出，中小城市数量增加，小城镇服务功能增强。

——城市发展模式科学合理。密度较高、功能混用和公交导向的集约紧凑型开发模式成为主导，人均城市建设用地严格控制在100平方米以内，建成区人口密度逐步提高。绿色生产、绿色消费成为城市经济生活的主流，节能节水产品、再生利用产品和绿色建筑比例大幅提高。城市地下管网覆盖率明显提高。

——城市生活和谐宜人。稳步推进义务教育、就业服务、基本养老、基本医疗卫生、保障性住房等城镇基本公共服务覆盖全部常住人口，基础设施和公共服务设施更加完善，消费环境更加便利，生态环境明显改善，空气质量逐步好转，饮用水安全得到保障。自然景观和文化特色得到有效保护，城市发展个性化，城市管理人性化、智能化。

——城镇化体制机制不断完善。户籍管理、土地管理、社会保障、财税金融、行政管理、生态环境等制度改革取得重大进展，阻碍城镇化健康发展的体制机制障碍基本消除。

第三篇 有序推进农业转移人口市民化

按照尊重意愿、自主选择，因地制宜、分步推进，存量优先、带动增量的原则，以农业转移人口为重点，兼顾高校和职业技术院校毕业生、城镇间异地就业人员和城区城郊农业人口，统筹推进户籍制度改革和基本公共服务均等化。

第六章　推进符合条件农业转移人口落户城镇

逐步使符合条件的农业转移人口落户城镇，不仅要放开小城镇落户限制，也要放宽大中城市落户条件。

第一节　健全农业转移人口落户制度

各类城镇要健全农业转移人口落户制度，根据综合承载能力和发展潜力，以就业年限、居住年限、城镇社会保险参保年限等为基准条件，因地制宜制定具体的农业转移人口落户标准，并向全社会公布，引导农业转移人口在城镇落户的预期和选择。

第二节　实施差别化落户政策

以合法稳定就业和合法稳定住所（含租赁）等为前置条件，全面放开建制镇和小城市落户限制，有序放开城区人口 50 万—100 万的城市落户限制，合理放开城区人口 100 万—300 万的大城市落户限制，合理确定城区人口 300 万—500 万的大城市落户条件，严格控制城区人口 500 万以上的特大城市人口规模。大中城市可设置参加城镇社会保险年限的要求，但最高年限不得超过 5 年。特大城市可采取积分制等方式设置阶梯式落户通道调控落户规模和节奏。

第七章　推进农业转移人口享有城镇基本公共服务

农村劳动力在城乡间流动就业是长期现象，按照保障基本、循序渐进的原则，积极推进城镇基本公共服务由主要对本地户籍人口提供向对常住人口提供转变，逐步解决在城镇就业居住但未落户的农业转移人口享有城镇基本公共服务问题。

第一节　保障随迁子女平等享有受教育权利

建立健全全国中小学生学籍信息管理系统，为学生学籍转接提供便捷服务。将农民工随迁子女义务教育纳入各级政府教育发展规划和财政保障范畴，合理规划学校布局，科学核定教师编制，足额拨付教育经费，保障农民工随迁子女以公办学校为主接受义务教育。对未能在公办学校就学的，采取政府购买服务等方式，保障农民工随迁子女在普惠性民办学校接受义务教育的权利。逐步完善农民工随迁子女在流入地接受中等职业教育免学费和普惠性学前教育的政策，推动各地建立健全农民工随迁子女接受义务教育后在流入地参加升学考试的实施办法。

第二节　完善公共就业创业服务体系

加强农民工职业技能培训，提高就业创业能力和职业素质。整合职业教育和培训资源，全面提供政府补贴职业技能培训服务。强化企业开展农民工岗位技能培训责任，足额提取并合理使用职工教育培训经费。鼓励高等学校、各类职业院校和培训机构积极开展职业教育和技能培训，推进职业技能实训基地建设。

鼓励农民工取得职业资格证书和专项职业能力证书，并按规定给予职业技能鉴定补贴。加大农民工创业政策扶持力度，健全农民工劳动权益保护机制。实现就业信息全国联网，为农民工提供免费的就业信息和政策咨询。

第三节　扩大社会保障覆盖面

扩大参保缴费覆盖面，适时适当降低社会保险费率。完善职工基本养老保险制度，实现基础养老金全国统筹，鼓励农民工积极参保、连续参保。依法将农民工纳入城镇职工基本医疗保险，允许灵活就业农民工参加当地城镇居民基本医疗保险。完善社会保险关系转移接续政策，在农村参加的养老保险和医疗保险规范接入城镇社保体系，建立全国统一的城乡居民基本养老保险制度，整合城乡居民基本医疗保险制度。强化企业缴费责任，扩大农民工参加城镇职工工伤保险、失业保险、生育保险比例。推进商业保险与社会保险衔接合作，开办各类补充性养老、医疗、健康保险。

第四节　改善基本医疗卫生条件

根据常住人口配置城镇基本医疗卫生服务资源，将农民工及其随迁家属纳入社区卫生服务体系，免费提供健康教育、妇幼保健、预防接种、传染病防控、计划生育等公共卫生服务。加强农民工聚居地疾病监测、疫情处理和突发公共卫生事件应对。鼓励有条件的地方将符合条件的农民工及其随迁家属纳入当地医疗救助范围。

第五节 拓宽住房保障渠道

采取廉租住房、公共租赁住房、租赁补贴等多种方式改善农民工居住条件。完善商品房配建保障性住房政策，鼓励社会资本参与建设。农民工集中的开发区和产业园区可以建设单元型或宿舍型公共租赁住房，农民工数量较多的企业可以在符合规定标准的用地范围内建设农民工集体宿舍。审慎探索由集体经济组织利用农村集体建设用地建设公共租赁住房。把进城落户农民完全纳入城镇住房保障体系。

第八章 建立健全农业转移人口市民化推进机制

强化各级政府责任，合理分担公共成本，充分调动社会力量，构建政府主导、多方参与、成本共担、协同推进的农业转移人口市民化机制。

第一节 建立成本分担机制

建立健全由政府、企业、个人共同参与的农业转移人口市民化成本分担机制，根据农业转移人口市民化成本分类，明确成本承担主体和支出责任。

政府要承担农业转移人口市民化在义务教育、劳动就业、基本养老、基本医疗卫生、保障性住房以及市政设施等方面的公共成本。企业要落实农民工与城镇职工同工同酬制度，加大职工技能培训投入，依法为农民工缴纳职工养老、医疗、工伤、失业、生育等社会保险费用。农民工要积极参加城镇社会保险、职业教育和技能培训等，并按照规定承担相关费用，提升融入城市社会的能力。

第二节 合理确定各级政府职责

中央政府负责统筹推进农业转移人口市民化的制度安排和政策制定，省级政府负责制定本行政区农业转移人口市民化总体安排和配套政策，市县政府负责制定本行政区城市和建制镇农业转移人口市民化的具体方案和实施细则。各级政府根据基本公共服务的事权划分，承担相应的财政支出责任，增强农业转移人口落户较多地区政府的公共服务保障能力。

第三节　完善农业转移人口社会参与机制

推进农民工融入企业、子女融入学校、家庭融入社区、群体融入社会，建设包容性城市。提高各级党代会代表、人大代表、政协委员中农民工的比例，积极引导农民工参加党组织、工会和社团组织，引导农业转移人口有序参政议政和参加社会管理。加强科普宣传教育，提高农民工科学文化和文明素质，营造农业转移人口参与社区公共活动、建设和管理的氛围。城市政府和用工企业要加强对农业转移人口的人文关怀，丰富其精神文化生活。

第四篇　优化城镇化布局和形态

根据土地、水资源、大气环流特征和生态环境承载能力，优化城镇化空间布局和城镇规模结构，在《全国主体功能区规划》确定的城镇化地区，按照统筹规划、合理布局、分工协作、以大带小的原则，发展集聚效率高、辐射作用大、城镇体系优、功能互补强的城市群，使之成为支撑全国经济增长、促进区域协调发展、参与国际竞争合作的重要平台。构建以陆桥通道、沿长江通道为两条横轴，以沿海、京哈京广、包昆通道为三条纵轴，以轴线上城市群和节点城市为依托、其他城镇化地区为重要组成部分，大中小城市和小城镇协调发展的"两横三纵"城镇化战略格局。

第九章　优化提升东部地区城市群

东部地区城市群主要分布在优化开发区域，面临水土资源和生态环境压力加大、要素成本快速上升、国际市场竞争加剧等制约，必须加快经济转型升级、空间结构优化、资源永续利用和环境质量提升。

京津冀、长江三角洲和珠江三角洲城市群，是我国经济最具活力、开放程度最高、创新能力最强、吸纳外来人口最多的地区，要以建设世界级城市群为目标，继续在制度创新、科技进步、产业升级、绿色发展等方面走在全国前列，加快形成国际竞争新优势，在更高层次参与国际合作和竞争，发挥其对全国经济社会发展的重要支撑和引领作用。科学定位各城市功能，增强城市群内中小城市和小城镇的人口经济集聚能力，引导人口和产业由特大城市主城区向周边和其他城镇疏散转移。依托河流、湖泊、山峦等自然地理格局建设区域生态网络。

东部地区其他城市群，要根据区域主体功能定位，在优化结构、提高效益、降低消耗、保护环境的基础上，壮大先进装备制造业、战略性新兴产业和现代服务业，推进海洋经济发展。充分发挥区位优势，全面提高开放水平，集聚创新要素，增强创新能力，提升国际竞争力。统筹区域、城乡基础设施网络和信息网络建设，深化城市间分工协作和功能互补，加快一体化发展。

第十章　培育发展中西部地区城市群

中西部城镇体系比较健全、城镇经济比较发达、中心城市辐射带动作用明显的重点开发区域，要在严格保护生态环境的基础上，引导有市场、有效益的劳动密集型产业优先向中西部转移，吸纳东部返乡和就近转移的农民工，加快产业集群发展和人口集聚，培育发展若干新的城市群，在优化全国城镇化战略格局中发挥更加重要作用。

加快培育成渝、中原、长江中游、哈长等城市群，使之成为推动国土空间均衡开发、引领区域经济发展的重要增长极。加大对内对外开放力度，有序承接国际及沿海地区产业转移，依托优势资源发展特色产业，加快新型工业化进程，壮大现代产业体系，完善基础设施网络，健全功能完备、布局合理的城镇体系，强化城市分工合作，提升中心城市辐射带动能力，形成经济充满活力、生活品质优良、生态环境优美的新型城市群。依托陆桥通道上的城市群和节点城市，构建丝绸之路经济带，推动形成与中亚乃至整个欧亚大陆的区域大合作。

中部地区是我国重要粮食主产区，西部地区是我国水源保护区和生态涵养区。培育发展中西部地区城市群，必须严格保护耕地特别是基本农田，严格保护水资源，严格控制城市边界无序扩张，严格控制污染物排放，切实加强生态保护和环境治理，彻底改变粗放低效的发展模式，确保流域生态安全和粮食生产安全。

第十一章 建立城市群发展协调机制

统筹制定实施城市群规划，明确城市群发展目标、空间结构和开发方向，明确各城市的功能定位和分工，统筹交通基础设施和信息网络布局，加快推进城市群一体化进程。加强城市群规划与城镇体系规划、土地利用规划、生态环境规划等的衔接，依法开展规划环境影响评价。中央政府负责跨省级行政区的城市群规划编制和组织实施，省级政府负责本行政区内的城市群规划编制和组织实施。

建立完善跨区域城市发展协调机制。以城市群为主要平台，推动跨区域城市间产业分工、基础设施、环境治理等协调联动。重点探索建立城市群管理协调模式，创新城市群要素市场管理机制，破除行政壁垒和垄断，促进生产要素自由流动和优化配置。建立城市群成本共担和利益共享机制，加快城市公共交通"一卡通"服务平台建设，推进跨区域互联互通，促进基础设施和公共服务设施共建共享，促进创新资源高效配置和开放共享，推动区域环境联防联控联治，实现城市群一体化发展。

第十二章 促进各类城市协调发展

优化城镇规模结构，增强中心城市辐射带动功能，加快发展中小城市，有重点地发展小城镇，促进大中小城市和小城镇协调发展。

第一节 增强中心城市辐射带动功能

直辖市、省会城市、计划单列市和重要节点城市等中心城市，是我国城镇化发展的重要支撑。沿海中心城市要加快产业转型升级，提高参与全球产业分工的层次，延伸面向腹地的产业和服务链，加快提升国际化程度和国际竞争力。内陆中心城市要加大开发开放力度，健全以先进制造业、战略性新兴产业、现代服务业为主的产业体系，提升要素集聚、科技创新、高端服务能力，发挥规模效应和带动效应。区域重要节点城市要完善城市功能，壮大经济实力，加强协作对接，实现集约发展、联动发展、互补发展。特大城市要适当疏散经济功能和其他功能，推进劳动密集型加工业向外转移，加强与周边城镇基础设施连接和公共服务共享，推进中心城区功能向 1 小时交通圈地区扩散，培育形成通勤高效、一体发展的都市圈。

第二节 加快发展中小城市

把加快发展中小城市作为优化城镇规模结构的主攻方向，加强产业和公共服务资源布局引导，提升质量，增加数量。鼓励引导产业项目在资源环境承载力强、发展潜力大的中小城市和县城布局，依托优势资源发展特色产业，夯实产业基础。加强市政基础设施和公共服务设施建设，教育医疗等公共资源配置要向中小城市和县城倾斜，引导高等学校和职业院校在中小城市布局、优质教育和医疗机构在中小城市设立分支机构，增强集聚要素的吸引力。完善设市标准，严格审批程序，对具备行政区划调整条件的县可有序改市，把有条件的县城和重点镇发展成为中小城市。培育壮大陆路边境口岸城镇，完善边境贸易、金融服务、交通枢纽等功能，建设国际贸易物流节点和加工基地。

表3　　　　　　　　　**重点建设的陆路边境口岸城镇**

01	面向东北亚
	丹东、集安、临江、长白、和龙、图们、珲春、黑河、绥芬河、抚远、同江、东宁、满洲里、二连浩特、甘其毛都、策克
02	面向中亚西亚
	喀什、霍尔果斯、伊宁、博乐、阿拉山口、塔城
03	面向东南亚
	东兴、凭祥、宁明、龙州、大新、靖西、那坡、瑞丽、磨憨、畹町、河口
04	面向南亚
	樟木、吉隆、亚东、普兰、日屋

第三节 有重点地发展小城镇

按照控制数量、提高质量，节约用地、体现特色的要求，推动小城镇发展与疏解大城市中心城区功能相结合、与特色产业发展相结合、与服务"三农"相结合。大城市周边的重点镇，要加强与城市发展的统筹规划与功能配套，逐步发展成为卫星城。具有特色资源、区位优势的小城镇，要通过规划引导、市场运作，培育成为文化旅游、商贸物流、资源加工、交通枢纽等专业特色镇。远离中心城市的小城镇和林场、农场等，要完善基础设施和公共服务，发展成为服务农村、带动周边的综合性小城镇。对吸纳人口多、经济实力强的镇，可赋予同人口和经济规模相适应的管理权。

表4　　　　　　　　县城和重点镇基础设施提升工程

01	公共供水
	加强供水设施建设，实现县城和重点镇公共供水普及率85%以上。
02	污水处理
	因地制宜地建设集中污水处理厂或分散型生态处理设施，使所有县城和重点镇具备污水处理能力，实现县城污水处理率达85%左右、重点镇达70%左右。
03	垃圾处理
	实现县城具备垃圾无害化处理能力，按照以城带乡模式推进重点镇垃圾无害化处理，重点建设垃圾收集、转运设施，实现重点镇垃圾收集、转运全覆盖。
04	道路交通
	统筹城乡交通一体化发展，县城基本实现高等级公路连通，重点镇积极发展公共交通。
05	燃气供热
	加快城镇天然气（含煤层气等）管网、液化天然气（压缩天然气）站、集中供热等设施建设，因地制宜发展大中型沼气、生物质燃气和地热能，县城逐步推进燃气替代生活燃煤，北方地区县城和重点镇集中供热水平明显提高。
06	分布式能源
	城镇建设和改造要优先采用分布式能源，资源丰富地区的城镇新能源和可再生能源消费比重显著提高。鼓励条件适宜地区大力促进可再生能源建筑应用。

第十三章　强化综合交通运输网络支撑

完善综合运输通道和区际交通骨干网络，强化城市群之间交通联系，加快城市群交通一体化规划建设，改善中小城市和小城镇对外交通，发挥综合交通运输网络对城镇化格局的支撑和引导作用。到2020年，普通铁路网覆盖20万以上人口城市，快速铁路网基本覆盖50万以上人口城市；普通国道基本覆盖县城，国家高速公路基本覆盖20万以上人口城市；民用航空网络不断扩展，航空服务覆盖全国 90% 左右的人口。

第一节　完善城市群之间综合交通运输网络

依托国家"五纵五横"综合运输大通道，加强东中部城市群对外交通骨干网络薄弱环节建设，加快西部城市群对外交通骨干网络建设，形成以铁路、高速公路为骨干，以普通国省道为基础，与民航、水路和管道共同组成的连接东西、纵贯南北的综合交通运输网络，支撑国家"两横三纵"城镇化战略格局。

第二节　构建城市群内部综合交通运输网络

按照优化结构的要求，在城市群内部建设以轨道交通和高速公路为骨干，以普通公路为基础，有效衔接大中小城市和小城镇的多层次快速交通运输网络。提升东部地区城市群综合交通运输一体化水平，建成以城际铁路、高速公路为主体的快速客运和大能力货运网络。推进中西部地区城市群内主要城市之间的快速铁路、高速公路建设，逐步形成城市群内快速交通运输网络。

第三节　建设城市综合交通枢纽

建设以铁路、公路客运站和机场等为主的综合客运枢纽，以铁路和公路货运场站、港口和机场等为主的综合货运枢纽，优化布局，提升功能。依托综合交通枢纽，加强铁路、公路、民航、水运与城市轨道交通、地面公共交通等多种交通方式的衔接，完善集疏运系统与配送系统，实现客运"零距离"换乘和货运无缝衔接。

第四节　改善中小城市和小城镇交通条件

加强中小城市和小城镇与交通干线、交通枢纽城市的连接，加快国省干线公路升级改造，提高中小城市和小城镇公路技术等级、通行能力和铁路覆盖率，改善交通条件，提升服务水平。

加快转变城市发展方式，优化城市空间结构，增强城市经济、基础设施、公共服务和资源环境对人口的承载能力，有效预防和治理"城市病"，建设和谐宜居、富有特色、充满活力的现代城市。

第五篇 提高城市可持续发展能力

第十四章 强化城市产业就业支撑

调整优化城市产业布局和结构，促进城市经济转型升级，改善营商环境，增强经济活力，扩大就业容量，把城市打造成为创业乐园和创新摇篮。

第一节 优化城市产业结构

根据城市资源环境承载能力、要素禀赋和比较优势，培育发展各具特色的城市产业体系。改造提升传统产业，淘汰落后产能，壮大先进制造业和节能环保、新一代信息技术、生物、新能源、新材料、新能源汽车等战略性新兴产业。适应制造业转型升级要求，推动生产性服务业专业化、市场化、社会化发展，引导生产性服务业在中心城市、制造业密集区域集聚；适应居民消费需求多样化，提升生活性服务业水平，扩大服务供给，提高服务质量，推动特大城市和大城市形成以服务经济为主的产业结构。强化城市间专业化分工协作，增强中小城市产业承接能力，构建大中小城市和小城镇特色鲜明、优势互补的产业发展格局。推进城市污染企业治理改造和环保搬迁。支持资源枯竭城市发展接续替代产业。

第二节 增强城市创新能力

顺应科技进步和产业变革新趋势，发挥城市创新载体作用，依托科技、教育和人才资源优势，推动城市走创新驱动发展道路。营造创新的制度环境、政策环境、金融环境和文化氛围，激发全社会创新活力，推动技术创新、商业模式创新和管理创新。建立产学研协同创新机制，强化企业在技术创新中的主体地位，发挥大型企业创新骨干作用，激发中小企业创新活力。建设创新基地，集聚创新人才，培育创新集群，完善创新服务体系，发展创新公共平台和风险投资机构，推进创新成果资本化、产业化。加强知识产权运用和保护，健全技术创新激励机制。推动高等学校提高创新人才培养能力，加快现代职业教育体系建设，系统构建从中职、高职、本科层次职业教育到专业学位研究生教育的技术技能人才培养通道，推进中高职衔接和职普沟通。引导部分地方本科高等学校转型发展为应用技术类型高校。试行普通高校、高职院校、成人高校之间的学分转换，为学生多样化成才提供选择。

第三节　营造良好就业创业环境

发挥城市创业平台作用，充分利用城市规模经济产生的专业化分工效应，放宽政府管制，降低交易成本，激发创业活力。完善扶持创业的优惠政策，形成政府激励创业、社会支持创业、劳动者勇于创业的新机制。运用财政支持、税费减免、创业投资引导、政策性金融服务、小额贷款担保等手段，为中小企业特别是创业型企业发展提供良好的经营环境，促进以创业带动就业。促进以高校毕业生为重点的青年就业和农村转移劳动力、城镇困难人员、退役军人就业。结合产业升级开发更多适合高校毕业生的就业岗位，实行激励高校毕业生自主创业政策，实施离校未就业高校毕业生就业促进计划。合理引导高校毕业生就业流向，鼓励其到中小城市创业就业。

第十五章　优化城市空间结构和管理格局

按照统一规划、协调推进、集约紧凑、疏密有致、环境优先的原则，统筹中心城区改造和新城新区建设，提高城市空间利用效率，改善城市人居环境。

第一节　改造提升中心城区功能

推动特大城市中心城区部分功能向卫星城疏散，强化大中城市中心城区高端服务、现代商贸、信息中介、创意创新等功能。完善中心城区功能组合，统筹规划地上地下空间开发，推动商业、办公、居住、生态空间与交通站点的合理布局与综合利用开发。制定城市市辖区设置标准，优化市辖区规模和结构。按照改造更新与保护修复并重的要求，健全旧城改造机制，优化提升旧城功能。加快城区老工业区搬迁改造，大力推进棚户区改造，稳步实施城中村改造，有序推进旧住宅小区综合整治、危旧住房和非成套住房改造，全面改善人居环境。

表5 棚户区改造行动计划

01	城市棚户区改造 加快推进集中成片城市棚户区改造，逐步将其他棚户区、城中村改造统一纳入城市棚户区改造范围，到2020年基本完成城市棚户区改造任务。
02	国有工矿棚户区改造 将位于城市规划区内的国有工矿棚户区统一纳入城市棚户区改造范围，按照属地原则将铁路、钢铁、有色、黄金等行业棚户区纳入各地棚户区改造规划组织实施。
03	国有林区棚户区改造 加快改造国有林区棚户区和国有林场危旧房，将国有林区（场）外其他林业基层单位符合条件的住房困难人员纳入当地城镇住房保障体系。
04	国有垦区危房改造 加快改造国有垦区危房，将华侨农场非归难侨危房改造统一纳入垦区危房改造中央补助支持范围。

第二节　严格规范新城新区建设

严格新城新区设立条件，防止城市边界无序蔓延。因中心城区功能过度叠加、人口密度过高或规避自然灾害等原因，确需规划建设新城新区，必须以人口密度、产出强度和资源环境承载力为基准，与行政区划相协调，科学合理编制规划，严格控制建设用地规模，控制建设标准过度超前。统筹生产区、办公区、生活区、商业区等功能区规划建设，推进功能混合和产城融合，在集聚产业的同时集聚人口，防止新城新区空心化。加强现有开发区城市功能改造，推动单一生产功能向城市综合功能转型，为促进人口集聚、发展服务经济拓展空间。

第三节　改善城乡接合部环境

提升城乡接合部规划建设和管理服务水平，促进社区化发展，增强服务城市、带动农村、承接转移人口功能。加快城区基础设施和公共服务设施向城乡接合部地区延伸覆盖，规范建设行为，加强环境整治和社会综合治理，改善生活居住条件。保护生态用地和农用地，形成有利于改善城市生态环境质量的生态缓冲地带。

第十六章　提升城市基本公共服务水平

加强市政公用设施和公共服务设施建设，增加基本公共服务供给，增强对人口集聚和服务的支撑能力。

第一节　优先发展城市公共交通

将公共交通放在城市交通发展的首要位置，加快构建以公共交通为主体的城市机动化出行系统，积极发展快速公共汽车、现代有轨电车等大容量地面公共交通系统，科学有序推进城市轨道交通建设。优化公共交通站点和线路设置，推动形成公共交通优先通行网络，提高覆盖率、准点率和运行速度，基本实现100万人口以上城市中心城区公共交通站点500米全覆盖。强化交通综合管理，有效调控、合理引导个体机动化交通需求。推动各种交通方式、城市道路交通管理系统的信息共享和资源整合。

第二节　加强市政公用设施建设

建设安全高效便利的生活服务和市政公用设施网络体系。优化社区生活设施布局，健全社区养老服务体系，完善便民利民服务网络，打造包括物流配送、便民超市、平价菜店、家庭服务中心等在内的便捷生活服务圈。加强无障碍环境建设。合理布局建设公益性菜市场、农产品批发市场。统筹电力、通信、给排水、供热、燃气等地下管网建设，推行城市综合管廊，新建城市主干道路、城市新区、各类园区应实行城市地下管网综合管廊模式。加强城镇水源地保护与建设和供水设施改造与建设，确保城镇供水安全。加强防洪设施建设，完善城市排水与暴雨外洪内涝防治体系，提高应对极端天气能力。建设安全可靠、技术先进、管理规范的新型配电网络体系，加快推进城市清洁能源供应设施建设，完善燃气输配、储备和供应保障系统，大力发展热电联产，淘汰燃煤小锅炉。加强城镇污水处理及再生利用设施建设，推进雨污分流改造和污泥无害化处置。提高城镇生活垃圾无害化处理能力。合理布局建设城市停车场和立体车库，新建大中型商业设施要配建货物装卸作业区和停车场，新建办公区和住宅小区要配建地下停车场。

第三节　完善基本公共服务体系

根据城镇常住人口增长趋势和空间分布，统筹布局建设学校、医疗卫生机构、文化设施、体育场所等公共服务设施。优化学校布局和建设规模，合理配置中小学和幼儿园资源。加强社区卫生服务机构建设，健全与医院分工协作、双向转诊的城市医疗服务体系。完善重大疾病防控、妇幼保健等专业公共卫生和计划生育服务网络。加强公共文化、公共体育、就业服务、社保经办和便民利民服务设施建设。创新公共服务供给方式，引入市场机制，扩大政府购买服务规模，实现供给主体和方式多元化，根据经济社会发展状况和财力水平，逐步提高城镇居民基本公共服务水平，在学有所教、劳有所得、病有所医、老有所养、住有所居上持续取得新进展。

第十七章　提高城市规划建设水平

适应新型城镇化发展要求，提高城市规划科学性，加强空间开发管制，健全规划管理体制机制，严格建筑规范和质量管理，强化实施监督，提高城市规划管理水平和建筑质量。

第一节　创新规划理念

把以人为本、尊重自然、传承历史、绿色低碳理念融入城市规划全过程。城市规划要由扩张性规划逐步转向限定城市边界、优化空间结构的规划，科学确立城市功能定位和形态，加强城市空间开发利用管制，合理划定市"三区四线"，合理确定城市规模、开发边界、开发强度和保护性空间，加强道路红线和建筑红线对建设项目的定位控制。统筹规划城市空间功能布局，促进城市用地功能适度混合。合理设定不同功能区土地开发利用的容积率、绿化率、地面渗透率等规范性要求。建立健全城市地下空间开发利用协调机制。统筹规划市区、城郊和周边乡村发展。

第二节　完善规划程序

完善城市规划前期研究、规划编制、衔接协调、专家论证、公众参与、审查审批、实施管理、评估修编等工作程序，探索设立城市总规划师制度，提高规划编制科学化、民主化水平。推行城市规划政务公开，加大公开公示力度。加强城市规划与经济社会发展、主体功能区建设、国土资源利用、生态环境保护、基础设施建设等规划的相互衔接。推动有条件地区的经济社会发展总体规划、城市规划、土地利用规划等"多规合一"。

第三节　强化规划管控

保持城市规划权威性、严肃性和连续性，坚持一本规划一张蓝图持之以恒加以落实，防止换一届领导改一次规划。加强规划实施全过程监管，确保依规划进行开发建设。健全国家城乡规划督察员制度，以规划强制性内容为重点，加强规划实施督察，对违反规划行为进行事前事中监管。严格实行规划实施责任追究制度，加大对政府部门、开发主体、居民个人违法违规行为的责任追究和处罚力度。制定城市规划建设考核指标体系，加强地方人大对城市规划实施的监督检查，将城市规划实施情况纳入地方党政领导干部考核和离任审计。运用信息化等手段，强化对城市规划管控的技术支撑。

第四节　严格建筑质量管理

强化建筑设计、施工、监理和建筑材料、装修装饰等全流程质量管控。严格执行先勘察、后设计、再施工的基本建设程序，加强建筑市场各类主体的资质资格管理，推行质量体系认证制度，加大建筑工人职业技能培训力度。坚决打击建筑工程招投标、分包转包、材料采购、竣工验收等环节的违法违规行为，惩治擅自改变房屋建筑主体和承重结构等违规行为。健全建筑档案登记、查询和管理制度，强化建筑质量责任追究和处罚，实行建筑质量责任终身追究制度。

第十八章　推动新型城市建设

顺应现代城市发展新理念新趋势，推动城市绿色发展，提高智能化水平，增强历史文化魅力，全面提升城市内在品质。

第一节 加快绿色城市建设

将生态文明理念全面融入城市发展，构建绿色生产方式、生活方式和消费模式。严格控制高耗能、高排放行业发展。节约集约利用土地、水和能源等资源，促进资源循环利用，控制总量，提高效率。加快建设可再生能源体系，推动分布式太阳能、风能、生物质能、地热能多元化、规模化应用，提高新能源和可再生能源利用比例。实施绿色建筑行动计划，完善绿色建筑标准及认证体系、扩大强制执行范围，加快既有建筑节能改造，大力发展绿色建材，强力推进建筑工业化。合理控制机动车保有量，加快新能源汽车推广应用，改善步行、自行车出行条件，倡导绿色出行。实施大气污染防治行动计划，开展区域联防联控联治，改善城市空气质量。完善废旧商品回收体系和垃圾分类处理系统，加强城市固体废弃物循环利用和无害化处置。合理划定生态保护红线，扩大城市生态空间，增加森林、湖泊、湿地面积，将农村废弃地、其他污染土地、工矿用地转化为生态用地，在城镇化地区合理建设绿色生态廊道。

第二节 推进智慧城市建设

统筹城市发展的物质资源、信息资源和智力资源利用，推动物联网、云计算、大数据等新一代信息技术创新应用，实现与城市经济社会发展深度融合。强化信息网络、数据中心等信息基础设施建设。促进跨部门、跨行业、跨地区的政务信息共享和业务协同，强化信息资源社会化开发利用，推广智慧化信息应用和新型信息服务，促进城市规划管理信息化、基础设施智能化、公共服务便捷化、产业发展现代化、社会治理精细化。增强城市要害信息系统和关键信息资源的安全保障能力。

表6 人文城市建设重点

01 文化和自然遗产保护
加强国家重大文化和自然遗产地、国家考古遗址公园、全国重点文物保护单位、历史文化名城名镇名村保护设施建设，加强城市重要历史建筑和历史文化街区保护，推进非物质文化遗产保护利用设施建设。

续表

02	文化设施
	建设城市公共图书馆、文化馆、博物馆、美术馆等文化设施，每个社区配套建设文化活动设施，发展中小城市影剧院。
03	体育设施
	建设城市体育场（馆）和群众性户外体育健身场地，每个社区有便捷实用的体育健身设施。
04	休闲设施
	建设城市生态休闲公园、文化休闲街区、休闲步道、城郊休憩带。
05	公共设施免费开放
	逐步免费开放公共图书馆、文化馆（站）、博物馆、美术馆、纪念馆、科技馆、青少年宫和公益性城市公园。

第三节　注重人文城市建设

发掘城市文化资源，强化文化传承创新，把城市建设成为历史底蕴厚重、时代特色鲜明的人文魅力空间。注重在旧城改造中保护历史文化遗产、民族文化风格和传统风貌，促进功能提升与文化文物保护相结合。注重在新城新区建设中融入传统文化元素，与原有城市自然人文特征相协调。加强历史文化名城名镇、历史文化街区、民族风情小镇文化资源挖掘和文化生态的整体保护，传承和弘扬优秀传统文化，推动地方特色文化发展，保存城市文化记忆。培育和践行社会主义核心价值观，加快完善文化管理体制和文化生产经营机制，建立健全现代公共文化服务体系、现代文化市场体系。鼓励城市文化多样化发展，促进传统文化与现代文化、本土文化与外来文化交融，形成多元开放的现代城市文化。

第十九章　加强和创新城市社会治理

树立以人为本、服务为先理念，完善城市治理结构，创新城市治理方式，提升城市社会治理水平。

第一节　完善城市治理结构

顺应城市社会结构变化新趋势，创新社会治理体制，加强党委领导，发挥政府主导作用，鼓励和支持社会各方面参与，实现政府治理和社会自我调节、居民自治良性互动。坚持依法治理，加强法治保障，运用法治思维和法治方式化解社会矛盾。坚持综合治理，强化道德约束，规范社会行为，调节利益关系，协调社会关系，解决社会问题。坚持源头治理，标本兼治、重在治本，以网格化管理、社会化服务为方向，健全基层综合服务管理平台，及时反映和协调人民群众各方面各层次利益诉求。加强城市社会治理法律法规、体制机制、人才队伍和信息化建设。激发社会组织活力，加快实施政社分开，推进社会组织明确权责、依法自治、发挥作用。适合由社会组织提供的公共服务和解决的事项，交由社会组织承担。

第二节　强化社区自治和服务功能

健全社区党组织领导的基层群众自治制度，推进社区居民依法民主管理社区公共事务和公益事业。加快公共服务向社区延伸，整合人口、劳动就业、社保、民政、卫生计生、文化以及综治、维稳、信访等管理职能和服务资源，加快社区信息化建设，构建社区综合服务管理平台。发挥业主委员会、物业管理机构、驻区单位积极作用，引导各类社会组织、志愿者参与社区服务和管理。加强社区社会工作专业人才和志愿者队伍建设，推进社区工作人员专业化和职业化。加强流动人口服务管理。

第三节　创新社会治安综合治理

建立健全源头治理、动态协调、应急处置相互衔接、相互支撑的社会治安综合治理机制。创新立体化社会治安防控体系，改进治理方式，促进多部门城市管理职能整合，鼓励社会力量积极参与社会治安综合治理。及时解决影响人民群众安全的社会治安问题，加强对城市治安复杂部位的治安整治和管理。理顺城管执法体制，提高执法和服务水平。加大依法管理网络力度，加快完善互联网管理领导体制，确保国家网络和信息安全。

第四节　健全防灾减灾救灾体制

完善城市应急管理体系，加强防灾减灾能力建设，强化行政问责制和责任追究制。着眼抵御台风、洪涝、沙尘暴、冰雪、干旱、地震、山体滑坡等自然灾害，完善灾害监测和预警体系，加强城市消防、防洪、排水防涝、抗震等设施和救援救助能力建设，提高城市建筑灾害设防标准，合理规划布局和建设应急避难场所，强化公共建筑物和设施应急避难功能。完善突发公共事件应急预案和应急保障体系。加强灾害分析和信息公开，开展市民风险防范和自救互救教育，建立巨灾保险制度，发挥社会力量在应急管理中的作用。

第六篇　推动城乡发展一体化

坚持工业反哺农业、城市支持农村和多予少取放活方针，加大统筹城乡发展力度，增强农村发展活力，逐步缩小城乡差距，促进城镇化和新农村建设协调推进。

第二十章　完善城乡发展一体化体制机制

加快消除城乡二元结构的体制机制障碍，推进城乡要素平等交换和公共资源均衡配置，让广大农民平等参与现代化进程、共同分享现代化成果。

第一节　推进城乡统一要素市场建设

加快建立城乡统一的人力资源市场，落实城乡劳动者平等就业、同工同酬制度。建立城乡统一的建设用地市场，保障农民公平分享土地增值收益。建立健全有利于农业科技人员下乡、农业科技成果转化、先进农业技术推广的激励和利益分享机制。创新面向"三农"的金融服务，统筹发挥政策性金融、商业性金融和合作性金融的作用，支持具备条件的民间资本依法发起设立中小型银行等金融机构，保障金融机构农村存款主要用于农业农村。加快农业保险产品创新和经营组织形式创新，完善农业保险制度。鼓励社会资本投向农村建设，引导更多人才、技术、资金等要素投向农业农村。

第二节　推进城乡规划、基础设施和公共服务一体化

统筹经济社会发展规划、土地利用规划和城乡规划，合理安排市县

域城镇建设、农田保护、产业集聚、村落分布、生态涵养等空间布局。扩大公共财政覆盖农村范围，提高基础设施和公共服务保障水平。统筹城乡基础设施建设，加快基础设施向农村延伸，强化城乡基础设施连接，推动水电路气等基础设施城乡联网、共建共享。加快公共服务向农村覆盖，推进公共就业服务网络向县以下延伸，全面建成覆盖城乡居民的社会保障体系，推进城乡社会保障制度衔接，加快形成政府主导、覆盖城乡、可持续的基本公共服务体系，推进城乡基本公共服务均等化。率先在一些经济发达地区实现城乡一体化。

第二十一章　加快农业现代化进程

坚持走中国特色新型农业现代化道路，加快转变农业发展方式，提高农业综合生产能力、抗风险能力、市场竞争能力和可持续发展能力。

第一节　保障国家粮食安全和重要农产品有效供给

确保国家粮食安全是推进城镇化的重要保障。严守耕地保护红线，稳定粮食播种面积。加强农田水利设施建设和土地整理复垦，加快中低产田改造和高标准农田建设。继续加大中央财政对粮食主产区投入，完善粮食主产区利益补偿机制，健全农产品价格保护制度，提高粮食主产区和种粮农民的积极性，将粮食生产核心区和非主产区产粮大县建设成为高产稳产商品粮生产基地。支持优势产区棉花、油料、糖料生产，推进畜禽水产品标准化规模养殖。坚持"米袋子"省长负责制和"菜篮子"市长负责制。完善主要农产品市场调控机制和价格形成机制。积极发展都市现代农业。

第二节　提升现代农业发展水平

加快完善现代农业产业体系，发展高产、优质、高效、生态、安全农业。提高农业科技创新能力，做大做强现代种业，健全农技综合服务体系，完善科技特派员制度，推广现代化农业技术。鼓励农业机械企业研发制造先进实用的农业技术装备，促进农机农艺融合，改善农业设施装备条件，耕种收综合机械化水平达到70%左右。创新农业经营方式，坚持家庭经营在农业中的基础性地位，推进家庭经营、集体经营、合作经营、企业经营等共同发展。鼓励承包经营权在公开市场上向专业大户、家庭农场、农民合作社、农业企业流转，发展多种形式规模经营。鼓励和引导工商资本到农村发展适合企业化经营的现代种养业，向农业输入现代生产要素和经营模式。加快构建公益性服务与经营性服务相结合、专项服务与综合服务相协调的新型农业社会化服务体系。

第三节　完善农产品流通体系

统筹规划农产品市场流通网络布局，重点支持重要农产品集散地、优势农产品产地批发市场建设，加强农产品期货市场建设。加快推进以城市便民菜市场（菜店）、生鲜超市、城乡集贸市场为主体的农产品零售市场建设。实施粮食收储供应安全保障工程，加强粮油仓储物流设施建设，发展农产品低温仓储、分级包装、电子结算。健全覆盖农产品收集、存储、加工、运输、销售各环节的冷链物流体系。加快培育现代流通方式和新型流通业态，大力发展快捷高效配送。积极推进"农批对接""农超对接"等多种形式的产销衔接，加快发展农产品电子商务，降低流通费用。强化农产品商标和地理标志保护。

第二十二章　建设社会主义新农村

坚持遵循自然规律和城乡空间差异化发展原则，科学规划县域村镇体系，统筹安排农村基础设施建设和社会事业发展，建设农民幸福生活的美好家园。

第一节　提升乡镇村庄规划管理水平

适应农村人口转移和村庄变化的新形势，科学编制县域村镇体系规划和镇、乡、村庄规划，建设各具特色的美丽乡村。按照发展中心村、保护特色村、整治空心村的要求，在尊重农民意愿的基础上，科学引导农村住宅和居民点建设，方便农民生产生活。在提升自然村落功能基础上，保持乡村风貌、民族文化和地域文化特色，保护有历史、艺术、科学价值的传统村落、少数民族特色村寨和民居。

第二节　加强农村基础设施和服务网络建设

加快农村饮水安全建设，因地制宜采取集中供水、分散供水和城镇供水管网向农村延伸的方式解决农村人口饮用水安全问题。继续实施农村电网改造升级工程，提高农村供电能力和可靠性，实现城乡用电同网同价。加强以太阳能、生物沼气为重点的清洁能源建设及相关技术服务。基本完成农村危房改造。完善农村公路网络，实现行政村通班车。加强乡村旅游服务网络、农村邮政设施和宽带网络建设，改善农村消防安全条件。继续实施新农村现代流通网络工程，培育面向农村的大型流通企业，增加农村商品零售、餐饮及其他生活服务网点。深入开展农村环境综合整治，实施乡村清洁工程，开展村庄整治，推进农村垃圾、污水处理和土壤环境整治，加快农村河道、水环境整治，严禁城市和工业污染向农村扩散。

第三节　加快农村社会事业发展

合理配置教育资源，重点向农村地区倾斜。推进义务教育学校标准化建设，加强农村中小学寄宿制学校建设，提高农村义务教育质量和均衡发展水平。积极发展农村学前教育。加强农村教师队伍建设。建立健全新型职业化农民教育、培训体系。优先建设发展县级医院，完善以县级医院为龙头、乡镇卫生院和村卫生室为基础的农村三级医疗卫生服务网络，向农民提供安全价廉可及的基本医疗卫生服务。加强乡镇综合文化站等农村公共文化和体育设施建设，提高文化产品和服务的有效供给能力，丰富农民精神文化生活。完善农村最低生活保障制度。健全农村留守儿童、妇女、老人关爱服务体系。

第七篇　改革完善城镇化发展体制机制

加强制度顶层设计，尊重市场规律，统筹推进人口管理、土地管理、财税金融、城镇住房、行政管理、生态环境等重点领域和关键环节体制机制改革，形成有利于城镇化健康发展的制度环境。

第二十三章　推进人口管理制度改革

在加快改革户籍制度的同时，创新和完善人口服务和管理制度，逐步消除城乡区域间户籍壁垒，还原户籍的人口登记管理功能，促进人口有序流动、合理分布和社会融合。

——建立居住证制度。全面推行流动人口居住证制度，以居住证为载体，建立健全与居住年限等条件相挂钩的基本公共服务提供机制，并作为申请登记居住地常住户口的重要依据。城镇流动人口暂住证持有年限累计进居住证。

——健全人口信息管理制度。加强和完善人口统计调查制度，进一步改进人口普查方法，健全人口变动调查制度。加快推进人口基础信息库建设，分类完善劳动就业、教育、收入、社保、房产、信用、计生、税务等信息系统，逐步实现跨部门、跨地区信息整合和共享，在此基础上建设覆盖全国、安全可靠的国家人口综合信息库和信息交换平台，到2020年在全国实行以公民身份号码为唯一标识，依法记录、查询和评估人口相关信息制度，为人口服务和管理提供支撑。

第二十四章　深化土地管理制度改革

实行最严格的耕地保护制度和集约节约用地制度，按照管住总量、严控增量、盘活存量的原则，创新土地管理制度，优化土地利用结构，提高土地利用效率，合理满足城镇化用地需求。

——建立城镇用地规模结构调控机制。严格控制新增城镇建设用地规模，严格执行城市用地分类与规划建设用地标准，实行增量供给与存量挖潜相结合的供地、用地政策，提高城镇建设使用存量用地比例。探索实行城镇建设用地增加规模与吸纳农业转移人口落户数量挂钩政策。有效控制特大城市新增建设用地规模，适度增加集约用地程度高、发展潜力大、吸纳人口多的卫星城、中小城市和县城建设用地供给。适当控制工业用地，优先安排和增加住宅用地，合理安排生态用地，保护城郊菜地和水田，统筹安排基础设施和公共服务设施用地。建立有效调节工业用地和居住用地合理比价机制，提高工业用地价格。

——健全节约集约用地制度。完善各类建设用地标准体系，严格执行土地使用标准，适当提高工业项目容积率、土地产出率门槛，探索实行长期租赁、先租后让、租让结合的工业用地供应制度，加强工程建设项目用地标准控制。建立健全规划统筹、政府引导、市场运作、公众参与、利益共享的城镇低效用地再开发激励约束机制，盘活利用现有城镇存量建设用地，建立存量建设用地退出激励机制，推进老城区、旧厂房、城中村的改造和保护性开发，发挥政府土地储备对盘活城镇低效用地的作用。加强农村土地综合整治，健全运行机制，规范推进城乡建设用地增减挂钩，总结推广工矿废弃地复垦利用等做法。禁止未经评估和无害化治理的污染场地进行土地流转和开发利用。完善土地租赁、转让、抵押二级市场。

——深化国有建设用地有偿使用制度改革。扩大国有土地有偿使用范围，逐步对经营性基础设施和社会事业用地实行有偿使用。减少非公益性用地划拨，对以划拨方式取得用于经营性项目的土地，通过征收土地年租金等多种方式纳入有偿使用范围。

——推进农村土地管理制度改革。全面完成农村土地确权登记颁证工作，依法维护农民土地承包经营权。在坚持和完善最严格的耕地保护制度前提下，赋予农民对承包地占有、使用、收益、流转及承包经营权抵押、担保权能。保障农户宅基地用益物权，改革完善农村宅基地制度，在试点基础上慎重稳妥推进农民住房财产权抵押、担保、转让，严格执行宅基地使用标准，严格禁止一户多宅。在符合规划和用途管制前提下，允许农村集体经营性建设用地出让、租赁、入股，实行与国有土地同等入市、同权同价。建立农村产权流转交易市场，推动农村产权流转交易公开、公正、规范运行。

——深化征地制度改革。缩小征地范围，规范征地程序，完善对被征地农民合理、规范、多元保障机制。建立兼顾国家、集体、个人的土地增值收益分配机制，合理提高个人收益，保障被征地农民长远发展生计。健全争议协调裁决制度。

——强化耕地保护制度。严格土地用途管制，统筹耕地数量管控和质量、生态管护，完善耕地占补平衡制度，建立健全耕地保护激励约束机制。落实地方各级政府耕地保护责任目标考核制度，建立健全耕地保护共同责任机制；加强基本农田管理，完善基本农田永久保护长效机制，强化耕地占补平衡和土地整理复垦监管。

第二十五章　创新城镇化资金保障机制

加快财税体制和投融资机制改革，创新金融服务，放开市场准入，逐步建立多元化、可持续的城镇化资金保障机制。

——完善财政转移支付制度。按照事权与支出责任相适应的原则，合理确定各级政府在教育、基本医疗、社会保障等公共服务方面的事权，建立健全城镇基本公共服务支出分担机制。建立财政转移支付同农业转移人口市民化挂钩机制，中央和省级财政安排转移支付要考虑常住人口因素。依托信息化管理手段，逐步完善城镇基本公共服务补贴办法。

——完善地方税体系。培育地方主体税种，增强地方政府提供基本公共服务能力。加快房地产税立法并适时推进改革。加快资源税改革，逐步将资源税征收范围扩展到占用各种自然生态空间。推动环境保护费改税。

——建立规范透明的城市建设投融资机制。在完善法律法规和健全地方政府债务管理制度基础上，建立健全地方债券发行管理制度和评级制度，允许地方政府发行市政债券，拓宽城市建设融资渠道。创新金融服务和产品，多渠道推动股权融资，提高直接融资比重。发挥现有政策性金融机构的重要作用，研究制定政策性金融专项支持政策，研究建立城市基础设施、住宅政策性金融机构，为城市基础设施和保障性安居工程建设提供规范透明、成本合理、期限匹配的融资服务。理顺市政公用产品和服务价格形成机制，放宽准入，完善监管，制定非公有制企业进入特许经营领域的办法，鼓励社会资本参与城市公用设施投资运营。鼓励公共基金、保险资金等参与项目自身具有稳定收益的城市基础设施项目建设和运营。

第二十六章　健全城镇住房制度

建立市场配置和政府保障相结合的住房制度，推动形成总量基本平衡、结构基本合理、房价与消费能力基本适应的住房供需格局，有效保障城镇常住人口的合理住房需求。

——健全住房供应体系。加快构建以政府为主提供基本保障、以市场为主满足多层次需求的住房供应体系。对城镇低收入和中等偏下收入住房困难家庭，实行租售并举、以租为主，提供保障性安居工程住房，满足基本住房需求。稳定增加商品住房供应，大力发展二手房市场和住房租赁市场，推进住房供应主体多元化，满足市场多样化住房需求。

——健全保障性住房制度。建立各级财政保障性住房稳定投入机制，扩大保障性住房有效供给。完善租赁补贴制度，推进廉租住房、公共租赁住房并轨运行。制定公平合理、公开透明的保障性住房配租政策和监管程序，严格准入和退出制度，提高保障性住房物业管理、服务水平和运营效率。

——健全房地产市场调控长效机制。调整完善住房、土地、财税、金融等方面政策，共同构建房地产市场调控长效机制。各城市要编制城市住房发展规划，确定住房建设总量、结构和布局。确保住房用地稳定供应，完善住房用地供应机制，保障性住房用地应保尽保，优先安排政策性商品住房用地，合理增加普通商品住房用地，严格控制大户型高档商品住房用地。实行差别化的住房税收、信贷政策，支持合理自住需求，抑制投机投资需求。依法规范市场秩序，健全法律法规体系，加大市场监管力度。建立以土地为基础的不动产统一登记制度，实现全国住房信息联网，推进部门信息共享。

第二十七章　强化生态环境保护制度

完善推动城镇化绿色循环低碳发展的体制机制，实行最严格的生态环境保护制度，形成节约资源和保护环境的空间格局、产业结构、生产方式和生活方式。

——建立生态文明考核评价机制。把资源消耗、环境损害、生态效益纳入城镇化发展评价体系，完善体现生态文明要求的目标体系、考核办法、奖惩机制。对限制开发区域和生态脆弱的国家扶贫开发工作重点县取消地区生产总值考核。

——建立国土空间开发保护制度。建立空间规划体系，坚定不移实施主体功能区制度，划定生态保护红线，严格按照主体功能区定位推动发展，加快完善城镇化地区、农产品主产区、重点生态功能区空间开发管控制度，建立资源环境承载能力监测预警机制。强化水资源开发利用控制、用水效率控制、水功能区限制纳污管理。对不同主体功能区实行差别化财政、投资、产业、土地、人口、环境、考核等政策。

——实行资源有偿使用制度和生态补偿制度。加快自然资源及其产品价格改革，全面反映市场供求、资源稀缺程度、生态环境损害成本和修复效益。建立健全居民生活用电、用水、用气等阶梯价格制度。制定并完善生态补偿方面的政策法规，切实加大生态补偿投入力度，扩大生态补偿范围，提高生态补偿标准。

——建立资源环境产权交易机制。发展环保市场，推行节能量、碳排放权、排污权、水权交易制度，建立吸引社会资本投入生态环境保护的市场化机制，推行环境污染第三方治理。

——实行最严格的环境监管制度。建立和完善严格监管所有污染物排放的环境保护管理制度，独立进行环境监管和行政执法。完善污染物排放许可制，实行企事业单位污染物排放总量控制制度。加大环境执法力度，严格环境影响评价制度，加强突发环境事件应急能力建设，完善以预防为主的环境风险管理制度。对造成生态环境损害的责任者严格实行赔偿制度，依法追究刑事责任。建立陆海统筹的生态系统保护修复和污染防治区域联动机制。开展环境污染强制责任保险试点。

第八篇　规划实施

本规划由国务院有关部门和地方各级政府组织实施。各地区各部门要高度重视、求真务实、开拓创新、攻坚克难，确保规划目标和任务如期完成。

第二十八章　加强组织协调

合理确定中央与地方分工，建立健全城镇化工作协调机制。中央政府要强化制度顶层设计，统筹重大政策研究和制定，协调解决城镇化发展中的重大问题。国家发展改革委要牵头推进规划实施和相关政策落实，监督检查工作进展情况。各有关部门要切实履行职责，根据本规划提出的各项任务和政策措施，研究制定具体实施方案。地方各级政府要全面贯彻落实本规划，建立健全工作机制，因地制宜研究制定符合本地实际的城镇化规划和具体政策措施。加快培养一批专家型城市管理干部，提高城镇化管理水平。

第二十九章　强化政策统筹

根据本规划制定配套政策，建立健全相关法律法规、标准体系。加强部门间政策制定和实施的协调配合，推动人口、土地、投融资、住房、生态环境等方面政策和改革举措形成合力、落到实处。城乡规划、土地利用规划、交通规划等要落实本规划要求，其他相关专项规划要加强与本规划的衔接协调。

第三十章　开展试点示范

本规划实施涉及诸多领域的改革创新，对已经形成普遍共识的问题，如长期进城务工经商的农业转移人口落户、城市棚户区改造、农民工随迁子女义务教育、农民工职业技能培训和中西部地区中小城市发展等，要加大力度，抓紧解决。对需要深入研究解决的难点问题，如建立农业转移人口市民化成本分担机制，建立多元化、可持续的城镇化投融资机制，建立创新行政管理、降低行政成本的设市设区模式，改革完善农村宅基地制度等，要选择不同区域不同城市分类开展试点。继续推进创新城市、智慧城市、低碳城镇试点。深化中欧城镇化伙伴关系等现有合作平台，拓展与其他国家和国际组织的交流，开展多形式、多领域的务实合作。

第三十一章　健全监测评估

加强城镇化统计工作，顺应城镇化发展态势，建立健全统计监测指标体系和统计综合评价指标体系，规范统计口径、统计标准和统计制度方法。加快制定城镇化发展监测评估体系，实施动态监测与跟踪分析，开展规划中期评估和专项监测，推动本规划顺利实施。

国务院关于进一步推进户籍制度改革的意见

国发〔2014〕25号

各省、自治区、直辖市人民政府，国务院各部委、各直属机构：

为深入贯彻落实党的十八大、十八届三中全会和中央城镇化工作会议关于进一步推进户籍制度改革的要求，促进有能力在城镇稳定就业和生活的常住人口有序实现市民化，稳步推进城镇基本公共服务常住人口全覆盖，现提出以下意见。

一、总体要求

（一）指导思想。以邓小平理论、"三个代表"重要思想、科学发展观为指导，适应推进新型城镇化需要，进一步推进户籍制度改革，落实放宽户口迁移政策。统筹推进工业化、信息化、城镇化和农业现代化同步发展，推动大中小城市和小城镇协调发展、产业和城镇融合发展。统筹户籍制度改革和相关经济社会领域改革，合理引导农业人口有序向城镇转移，有序推进农业转移人口市民化。

（二）基本原则。

——坚持积极稳妥、规范有序。立足基本国情，积极稳妥推进，优先解决存量，有序引导增量，合理引导农业转移人口落户城镇的预期和选择。

——坚持以人为本、尊重群众意愿。尊重城乡居民自主定居意愿，依法保障农业转移人口及其他常住人口合法权益，不得采取强迫做法办理落户。

——坚持因地制宜、区别对待。充分考虑当地经济社会发展水平、城市综合承载能力和提供基本公共服务的能力，实施差别化落户政策。

——坚持统筹配套、提供基本保障。统筹推进户籍制度改革和基本公共服务均等化，不断扩大教育、就业、医疗、养老、住房保障等城镇基本公共服务覆盖面。

（三）发展目标。进一步调整户口迁移政策，统一城乡户口登记制度，全面实施居住证制度，加快建设和共享国家人口基础信息库，稳步推进义务教育、就业服务、基本养老、基本医疗卫生、住房保障等城镇基本公共服务覆盖全部常住人口。到 2020 年，基本建立与全面建成小康社会相适应，有效支撑社会管理和公共服务，依法保障公民权利，以人为本、科学高效、规范有序的新型户籍制度，努力实现 1 亿左右农业转移人口和其他常住人口在城镇落户。

二、进一步调整户口迁移政策

（四）全面放开建制镇和小城市落户限制。在县级市市区、县人民政府驻地镇和其他建制镇有合法稳定住所（含租赁）的人员，本人及其共同居住生活的配偶、未成年子女、父母等，可以在当地申请登记常住户口。

（五）有序放开中等城市落户限制。在城区人口 50 万至 100 万的城市合法稳定就业并有合法稳定住所（含租赁），同时按照国家规定参加城镇社会保险达到一定年限的人员，本人及其共同居住生活的配偶、未成年子女、父母等，可以在当地申请登记常住户口。城市综合承载能力压力小的地方，可以参照建制镇和小城市标准，全面放开落户限制；城市综合承载能力压力大的地方，可以对合法稳定就业的范围、年限和合法稳定住所（含租赁）的范围、条件等作出具体规定，但对合法稳定住所（含租赁）不得设置住房面积、金额等要求，对参加城镇社会保险年限的要求不得超过 3 年。

（六）合理确定大城市落户条件。在城区人口 100 万至 300 万的城市合法稳定就业达到一定年限并有合法稳定住所（含租赁），同时按照国家规定参加城镇社会保险达到一定年限的人员，本人及其共同居住生活的配偶、未成年子女、父母等，可以在当地申请登记常住户口。城区人口300 万至 500 万的城市，要适度控制落户规模和节奏，可以对合法稳定就业的范围、年限和合法稳定住所（含租赁）的范围、条件等作出较严格的规定，也可结合本地实际，建立积分落户制度。大城市对参加城镇社会保险年限的要求不得超过 5 年。

（七）严格控制特大城市人口规模。改进城区人口 500 万以上的城市现行落户政策，建立完善积分落户制度。根据综合承载能力和经济社会发展需要，以具有合法稳定就业和合法稳定住所（含租赁）、参加城镇社会保险年限、连续居住年限等为主要指标，合理设置积分分值。按照总量控制、公开透明、有序办理、公平公正的原则，达到规定分值的流动人口本人及其共同居住生活的配偶、未成年子女、父母等，可以在当地申请登记常住户口。

（八）有效解决户口迁移中的重点问题。认真落实优先解决存量的要求，重点解决进城时间长、就业能力强、可以适应城镇产业转型升级和市场竞争环境的人员落户问题。不断提高高校毕业生、技术工人、职业院校毕业生、留学回国人员等常住人口的城镇落户率。

三、创新人口管理

（九）建立城乡统一的户口登记制度。取消农业户口与非农业户口性质区分和由此衍生的蓝印户口等户口类型，统一登记为居民户口，体现户籍制度的人口登记管理功能。建立与统一城乡户口登记制度相适应的教育、卫生计生、就业、社保、住房、土地及人口统计制度。

（十）建立居住证制度。公民离开常住户口所在地到其他设区的市级以上城市居住半年以上的，在居住地申领居住证。符合条件的居住证持有人，可以在居住地申请登记常住户口。以居住证为载体，建立健全与居住年限等条件相挂钩的基本公共服务提供机制。居住证持有人享有与当地户籍人口同等的劳动就业、基本公共教育、基本医疗卫生服务、计划生育服务、公共文化服务、证照办理服务等权利；以连续居住年限和参加社会保险年限等为条件，逐步享有与当地户籍人口同等的中等职业教育资助、就业扶持、住房保障、养老服务、社会福利、社会救助等权利，同时结合随迁子女在当地连续就学年限等情况，逐步享有随迁子女在当地参加中考和高考的资格。各地要积极创造条件，不断扩大向居住证持有人提供公共服务的范围。按照权责对等的原则，居住证持有人应当履行服兵役和参加民兵组织等国家和地方规定的公民义务。

（十一）健全人口信息管理制度。建立健全实际居住人口登记制度，加强和完善人口统计调查，全面、准确掌握人口规模、人员结构、地区分布等情况。建设和完善覆盖全国人口、以公民身份号码为唯一标识、以人口基础信息为基准的国家人口基础信息库，分类完善劳动就业、教育、收入、社保、房产、信用、卫生计生、税务、婚姻、民族等信息系统，逐步实现跨部门、跨地区信息整合和共享，为制定人口发展战略和政策提供信息支持，为人口服务和管理提供支撑。

四、切实保障农业转移人口及其他常住人口合法权益

（十二）完善农村产权制度。土地承包经营权和宅基地使用权是法律赋予农户的用益物权，集体收益分配权是农民作为集体经济组织成员应当享有的合法财产权利。加快推进农村土地确权、登记、颁证，依法保障农民的土地承包经营权、宅基地使用权。推进农村集体经济组织产权制度改革，探索集体经济组织成员资格认定办法和集体经济有效实现形式，保护成员的集体财产权和收益分配权。建立农村产权流转交易市场，推动农村产权流转交易公开、公正、规范运行。坚持依法、自愿、有偿的原则，引导农业转移人口有序流转土地承包经营权。进城落户农民是否有偿退出"三权"，应根据党的十八届三中全会精神，在尊重农民意愿前提下开展试点。现阶段，不得以退出土地承包经营权、宅基地使用权、集体收益分配权作为农民进城落户的条件。

（十三）扩大基本公共服务覆盖面。保障农业转移人口及其他常住人口随迁子女平等享有受教育权利；将随迁子女义务教育纳入各级政府教育发展规划和财政保障范畴；逐步完善并落实随迁子女在流入地接受中等职业教育免学费和普惠性学前教育的政策以及接受义务教育后参加升学考试的实施办法。完善就业失业登记管理制度，面向农业转移人口全面提供政府补贴职业技能培训服务，加大创业扶持力度，促进农村转移劳动力就业。将农业转移人口及其他常住人口纳入社区卫生和计划生育服务体系，提供基本医疗卫生服务。把进城落户农民完全纳入城镇社会保障体系，在农村参加的养老保险和医疗保险规范接入城镇社会保障体系，完善并落实医疗保险关系转移接续办法和异地就医结算办法，整合城乡居民基本医疗保险制度，加快实施统一的城乡医疗救助制度。提高统筹层次，实现基础养老金全国统筹，加快实施统一的城乡居民基本养老保险制度，落实城镇职工基本养老保险关系转移接续政策。加快建立覆盖城乡的社会养老服务体系，促进基本养老服务均等化。完善以低保制度为核心的社会救助体系，实现城乡社会救助统筹发展。把进城落户农民完全纳入城镇住房保障体系，采取多种方式保障农业转移人口基本住房需求。

（十四）加强基本公共服务财力保障。建立财政转移支付同农业转移人口市民化挂钩机制。完善促进基本公共服务均等化的公共财政体系，

逐步理顺事权关系，建立事权和支出责任相适应的制度，中央和地方按照事权划分相应承担和分担支出责任。深化税收制度改革，完善地方税体系。完善转移支付制度，加大财力均衡力度，保障地方政府提供基本公共服务的财力。

五、切实加强组织领导

（十五）抓紧落实政策措施。进一步推进户籍制度改革，是涉及亿万农业转移人口的一项重大举措。各地区、各有关部门要充分认识户籍制度改革的重大意义，深刻把握城镇化进程的客观规律，进一步统一思想，加强领导，周密部署，敢于担当，按照走中国特色新型城镇化道路、全面提高城镇化质量的新要求，切实落实户籍制度改革的各项政策措施，防止急于求成、运动式推进。各省、自治区、直辖市人民政府要根据本意见，统筹考虑，因地制宜，抓紧出台本地区具体可操作的户籍制度改革措施，并向社会公布，加强社会监督。公安部、发展改革委、教育部、民政部、财政部、人力资源和社会保障部、国土资源部、住房城乡建设部、农业部、卫生计生委、法制办等部门要按照职能分工，抓紧制定教育、就业、医疗、养老、住房保障等方面的配套政策，完善法规，落实经费保障。公安部和发展改革委、人力资源和社会保障部要会同有关部门对各地区实施户籍制度改革工作加强跟踪评估、督察指导。公安部和各地公安机关要加强户籍管理和居民身份证管理，严肃法纪，做好户籍制度改革的基础工作。

（十六）积极做好宣传引导。全面阐释适应中国特色新型城镇化发展、进一步推进户籍制度改革的重大意义，准确解读户籍制度改革及相关配套政策。大力宣传各地在解决农业转移人口及其他常住人口落户城镇、保障合法权益、提供基本公共服务等方面的好经验、好做法，合理引导社会预期，回应群众关切，凝聚各方共识，形成改革合力，为进一步推进户籍制度改革营造良好的社会环境。

国务院

2014 年 7 月 24 日

国务院关于调整城市规模划分标准的通知

国发〔2014〕51 号

各省、自治区、直辖市人民政府，国务院各部委、各直属机构：

改革开放以来，伴随着工业化进程加速，我国城镇化取得了巨大成就，城市数量和规模都有了明显增长，原有的城市规模划分标准已难以适应城镇化发展等新形势要求。当前，我国城镇化正处于深入发展的关键时期，为更好地实施人口和城市分类管理，满足经济社会发展需要，现将城市规模划分标准调整为：

以城区常住人口为统计口径，将城市划分为五类七档。城区常住人口 50 万以下的城市为小城市，其中 20 万以上 50 万以下的城市为 I 型小城市，20 万以下的城市为 II 型小城市；城区常住人口 50 万以上 100 万以下的城市为中等城市；城区常住人口 100 万以上 500 万以下的城市为大城市，其中 300 万以上 500 万以下的城市为 I 型大城市，100 万以上 300 万以下的城市为 II 型大城市；城区常住人口 500 万以上 1000 万以下的城市为特大城市；城区常住人口 1000 万以上的城市为超大城市。以上包括本数，以下不包括本数。

城区是指在市辖区和不设区的市，区、市政府驻地的实际建设连接到的居民委员会所辖区域和其他区域。常住人口包括：居住在本乡镇街道，且户口在本乡镇街道或户口待定的人；居住在本乡镇街道，且离开户口登记地所在的乡镇街道半年以上的人；户口在本乡镇街道，且外出不满半年或在境外工作学习的人。

新标准自本通知印发之日起实施。各地区、各部门出台的与城市规模分类相关的政策、标准和规范等要按照新标准进行相应修订。

国务院

2014 年 10 月 29 日

居住证暂行条例

中华人民共和国国务院令第 663 号

第一条 为了促进新型城镇化的健康发展，推进城镇基本公共服务和便利常住人口全覆盖，保障公民合法权益，促进社会公平正义，制定本条例。

第二条 公民离开常住户口所在地，到其他城市居住半年以上，符合有合法稳定就业、合法稳定住所、连续就读条件之一的，可以依照本条例的规定申领居住证。

第三条 居住证是持证人在居住地居住、作为常住人口享受基本公共服务和便利、申请登记常住户口的证明。

第四条 居住证登载的内容包括：姓名、性别、民族、出生日期、公民身份号码、本人相片、常住户口所在地住址、居住地住址、证件的签发机关和签发日期。

第五条 县级以上人民政府应当建立健全为居住证持有人提供基本公共服务和便利的机制。县级以上人民政府发展改革、教育、公安、民政、司法行政、人力资源社会保障、住房城乡建设、卫生计生等有关部门应当根据各自职责，做好居住证持有人的权益保障、服务和管理工作。

第六条 县级以上人民政府应当将为居住证持有人提供基本公共服务和便利的工作纳入国民经济和社会发展规划，完善财政转移支付制度，将提供基本公共服务和便利所需费用纳入财政预算。

第七条 县级以上人民政府有关部门应当建立和完善人口信息库，分类完善劳动就业、教育、社会保障、房产、信用、卫生计生、婚姻等信息系统以及居住证持有人信息的采集、登记工作，加强部门之间、地区之间居住证持有人信息的共享，为推进社会保险、住房公积金等转移接续制度，实现基本公共服务常住人口全覆盖提供信息支持，为居住证持有人在居住地居住提供便利。

第八条 公安机关负责居住证的申领受理、制作、发放、签注等证件管理工作。

居民委员会、村民委员会、用人单位、就读学校以及房屋出租人应当协助做好居住证的申领受理、发放等工作。

第九条 申领居住证，应当向居住地公安派出所或者受公安机关委托的社区服务机构提交本人居民身份证、本人相片以及居住地住址、就业、就读等证明材料。

居住地住址证明包括房屋租赁合同、房屋产权证明文件、购房合同或者房屋出租人、用人单位、就读学校出具的住宿证明等；就业证明包括工商营业执照、劳动合同、用人单位出具的劳动关系证明或者其他能够证明有合法稳定就业的材料等；就读证明包括学生证、就读学校出具的其他能够证明连续就读的材料等。

未满 16 周岁的未成年人和行动不便的老年人、残疾人等，可以由其监护人、近亲属代为申领居住证。监护人、近亲属代为办理的，应当提供委托人、代办人的合法有效身份证件。

申请人及相关证明材料出具人应当对本条规定的证明材料的真实性、合法性负责。

对申请材料不全的，公安派出所或者受公安机关委托的社区服务机构应当一次性告知申领人需要补充的材料。

对符合居住证办理条件的，公安机关应当自受理之日起 15 日内制作发放居住证；在偏远地区、交通不便的地区或者因特殊情况，不能按期制作发放居住证的，设区的市级以上地方人民政府在实施办法中可以对制作发放时限作出延长规定，但延长后最长不得超过 30 日。

第十条 居住证由县级人民政府公安机关签发，每年签注 1 次。

居住证持有人在居住地连续居住的，应当在居住每满 1 年之日前 1 个月内，到居住地公安派出所或者受公安机关委托的社区服务机构办理签注手续。

逾期未办理签注手续的，居住证使用功能中止；补办签注手续的，居住证的使用功能恢复，居住证持有人在居住地的居住年限自补办签注手续之日起连续计算。

第十一条 居住证损坏难以辨认或者丢失的，居住证持有人应当到居住地公安派出所或者受公安机关委托的社区服务机构办理换领、补领手续。

居住证持有人换领新证时，应当交回原证。

第十二条　居住证持有人在居住地依法享受劳动就业，参加社会保险，缴存、提取和使用住房公积金的权利。县级以上人民政府及其有关部门应当为居住证持有人提供下列基本公共服务：

（一）义务教育；

（二）基本公共就业服务；

（三）基本公共卫生服务和计划生育服务；

（四）公共文化体育服务；

（五）法律援助和其他法律服务；

（六）国家规定的其他基本公共服务。

第十三条　居住证持有人在居住地享受下列便利：

（一）按照国家有关规定办理出入境证件；

（二）按照国家有关规定换领、补领居民身份证：

（三）机动车登记；

（四）申领机动车驾驶证；

（五）报名参加职业资格考试、申请授予职业资格；

（六）办理生育服务登记和其他计划生育证明材料；

（七）国家规定的其他便利。

第十四条　国务院有关部门、地方各级人民政府及其有关部门应当积极创造条件，逐步扩大为居住证持有人提供公共服务和便利的范围，提高服务标准，并定期向社会公布居住证持有人享受的公共服务和便利的范围。

第十五条　居住证持有人符合居住地人民政府规定的落户条件的，可以根据本人意愿，将常住户口由原户口所在地迁入居住地。

第十六条　居住地人民政府应当根据下列规定确定落户条件：

（一）建制镇和城区人口 50 万以下的小城市的落户条件为在城市市区、县人民政府驻地镇或者其他建制镇有合法稳定住所。

（二）城区人口 50 万至 100 万的中等城市的落户条件为在城市有合法稳定就业并有合法稳定住所，同时按照国家规定参加城镇社会保险达到一定年限。其中，城市综合承载能力压力小的地方，可以参照建制镇和小城市标准，全面放开落户限制；城市综合承载能力压力大的地方，可以对合法稳定就业的范围、年限和合法稳定住所的范围、条件等作出规定，但对合法稳定住所不得设置住房面积、金额等要求，对参加城镇社会保险年限的要求不得超过 3 年。

（三）城区人口 100 万至 500 万的大城市的落户条件为在城市有合法稳定就业达到一定年限并有合法稳定住所，同时按照国家规定参加城镇社会保险达到一定年限，但对参加城镇社会保险年限的要求不得超过 5 年。其中，城区人口 300 万至 500 万的大城市可以对合法稳定就业的范围、年限和合法稳定住所的范围、条件等作出规定，也可结合本地实际，建立积分落户制度。

（四）城区人口 500 万以上的特大城市和超大城市应当根据城市综合承载能力和经济社会发展需要，以具有合法稳定就业和合法稳定住所、参加城镇社会保险年限、连续居住年限等为主要指标，建立完善积分落户制度。

第十七条　国家机关及其工作人员对在工作过程中知悉的居住证持有人个人信息，应当予以保密。

第十八条　有下列行为之一的，由公安机关给予警告、责令改正，处 200 元以下罚款，有违法所得的，没收违法所得：

（一）使用虚假证明材料骗领居住证；

（二）出租、出借、转让居住证；

（三）非法扣押他人居住证。

第十九条　有下列行为之一的，由公安机关处 200 元以上 1000 元以下罚款，有违法所得的，没收违法所得：

（一）冒用他人居住证或者使用骗领的居住证；

（二）购买、出售、使用伪造、变造的居住证。

伪造、变造的居住证和骗领的居住证，由公安机关予以收缴。

第二十条　国家机关及其工作人员有下列行为之一的，依法给予处分；构成犯罪的，依法追究刑事责任：

（一）符合居住证申领条件但拒绝受理、发放；

（二）违反有关规定收取费用；

（三）利用制作、发放居住证的便利，收受他人财物或者谋取其他利益；

（四）将在工作中知悉的居住证持有人个人信息出售或者非法提供给

他人；

（五）篡改居住证信息。

第二十一条　首次申领居住证，免收证件工本费。换领、补领居住证，应当缴纳证件工本费。办理签注手续不得收取费用。

具体收费办法由国务院财政部门、价格主管部门制定。

第二十二条　设区的市级以上地方人民政府应当结合本行政区域经济社会发展需要及落户条件等因素，根据本条例制定实施办法。

第二十三条　本条例自 2016 年 1 月 1 日起施行。本条例施行前各地已发放的居住证，在有效期内继续有效。

国务院关于深入推进新型城镇化建设的若干意见

国发〔2016〕8 号

各省、自治区、直辖市人民政府，国务院各部委、各直属机构：

新型城镇化是现代化的必由之路，是最大的内需潜力所在，是经济发展的重要动力，也是一项重要的民生工程。《国家新型城镇化规划（2014—2020 年）》发布实施以来，各地区、各部门抓紧行动、改革探索，新型城镇化各项工作取得了积极进展，但仍然存在农业转移人口市民化进展缓慢、城镇化质量不高、对扩大内需的主动力作用没有得到充分发挥等问题。为总结推广各地区行之有效的经验，深入推进新型城镇化建设，现提出如下意见。

一、总体要求

全面贯彻党的十八大和十八届二中、三中、四中、五中全会以及中央经济工作会议、中央城镇化工作会议、中央城市工作会议、中央扶贫开发工作会议、中央农村工作会议精神，按照"五位一体"总体布局和"四个全面"战略布局，牢固树立创新、协调、绿色、开放、共享的发展理念，坚持走以人为本、四化同步、优化布局、生态文明、文化传承的中国特色新型城镇化道路，以人的城镇化为核心，以提高质量为关键，以体制机制改革为动力，紧紧围绕新型城镇化目标任务，加快推进户籍制度改革，提升城市综合承载能力，制定完善土地、财政、投融资等配套政策，充分释放新型城镇化蕴藏的巨大内需潜力，为经济持续健康发展提供持久强劲动力。

坚持点面结合、统筹推进。统筹规划、总体布局，促进大中小城市和小城镇协调发展，着力解决好"三个1亿人"城镇化问题，全面提高城镇化质量。充分发挥国家新型城镇化综合试点作用，及时总结提炼可复制经验，带动全国新型城镇化体制机制创新。

坚持纵横联动、协同推进。加强部门间政策制定和实施的协调配合，推动户籍、土地、财政、住房等相关政策和改革举措形成合力。加强部门与地方政策联动，推动地方加快出台一批配套政策，确保改革举措和政策落地生根。

坚持补齐短板、重点突破。加快实施"一融双新"工程，以促进农民工融入城镇为核心，以加快新生中小城市培育发展和新型城市建设为重点，瞄准短板，加快突破，优化政策组合，弥补供需缺口，促进新型城镇化健康有序发展。

二、积极推进农业转移人口市民化

（一）加快落实户籍制度改革政策。围绕加快提高户籍人口城镇化率，深化户籍制度改革，促进有能力在城镇稳定就业和生活的农业转移人口举家进城落户，并与城镇居民享有同等权利、履行同等义务。鼓励各地区进一步放宽落户条件，除极少数超大城市外，允许农业转移人口在就业地落户，优先解决农村学生升学和参军进入城镇的人口、在城镇就业居住5年以上和举家迁徙的农业转移人口以及新生代农民工落户问题，全面放开对高校毕业生、技术工人、职业院校毕业生、留学归国人员的落户限制，加快制定公开透明的落户标准和切实可行的落户目标。除超大城市和特大城市外，其他城市不得采取要求购买房屋、投资纳税、积分制等方式设置落户限制。加快调整完善超大城市和特大城市落户政策，根据城市综合承载能力和功能定位，区分主城区、郊区、新区等区域，分类制定落户政策；以具有合法稳定就业和合法稳定住所（含租赁）、参加城镇社会保险年限、连续居住年限等为主要指标，建立完善积分落户制度，重点解决符合条件的普通劳动者的落户问题。加快制定实施推动1亿非户籍人口在城市落户方案，强化地方政府主体责任，确保如期完成。

（二）全面实行居住证制度。推进居住证制度覆盖全部未落户城镇常住人口，保障居住证持有人在居住地享有义务教育、基本公共就业服务、基本公共卫生服务和计划生育服务、公共文化体育服务、法律援助和法律服务以及国家规定的其他基本公共服务；同时，在居住地享有按照国家有关规定办理出入境证件、换领补领居民身份证、机动车登记、申领机动车驾驶证、报名参加职业资格考试和申请授予职业资格以及其他便利。鼓励地方各级人民政府根据本地承载能力不断扩大对居住证持有人的公共服务范围并提高服务标准，缩小与户籍人口基本公共服务的差距。推动居住证持有人享有与当地户籍人口同等的住房保障权利，将符合条件的农业转移人口纳入当地住房保障范围。各城市要根据《居住证暂行条例》，加快制定实施具体管理办法，防止居住证与基本公共服务脱钩。

（三）推进城镇基本公共服务常住人口全覆盖。保障农民工随迁子女以流入地公办学校为主接受义务教育，以公办幼儿园和普惠性民办幼儿园为主接受学前教育。实施义务教育"两免一补"和生均公用经费基准定额资金随学生流动可携带政策，统筹人口流入地与流出地教师编制。组织实施农民工职业技能提升计划，每年培训 2000 万人次以上。允许在农村参加的养老保险和医疗保险规范接入城镇社保体系，加快建立基本医疗保险异地就医医疗费用结算制度。

（四）加快建立农业转移人口市民化激励机制。切实维护进城落户农民在农村的合法权益。实施财政转移支付同农业转移人口市民化挂钩政策，实施城镇建设用地增加规模与吸纳农业转移人口落户数量挂钩政策，中央预算内投资安排向吸纳农业转移人口落户数量较多的城镇倾斜。各省级人民政府要出台相应配套政策，加快推进农业转移人口市民化进程。

三、全面提升城市功能

（五）加快城镇棚户区、城中村和危房改造。围绕实现约 1 亿人居住的城镇棚户区、城中村和危房改造目标，实施棚户区改造行动计划和城镇旧房改造工程，推动棚户区改造与名城保护、城市更新相结合，加快推进城市棚户区和城中村改造，有序推进旧住宅小区综合整治、危旧住房和非成套住房（包括无上下水、北方地区无供热设施等的住房）改造，将棚户区改造政策支持范围扩大到全国重点镇。加强棚户区改造工程质量监督，严格实施质量责任终身追究制度。

（六）加快城市综合交通网络建设。优化街区路网结构，建设快速路、主次干路和支路级配合理的路网系统，提升城市道路网络密度，优先发展公共交通。大城市要统筹公共汽车、轻轨、地铁等协同发展，推进城市轨道交通系统和自行车等慢行交通系统建设，在有条件的地区规划建设市郊铁路，提高道路的通达性。畅通进出城市通道，加快换乘枢纽、停车场等设施建设，推进充电站、充电桩等新能源汽车充电设施建设，将其纳入城市旧城改造和新城建设规划同步实施。

（七）实施城市地下管网改造工程。统筹城市地上地下设施规划建设，加强城市地下基础设施建设和改造，合理布局电力、通信、广电、给排水、热力、燃气等地下管网，加快实施既有路面城市电网、通信网络架空线入地工程。推动城市新区、各类园区、成片开发区的新建道路同步建设地下综合管廊，老城区要结合地铁建设、河道治理、道路整治、旧城更新、棚户区改造等逐步推进地下综合管廊建设，鼓励社会资本投资运营地下综合管廊。加快城市易涝点改造，推进雨污分流管网改造与排水和防洪排涝设施建设。加强供水管网改造，降低供水管网漏损率。

（八）推进海绵城市建设。在城市新区、各类园区、成片开发区全面推进海绵城市建设。在老城区结合棚户区、危房改造和老旧小区有机更新，妥善解决城市防洪安全、雨水收集利用、黑臭水体治理等问题。加强海绵型建筑与小区、海绵型道路与广场、海绵型公园与绿地、绿色蓄排与净化利用设施等建设。加强自然水系保护与生态修复，切实保护良好水体和饮用水源。

（九）推动新型城市建设。坚持适用、经济、绿色、美观方针，提升规划水平，增强城市规划的科学性和权威性，促进"多规合一"，全面开展城市设计，加快建设绿色城市、智慧城市、人文城市等新型城市，全面提升城市内在品质。实施"宽带中国"战略和"互联网＋"城市计划，加速光纤入户，促进宽带网络提速降费，发展智能交通、智能电网、智能水务、智能管网、智能园区。推动分布式太阳能、风能、生物质能、地热能多元化规模化应用和工业余热供暖，推进既有建筑供热计量和节能改造，对大型公共建筑和政府投资的各类建筑全面执行绿色建筑标准和认证，积极推广应用绿色新型建材、装配式建筑和钢结构建筑。加强垃圾处理设施建设，基本建立建筑垃圾、餐厨废弃物、园林废弃物等回收和再生利用体系，建设循环型城市。划定永久基本农田、生态保护红线和城市开发边界，实施城市生态廊道建设和生态系统修复工程。制定实施城市空气质量达标时间表，努力提高优良天数比例，大幅减少重污染天数。落实最严格水资源管理制度，推广节水新技术和新工艺，积极推进中水回用，全面建设节水型城市。促进国家级新区健康发展，推动符合条件的开发区向城市功能区转型，引导工业集聚区规范发展。

（十）提升城市公共服务水平。根据城镇常住人口增长趋势，加大财政对接收农民工随迁子女较多的城镇中小学校、幼儿园建设的投入力度，吸引企业和社会力量投资建学办学，增加中小学校和幼儿园学位供给。统筹新老城区公共服务资源均衡配置。加强医疗卫生机构、文化设施、体育健身场所设施、公园绿地等公共服务设施以及社区服务综合信息平台规划建设。优化社区生活设施布局，打造包括物流配送、便民超市、银行网点、零售药店、家庭服务中心等在内的便捷生活服务圈。建设以居家为基础、社区为依托、机构为补充的多层次养老服务体系，推动生活照料、康复护理、精神慰藉、紧急援助等服务全覆盖。加快推进住宅、公共建筑等的适老化改造。加强城镇公用设施使用安全管理，健全城市抗震、防洪、排涝、消防、应对地质灾害应急指挥体系，完善城市生命通道系统，加强城市防灾避难场所建设，增强抵御自然灾害、处置突发事件和危机管理能力。

四、加快培育中小城市和特色小城镇

（十一）提升县城和重点镇基础设施水平。加强县城和重点镇公共供水、道路交通、燃气供热、信息网络、分布式能源等市政设施和教育、医疗、文化等公共服务设施建设。推进城镇生活污水垃圾处理设施全覆盖和稳定运行，提高县城垃圾资源化、无害化处理能力，加快重点镇垃圾收集和转运设施建设，利用水泥窑协同处理生活垃圾及污泥。推进北方县城和重点镇集中供热全覆盖。加大对中西部地区发展潜力大、吸纳人口多的县城和重点镇的支持力度。

（十二）加快拓展特大镇功能。开展特大镇功能设置试点，以下放事权、扩大财权、改革人事权及强化用地指标保障等为重点，赋予镇区人口 10 万以上的特大镇部分县级管理权限，允许其按照相同人口规模城市市政设施标准进行建设发展。同步推进特大镇行政管理体制改革和设市模式创新改革试点，减少行政管理层级、推行大部门制，降低行政成本、提高行政效率。

（十三）加快特色镇发展。因地制宜、突出特色、创新机制，充分发挥市场主体作用，推动小城镇发展与疏解大城市中心城区功能相结合、与特色产业发展相结合、与服务"三农"相结合。发展具有特色优势的休闲旅游、商贸物流、信息产业、先进制造、民俗文化传承、科技教育等魅力小镇，带动农业现代化和农民就近城镇化。提升边境口岸城镇功能，在人员往来、加工物流、旅游等方面实行差别化政策，提高投资贸易便利化水平和人流物流便利化程度。

（十四）培育发展一批中小城市。完善设市标准和市辖区设置标准，规范审核审批程序，加快启动相关工作，将具备条件的县和特大镇有序设置为市。适当放宽中西部地区中小城市设置标准，加强产业和公共资源布局引导，适度增加中西部地区中小城市数量。

（十五）加快城市群建设。编制实施一批城市群发展规划，优化提升京津冀、长三角、珠三角三大城市群，推动形成东北地区、中原地区、长江中游、成渝地区、关中平原等城市群。推进城市群基础设施一体化建设，构建核心城市 1 小时通勤圈，完善城市群之间快速高效互联互通交通网络，建设以高速铁路、城际铁路、高速公路为骨干的城市群内部交通网络，统筹规划建设高速联通、服务便捷的信息网络，统筹推进重大能源基础设施和能源市场一体化建设，共同建设安全可靠的水利和供水系统。做好城镇发展规划与安全生产规划的统筹衔接。

五、辐射带动新农村建设

（十六）推动基础设施和公共服务向农村延伸。推动水电路等基础设施城乡联网。推进城乡配电网建设改造，加快信息进村入户，尽快实现行政村通硬化路、通班车、通邮、通快递，推动有条件地区燃气向农村覆盖。开展农村人居环境整治行动，加强农村垃圾和污水收集处理设施以及防洪排涝设施建设，强化河湖水系整治，加大对传统村落民居和历史文化名村名镇的保护力度，建设美丽宜居乡村。加快农村教育、医疗卫生、文化等事业发展，推进城乡基本公共服务均等化。深化农村社区建设试点。

（十七）带动农村一二三产业融合发展。以县级行政区为基础，以建制镇为支点，搭建多层次、宽领域、广覆盖的农村一二三产业融合发展服务平台，完善利益联结机制，促进农业产业链延伸，推进农业与旅游、教育、文化、健康养老等产业深度融合，大力发展农业新型业态。强化农民合作社和家庭农场基础作用，支持龙头企业引领示范，鼓励社会资本投入，培育多元化农业产业融合主体。推动返乡创业集聚发展。

（十八）带动农村电子商务发展。加快农村宽带网络和快递网络建设，加快农村电子商务发展和"快递下乡"。支持适应乡村特点的电子商务服务平台、商品集散平台和物流中心建设，鼓励电子商务第三方交易平台渠道下沉，带动农村特色产业发展，推进农产品进城、农业生产资料下乡。完善有利于中小网商发展的政策措施，在风险可控、商业可持续的前提下支持发展面向中小网商的融资贷款业务。

（十九）推进易地扶贫搬迁与新型城镇化结合。坚持尊重群众意愿，注重因地制宜，搞好科学规划，在县城、小城镇或工业园区附近建设移民集中安置区，推进转移就业贫困人口在城镇落户。坚持加大中央财政支持和多渠道筹集资金相结合，坚持搬迁和发展两手抓，妥善解决搬迁群众的居住、看病、上学等问题，统筹谋划安置区产业发展与群众就业创业，确保搬迁群众生活有改善、发展有前景。

六、完善土地利用机制

（二十）规范推进城乡建设用地增减挂钩。总结完善并推广有关经验模式，全面实行城镇建设用地增加与农村建设用地减少相挂钩的政策。高标准、高质量推进村庄整治，在规范管理、规范操作、规范运行的基础上，扩大城乡建设用地增减挂钩规模和范围。运用现代信息技术手段加强土地利用变更情况监测监管。

（二十一）建立城镇低效用地再开发激励机制。允许存量土地使用权人在不违反法律法规、符合相关规划的前提下，按照有关规定经批准后对土地进行再开发。完善城镇存量土地再开发过程中的供应方式，鼓励原土地使用权人自行改造，涉及原划拨土地使用权转让需补办出让手续的，经依法批准，可采取规定方式办理并按市场价缴纳土地出让价款。在国家、改造者、土地权利人之间合理分配"三旧"（旧城镇、旧厂房、旧村庄）改造的土地收益。

（二十二）因地制宜推进低丘缓坡地开发。在坚持最严格的耕地保护制度、确保生态安全、切实做好地质灾害防治的前提下，在资源环境承载力适宜地区开展低丘缓坡地开发试点。通过创新规划计划方式、开展整体整治、土地分批供应等政策措施，合理确定低丘缓坡地开发用途、规模、布局和项目用地准入门槛。

（二十三）完善土地经营权和宅基地使用权流转机制。加快推进农村土地确权登记颁证工作，鼓励地方建立健全农村产权流转市场体系，探索农户对土地承包权、宅基地使用权、集体收益分配权的自愿有偿退出机制，支持引导其依法自愿有偿转让上述权益，提高资源利用效率，防止闲置和浪费。深入推进农村土地征收、集体经营性建设用地入市、宅基地制度改革试点，稳步开展农村承包土地的经营权和农民住房财产权抵押贷款试点。

七、创新投融资机制

（二十四）深化政府和社会资本合作。进一步放宽准入条件，健全价格调整机制和政府补贴、监管机制，广泛吸引社会资本参与城市基础设施和市政公用设施建设和运营。根据经营性、准经营性和非经营性项目不同特点，采取更具针对性的政府和社会资本合作模式，加快城市基础设施和公共服务设施建设。

（二十五）加大政府投入力度。优化政府投资结构，安排专项资金重点支持农业转移人口市民化相关配套设施建设。编制公开透明的政府资产负债表，允许有条件的地区通过发行地方政府债券等多种方式拓宽城市建设融资渠道。省级政府举债使用方向要向新型城镇化倾斜。

（二十六）强化金融支持。专项建设基金要扩大支持新型城镇化建设的覆盖面，安排专门资金定向支持城市基础设施和公共服务设施建设、特色小城镇功能提升等。鼓励开发银行、农业发展银行创新信贷模式和产品，针对新型城镇化项目设计差别化融资模式与偿债机制。鼓励商业银行开发面向新型城镇化的金融服务和产品。鼓励公共基金、保险资金等参与具有稳定收益的城市基础设施项目建设和运营。鼓励地方利用财政资金和社会资金设立城镇化发展基金，鼓励地方整合政府投资平台设立城镇化投资平台。支持城市政府推行基础设施和租赁房资产证券化，提高城市基础设施项目直接融资比重。

八、完善城镇住房制度

（二十七）建立购租并举的城镇住房制度。以满足新市民的住房需求为主要出发点，建立购房与租房并举、市场配置与政府保障相结合的住房制度，健全以市场为主满足多层次需求、以政府为主提供基本保障的住房供应体系。对具备购房能力的常住人口，支持其购买商品住房。对不具备购房能力或没有购房意愿的常住人口，支持其通过住房租赁市场租房居住。对符合条件的低收入住房困难家庭，通过提供公共租赁住房或发放租赁补贴保障其基本住房需求。

（二十八）完善城镇住房保障体系。住房保障采取实物与租赁补贴相结合并逐步转向租赁补贴为主。加快推广租赁补贴制度，采取市场提供房源、政府发放补贴的方式，支持符合条件的农业转移人口通过住房租赁市场租房居住。归并实物住房保障种类。完善住房保障申请、审核、公示、轮候、复核制度，严格保障性住房分配和使用管理，健全退出机制，确保住房保障体系公平、公正和健康运行。

（二十九）加快发展专业化住房租赁市场。通过实施土地、规划、金融、税收等相关支持政策，培育专业化市场主体，引导企业投资购房用于租赁经营，支持房地产企业调整资产配置持有住房用于租赁经营，引导住房租赁企业和房地产开发企业经营新建租赁住房。支持专业企业、物业服务企业等通过租赁或购买社会闲置住房开展租赁经营，落实鼓励居民出租住房的税收优惠政策，激活存量住房租赁市场。鼓励商业银行开发适合住房租赁业务发展需要的信贷产品，在风险可控、商业可持续的原则下，对购买商品住房开展租赁业务的企业提供购房信贷支持。

（三十）健全房地产市场调控机制。调整完善差别化住房信贷政策，发展个人住房贷款保险业务，提高对农民工等中低收入群体的住房金融服务水平。完善住房用地供应制度，优化住房供应结构。加强商品房预售管理，推行商品房买卖合同在线签订和备案制度，完善商品房交易资金监管机制。进一步提高城镇棚户区改造以及其他房屋征收项目货币化安置比例。鼓励引导农民在中小城市就近购房。

九、加快推进新型城镇化综合试点

（三十一）深化试点内容。在建立农业转移人口市民化成本分担机制、建立多元化可持续城镇化投融资机制、改革完善农村宅基地制度、建立创新行政管理和降低行政成本的设市设区模式等方面加大探索力度，实现重点突破。鼓励试点地区有序建立进城落户农民农村土地承包权、宅基地使用权、集体收益分配权依法自愿有偿退出机制。有可能突破现行法规和政策的改革探索，在履行必要程序后，赋予试点地区相应权限。

（三十二）扩大试点范围。按照向中西部和东北地区倾斜、向中小城市和小城镇倾斜的原则，组织开展第二批国家新型城镇化综合试点。有关部门在组织开展城镇化相关领域的试点时，要向国家新型城镇化综合试点地区倾斜，以形成改革合力。

（三十三）加大支持力度。地方各级人民政府要营造宽松包容环境，支持试点地区发挥首创精神，推动顶层设计与基层探索良性互动、有机结合。国务院有关部门和省级人民政府要强化对试点地区的指导和支持，推动相关改革举措在试点地区先行先试，及时总结推广试点经验。各试点地区要制定实施年度推进计划，明确年度任务，建立健全试点绩效考核评价机制。

十、健全新型城镇化工作推进机制

（三十四）强化政策协调。国家发展改革委要依托推进新型城镇化工作部际联席会议制度，加强政策统筹协调，推动相关政策尽快出台实施，强化对地方新型城镇化工作的指导。各地区要进一步完善城镇化工作机制，各级发展改革部门要统筹推进本地区新型城镇化工作，其他部门要积极主动配合，共同推动新型城镇化取得更大成效。

（三十五）加强监督检查。有关部门要对各地区新型城镇化建设进展情况进行跟踪监测和监督检查，对相关配套政策实施效果进行跟踪分析和总结评估，确保政策举措落地生根。

（三十六）强化宣传引导。各地区、各部门要广泛宣传推进新型城镇化的新理念、新政策、新举措，及时报道典型经验和做法，强化示范效应，凝聚社会共识，为推进新型城镇化营造良好的社会环境和舆论氛围。

国务院

2016 年 2 月 2 日

参考文献

一 英文著作

Alan D. Anderson. , *Urbanization and American Economic Development*, *1900 -*
1930: Patterns of Demand in Baltimore and the Nation, Ann Arbor, Mich:
UMI, 1976.

Arturo Almandoz. , *Modernization*, *Urbanization and Development in Latin. A-*
merica, *1900 - 2000s*, Abingdon, Oxfordshire: Routledge, 2015.

Bairoch P. , *Cities and Economic Development: From the Dawn of History to the*
Present, The University of Chicago Press, 1988.

Blake Mckelvey, *The Urbanization of America*, *1860 - 1915*, New Brunswick,
N. J. : Rutgers University Press, 1963.

Childe V. , *The Urban Revolution. Town Planning Review*, 1950, Vol.
21, No. 1.

Davis K. , *The Origin and Growth of Urbanization in the World*, American
Journal of Sociology, 1955, 60 (5).

D. Mehta, *Urbanization of Poverty. Habitat Debate*, 2000, 68 (2).

Elizabeth Ann Milnarik, *The Federally Funded American Dream: Public Hous-*
ing as an Engine for Social Improvement, *1933 - 1937*, pp. 11 - 116. A Dis-
sertation Presented to the Graduate Faculty of the University of Virginia in
Candidacy for the Degree of Doctor of Philosophy, Department of Architec-
tural History at Virginia University, May, 2009.

Friedman, J. , *The World City Hypothesis*, Development & Change, 1986,
17 (1).

George Galster and Anne Zobel. , *Will Dispersed Housing Programme Reduce So-*

cial Problems in the US? Housing Studies, 1998, 13 (5).

Gilbert A. & Gugler J. Cities. , *Poverty and Development: Urbanization in the Third World*, New York: Oxford University Press, 1992.

Helen I. Safa. . *Towards a political economy of urbanization in Third World countries*, New Delhi: Oxford University Press, 1982.

Henderson V. , *Urban Development: Theory, Fact and Illusion*, Oxford University Press, 1988.

J. Vernon Henderson. , *Urbanization in Developing Countries*, Journal of Development Economics, Volume 22, Issue 2, July-August 1986, pp. 269–293.

Renaud B. , *National Urbanization Policy in Developing Countries*, Oxford University Press, 1981.

Ronald L. Moomaw & Ali M. Shatter. *Urbanization and Economic Development: A Bias toward Large Citics?* Journal of Urban Economics, 1996, Vol. 40 (1) . Volume 40, Issue 1, July 1996.

Sassen S. , *Cities in a World Economy*, London: Pine Forge Press, 1994.

Scott, Allen John. , *The Constitution of the City: Economy, Society, and Urbanization in the Capitalist Era*, Cham, Switzerland: Palgrave Macmillan, 2017.

Todaro M. , *A Model of Labor Migration and Urban Unemployment in Less Developed Countries*, The American Economic Review, March 1969, Vol. 59, No. 1.

Tolley G. S, & Thomas V. , *The Economics of Urbanization and Urban Policies in Developing Countries*, Washington, D. C. : Congressional Information Service, Inc. , 1988.

United Nations, Department of Economic and Social Affairs, Population Division (2015). World Urbanization Prospects: The 2014 Revision.

Ying XU & EHW Chan. , *Community Question in Transitional China: A Case Study of State-led Urbanization in Shanghai*, Journal of Urban Planning and Development, 2012, 137 (4).

二 中文著作

安虎森、朱妍：《经济发展水平与城市化模式选择》，《求索》2007 年第 6 期。

包宗华：《中国城市化道路与城市建设》，中国城市出版社 1992 年版。

蔡昉、林毅夫：《中国经济》，中国财政经济出版社 2003 年版。

蔡昉：《中国的二元经济与劳动力转移：理论分析与政策建议》，中国人 民大学出版社 1990 年版。

蔡美彪，《中华史纲》，社会科学文献出版社 2013 年版。

柴志春：《城市化历史演进中的中国土地利用趋势》，中国人民大学，博 士学位论文，2006 年。

陈元：《中国城市化进程中的规划研究与实践》，清华大学出版社 2013 年版。

陈智广、张艳萍：《加快推进城市化进程——中国农业发展的关键》，《阴 山学刊》2005 年第 5 期。

陈宗胜主编：《发展经济学：从贫困迈向富裕》，复旦大学出版社 2000 年版。

成德宁：《城市化与经济发展：理论、模式与政策》，科学出版社 2004 年 8 月版。

成德宁：《经济发达国家与发展中国家城镇化的比较与启示》，《经济评 论》2002 年第 1 期。

仇保兴：《中国城市化进程中的城市规划变革》，同济大学出版社 2005 年版。

杜潮：《关于美国工业革命的开始阶段》，《世界历史》1981 年第 4 期。

杜承骏（杜继东）：《20 世纪 50—60 年代美国对台湾的军事援助》，《广东 社会科学》2011 年第 3 期。

范恒山、陶良虎主编：《中国城市化进程》，人民出版社 2009 年版。

方军：《结构转变与城市化》，湖南人民出版社 2001 年版。

费孝通：《中国城乡发展的道路——我一生的研究课题》，《中国社会科 学》1993 年第 1 期。

冯俊：《中国城镇化与经济发展协调性研究》，《城市发展研究》2002 年第

2 期。

冯先学:《快速城市化进程中的城市规划管理》,中国建筑工业出版社
　　2006 年版。

付晓东:《中国城市化与可持续发展》,吉林出版集团股份有限公司 2016
　　年版。

高珮义:《中外城市化比较研究》,南开大学出版社 1991 年版、2004
　　年版。

辜胜阻:《二元城镇化战略及对策》,《人口研究》1991 年第 5 期。

辜胜阻:《非农化与城镇化研究》,浙江人民出版社 1991 年 12 月第 1 版。

辜胜阻、刘传江、钟水映:《中国自上而下的城镇化发展研究》,《中国人
　　口科学》1998 年第 3 期。

谷荣:《中国城市化公共政策研究》,东南大学出版社 2007 年版。

顾洪章、马克森:《中国知识青年上山下乡大事记》,人民日报出版社
　　2009 年版。

郭鸿懋:《城市宏观经济学》,南开大学出版社 1995 年版。

郭笑撰:《西方城市化理论、实践与我国城市化的模式选择》,武汉大学
　　出版社 2006 年版。

国家建设部编写组:《国外城市化发展概况》,中国建筑工业出版社 2003
　　年版。

国家统计局城市社会经济调查总队:《中国城市统计年鉴》,中国统计出
　　版社 2004 年版。

国家统计局数据调查司:《中国城市统计年鉴》,中国统计出版社 1997
　　年版。

国家统计局数据调查司:《中国城市统计年鉴》,中国统计出版社 2005
　　年版。

韩平、李斌、崔永:《我国 M2/GDP 的动态增长路径、货币供应量与政策
　　选择》,《经济研究》2005 年第 10 期。

郝寿义主编:《中国城市化快速发展期城市规划体系建设》,华中科技大
　　学出版社 2005 年版。

何立峰、胡祖才、陈旭、郑新立:《国家新型城镇化报告:2016》,中国
　　计划出版社 2017 年 5 月第 1 版。

贺雪峰:《谁来养活中国》,《决策》2014 年第 1 期。

胡鞍钢:《影响决策的国情报告》,清华大学出版社 2002 年版。

胡代光、高鸿业:《西方经济学大辞典》,经济科学出版社 2000 年版。

胡欣、江小群:《城市经济学》,立信会计出版社 2005 年版。

华生:《城市化转型与土地陷阱》,东方出版社 2013 年版。

黄范章:《中国在世界经济分工体系中的重要角色》,《经济学家》2005 年第 4 期。

黄绍湘:《美国历史》,中国大百科全书出版社 2013 年版。

黄小晶:《城市化中的政府行为》,中国财政经济出版社 2006 年版。

黄泽民:《货币金融学》,立信会计出版社 2009 年版。

纪晓岚:《城市化与小城镇社会管理研究》,华东理工大学出版社 2011 年版。

[加] 爱德华·李孟、张如飞:《应对城市化:中国城市管理与财政的战略选择》,邹立文等译,中国财政经济出版社 2003 年版。

[加] 约翰·史密森:《货币经济学前沿:论争与反思》,柳永明、王蕾译,上海财经大学出版社 2004 年版。

姜妮伶:《中国东北地区城市化发展研究》,经济科学出版社 2009 年版。

金恩斌:《韩国城市化及其对延边城市化的启示》,《延边大学学报》2006 年第 1 期。

金恩斌:《中外城市化进程透视:以韩国城市化为典型案例》,延边大学出版社 2006 年版。

剧锦文:《中国的城镇化与小城镇发展:江苏省靖江市东兴镇考察》,中国社会科学出版社 2013 年版。

黎诣远:《西方经济学》,高等教育出版社 1999 年版。

李琮:《世界经济学大辞典》,经济科学出版社 2000 年版。

李非:《论台湾城市化的形成与发展》,《台湾研究集刊》1987 年第 4 期。

李公绰:《战后日本的经济起飞》,湖南人民出版社 1988 年 10 月版。

李惠民:《近代石家庄城市化研究 (1901—1949)》,中华书局,2010 年 5 月。

李林:《中国城市化质量差异与其影响因素研究》,中国农业出版社 2008 年版。

李学春：《中国西北民族地区农村城市化道路问题研究》，民族出版社
　　2009 年版。

林毅夫：《再论制度、技术与中国农业发展》，北京大学出版社 2000 年第
　　1 版。

刘传江：《中国城市化的制度安排与创新》，武汉大学出版社 1999 年版。

刘耀彬、张守忠、李玉英：《城市化加速推进中的农村土地冲突机制及规
　　避政策研究：以江西省为例》，经济科学出版社 2010 年版。

柳欣：《经济学与中国经济》，人民出版社 2006 年版。

陆军：《城市外部空间运动与区域经济》，中国城市出版社 2001 年版。

马春辉：《中国城市化问题论纲》，社会科学文献出版社 2008 年版。

《马克思恩格斯全集》（第 2 卷），中央编译局译，人民出版社 1957 年版、
　　2012 年版。

马克垚：《世界文明史》，北京大学出版社 2004 年版，2016 年 1 月第
　　2 版。

马林靖：《快速城市化进程中来自新市民的声音：天津宅基地换房农民的
　　就业与生活考察》，南开大学出版社 2012 年版。

马先标：《城市应向高层次人才敞开户籍大门》，《中华工商时报》2018 年
　　5 月 29 日。

马先标：《城镇化稳健快速发展的战略模式构建：一个制度分析范式下的
　　解读》，《社会科学战线》2009 年第 11 期。

马先标等：《五大着力点浅议和谐的中国经济体构建》，《国民经济管理》
　　2007 年第 3 期。

马先标：《调节双顺差实现经济内外均衡》，《中国证券报》2007 年 6 月
　　4 日。

马先标：《解读中国房改》，清华大学出版社 2017 年版。

马先标：《两房协调的新住房体制构建问题探讨》，《经济社会体制比较》
　　2013 年第 4 期。

马先标：《十大理念影响经济安全运行》，《中国产经新闻》2006 年 8 月
　　24 日，A3 版。

马先标：《我国农地金融发展模式问题再探讨》，《中国社会科学（内部文
　　稿）》2016 年第 5 期。

马先标:《准公共住宅解决住房难》,《中国产经新闻》2007 年 3 月 29 日。

[美] R. 科斯、A. 阿尔钦、D. 诺斯:《财产权利与制度变迁》,上海三联书店 1994 年版。

[美] 阿瑟·奥沙利文:《城市经济学》,周京奎译,北京大学出版社 2015 年版。

[美] 阿瑟·刘易斯:《二元经济论》,施炜等译,北京经济学院出版社 1989 年版。

[美] 爱德温·S. 米尔斯主编:《区域和城市经济学手册》第 2 卷,郝寿义等译,经济科学出版社 2003 年版。

[美] 保罗·诺克斯、琳达·迈克卡西:《城市化》,顾朝林、汤培源、杨兴柱译,科学出版社 2009 年版。

[美] 布赖恩·贝利:《比较城市化》,顾朝林等译,商务印书馆 2010 年版。

[美] 丹尼思·迪帕斯奎尔,威廉·C. 惠顿:《城市经济学与房地产市场》,龙奋杰等译,经济科学出版社 2002 年版。

[美] 劳伦斯·A. 克雷明:《美国教育史:城市化时期的历程(1876~1980)》,北京师范大学出版社 2002 年版。

[美] 迈克尔·P. 托达罗:《经济发展与第三世界》,印金强、赵荣美等译,中国经济出版社 1992 年 3 月第 1 版。

[美] 西蒙·库兹涅茨:《现代经济增长:速度、结构与扩展》,戴睿、易诚译,北京经济学院出版社 1989 年 5 月版。

[美] 约瑟夫·E. 斯蒂格利茨:《社会主义向何处去:经济体制转型的理论与证据》,周立群、韩亮、余文波译,吉林人民出版社 2011 年版。

孟昕、白兰生:《结构变动:中国农村劳动力的转移》,浙江人民出版社 1988 年版。

倪鹏飞:《城市化进程中低收入居民住区发展模式探索:中国辽宁棚户区改造的经验》,社会科学文献出版社 2012 年版。

逄锦聚:《宏观调控新论》,湖南人民出版社 2000 年 10 月第 1 版

逄锦聚、洪银兴、林岗、刘伟:《政治经济学》,高等教育出版社 2014 年 7 月版。

彭有祥:《我国城镇化进程中的战略选择》,《经济问题探索》2005 年第

10 期。

钱纳里等:《工业化和经济增长的比较研究》,吴奇等译,三联书店上海
　　分店,1989 年 2 月。

饶会林:《城市经济学》,东北财经大学出版社 1999 年第 1 版。

[日] 加藤弘之、吴柏均主编:《城市化与区域经济发展研究》,华东理工
　　大学出版社 2011 年版。

汝信主编:《城市化:苏南现代化的新实践》,中国社会科学出版社 2001
　　年版。

史全生主编:《台湾经济发展的历史与现状》,东南大学出版社 1992 年版。

史艺军、马桂萍:《城市化与中国共产党执政能力建设研究》,辽宁人民
　　出版社 2005 年版。

苏东海、杨永芳:《城市化进程中民族地区失地妇女发展问题研究——以
　　宁夏银川市为例》,《西北人口》2008 年第 2 期。

苏泽群:《农村城市化的可持续发展》,中国经济出版社 2000 年版。

孙平:《走出城市化制度困境》,测绘出版社、中国地图出版社 2012 年版。

覃东海:《双顺差是福是祸》,《中国经营报》2006 年 1 月 9 日 A11 版。

唐磊、鲁哲主编:《海外学者视野中的中国城市化问题》,中国社会科学
　　出版社 2013 年版。

唐茂华:《中国不完全城市化问题研究》,经济科学出版社 2009 年版。

天津市统计局:《天津统计年鉴》,中国统计出版社 2005 年版。

天津市统计局:《天津统计年鉴》,中国统计出版社 2006 年版。

王春艳:《美国城市化的历史、特征及启示》,《城市问题》2007 年第
　　6 期。

王放:《中国城市化与可持续发展》,科学出版社 2000 年版。

王诺、白景涛:《世界老港城市化改造发展研究》,人民交通出版社 2004
　　年版。

王维锋:《国外城市化理论简介》,《城市问题》1989 年第 1 期。

王小侠:《近代美国城市化动因初探》,《城市》1996 年第 4 期。

王晓鲁,夏小林:《优化城市规模推动经济增长》,《经济研究》1999 年第
　　9 期。

王新娜:《外商直接投资影响下中国城市化发展研究》,中国财富出版社

2012 年版。

王旭、黄柯可主编：《城市社会的变迁：中美城市化及其比较》，中国社会科学出版社 1998 年版。

王旭：《美国城市发展模式：从城市化到大都市区化》，清华大学出版社 2006 年 2 月第 1 版。

王旭：《美国城市化的历史解读》，岳麓书社 2003 年版。

王旭：《美国城市史》，中国社会科学出版社 2000 年版。

王章辉、黄柯可主编：《欧美农村劳动力的转移与城市化》，社会科学文献出版社 1999 年版。

王振海等：《城市化与市民公共利益保护》，中国海洋大学出版社 2005 年版。

邬沧萍等：《世界人口》，中国人民大学出版社 1983 年版。

吴良镛：《城市地区理论与中国沿海城市密集地区发展》，《城市发展研究》2003 年第 2 期。

伍晓鹰：《人口城市化：历史、现实和选择》，《经济研究》1986 年第 11 期。

《习近平总书记系列重要讲话读本》，学习出版社、人民出版社 2014 年版，2016 年版。

谢文惠、邓卫：《城市经济学》，清华大学出版社 2008 年版。

新玉言主编：《国外城镇化：比较研究与经验启示》，国家行政学院出版社 2013 年版。

徐和平：《经济发展中的大国城市化模式比较研究》，人民出版社 2011 年版。

徐绍史、胡祖才：《国家新型城镇化报告：2015》，中国计划出版社 2016 年 3 月第 1 版。

徐绍史：《坚定不移走中国特色新型城镇化道路》，《中国经贸导刊》2014 年第 10 期。

许学强、伍宗唐、梁志强：《中国小市镇的发展》，中山大学出版社 1987 年版。

许学强，朱剑如：《现代城市地理学》，中国建筑工业出版社 1988 年版。

杨敬年：《西方发展经济学概论》，天津人民出版社 1988 年版。

杨立勋：《城市化与城市发展战略》，广东高等教育出版社 1999 年版。

杨永恒：《完善我国发展规划编制体制的建议》，《行政管理改革》2014 年第 1 期。

杨治、杜朝晖：《经济结构的进化与城镇化》，《中国人民大学学报》2000 年第 6 期。

杨重光、刘维新：《社会主义城市经济学》，中国财政经济出版社 1986 年版。

姚士谋、陈振光、朱英明：《中国城市群》，中国科学技术大学出版社 2006 年版。

姚士谋等：《中国城市群新论》，科学出版社 2016 年版。

姚为群：《全球城市的经济成因》，上海人民出版社 2003 年版。

叶舜赞主编：《城市化与城市体系》，科学出版社 1994 年版。

易纲：《中国的货币化进程》，商务印书馆 2003 年版。

［英］K. J. 巴顿：《城市经济学：理论和政策》，上海社会科学院部门经济研究所城市经济研究室译，商务印书馆 1984 年版。

［英］保罗·贝尔琴、戴维·艾萨克、吉恩·陈：《全球视角中的城市经济》，刘书瀚等译，吉林人民出版社 2011 年版。

［英］亚当·斯密：《国富论》，杨敬年译，陕西人民出版社 2011 年版。

于光远：《经济大辞典》，上海辞书出版社 1992 年版、2000 年版。

于小琴：《俄罗斯城市化问题研究》，黑龙江大学出版社 2015 年版。

余永定、覃东海：《中国的双顺差：性质、根源和解决方法》，《世界经济》2006 年第 3 期。

原新、唐晓平：《都市圈化：一种新型的中国城镇化战略》，《中国人口资源与环境》，2006 年第 4 期。

曾哲：《中国城市化研究的宪政之维》，武汉大学出版社 2007 年版。

张敦富：《城市经济学原理》，中国轻工业出版社 2005 年版。

张广翔：《18—19 世纪俄国城市化研究》，吉林人民出版社 2006 年版。

张培刚：《农业与工业化》，华中工学院出版社 1984 年版，中国人民大学出版社 2014 年版。

张庭伟：《当代美国城市化的动力及经验教训》，《城市规划学刊》2013 年第 4 期。

张庭伟:《对城市化发展动力的探讨》,《城市规划》1983 年第 5 期。

张新华主编:《中国共产党推进新中国城市化的历史进程及其基本经验研究》,中共党史出版社 2014 年版。

张卓元:《政治经济学大辞典》,经济科学出版社 1998 年版。

赵光瑞:《日本城市化模式与中国的选择》,中国书籍出版社 2007 年版。

赵苑达主编:《城市化与区域经济协调发展》,中国社会科学出版社 2003 年版。

郑秉文主编:《拉丁美洲城市化:经验与教训》,当代世界出版社 2011 年版。

《中共中央关于制定国民经济和社会发展第十三个五年规划的建议(辅导读本)》,人民出版社 2015 年版。

中共中央、国务院:《国家新型城镇化规划(2014—2020 年)》第五章,2014 年。

中共中央:《中共中央关于制定国民经济和社会发展第十一个五年规划的建议》2005 年 10 月 11 日。

周干峙:《论城市化》,中国建筑工业出版社 2011 年版。

周宪文:《台湾经济史》,台湾开明书店 1980 年版。

周一星、于艇:《对我国城市发展方针的讨论》,《城市规划》1988 年第 3 期。

朱和平:《略论古代城市经济的兴衰与政治因素的关系》,《经济社会体制比较》1996 年第 2 期。

朱林兴主编:《中国社会主义城市经济学》,上海社会科学院出版社 1986 年版。

跋　　一

　　本书的主要命题——中国城镇化稳健快速发展，是有特定含义的，它是从回顾世界城镇化发展历程，并结合当前世界城镇化发展阶段、中国城镇化历史和现状，以及其他国际国内背景而提出的城镇化发展模式。中国城镇化稳健快速发展，也与国民经济又好又快发展、平稳较快发展，以及城乡协调发展的总体战略模式相契合。在实现上述目标的基础上，中国城镇化稳健快速发展，有利于促进整个经济社会的协调发展，进而促进小康社会全面建成乃至实现整个国家的现代化。

　　具体地讲，主命题的特定含义来自"城镇化发展""快速"和"稳健"三个有机联系的基本术语：（1）"城镇化发展"的含义主要体现在：当前我国的城镇化虽然已进入加速期，近年来的常住人口城镇化率也超过50%，但是户籍人口城镇化率不高，滞后于世界平均水平，半城镇化现象严重，城镇化发展质量不高，因而，需要充分发挥政府调控的有效引导作用，并与市场机制各司其职、相互协调，由此共同推动户籍城镇化以较快的速度实现，与此同时，努力提升城镇化的发展质量，而不是单纯依赖市场力，走自然而然演进式的城镇化道路，这是"发展"一词的要义。（2）"快速发展"这一组合术语中的"快速"一词，其含义则体现为：其一，城镇化率超过30%以后，城镇化自身的发展速度一般会加快，也即进入加速期；其二，城镇化的"快速"也源于上述政府调控体系依法、科学而有效地着力"发展"，由此推动城镇化率逐年增加。（3）至于"中国城镇化稳健快速发展"中的"稳健"一词，其含义则主要体现为三个方面：首先是指城镇化的速度需要加快，但是又要适度，避免一味地"赶速度"而造成"大跃进式的城镇化"等不利局面；其次，正如本书有关章节分析的那样，即使中国在2030年前后实现城镇化，也即城镇化率达到70%，农村仍有4.35亿左右的庞大人口，所以，包括乡村振兴等新农村建设问题，仍是国家经济社会发展的重要方面，因而，城镇化的发展要建立在统筹城乡发展、推动城乡区域共同进步的基础上，即有利于实现城镇化与新农村建设的双重优化，而不是在城镇化快速发展的同时，忽视新农村建设的重要性，这是在我国城镇化发展的过程中，其必须具备的稳健性的第二层含义；再者，要保证城镇化健康有序的发展，需要政府调控部门制定一系列依法科学的顶层规划、战略规划，以及操作层面正确的、积极的制度体系，或政策体系，特别是要为解决好转移农户在进城后的就业、保障性住房与基本生活补贴的问题，构筑转移农户社会保障安全网，以避免先前城镇化进程中出现的贫困城镇化、逆城镇化和不彻底的城镇化等种种不和谐的城镇化现象。(4) 既要稳健，又要快速发展中国城镇化，这首先是政府在城镇化发展战略实施层面所应坚持的总原则，也是从国情和世情出发，实现我国城镇化所采取的速度和节奏，而其总体的发展目标，在质性上应总体表现为持续健康发展，在外延上需扩展到促进城乡共同进步或城乡统筹发展。(5) 中国城镇化稳健快速发展与积极稳妥推进中国城镇化具有一致性。正如本书中所述，在发达国家早已实现城市化、部分发展中国家城镇化发展进程也领先于中国的全球城市化大背景下，中国城镇化需要不断地快速发展，这是政府体系和决策层需要"积极"有为的一面；与此同时，在我国城镇化发展进程中，转移人口数量极其庞大与社会安定和谐的特殊要求，又使得我们必须稳健发展城镇化，此为政府体系和决策层需要"稳妥"有为的另一面。当然，检验政府体系和决策层能否正确用好公共性的调控力，并与市场机制的"另一只手"各司其职，相互协调，共同推动城镇化取得好的成效，最终又落脚到健康发展这一总体的质性目标上。由此可见，稳健快速发展城镇化与积极稳妥推进城镇化，在本质上是一致的，细微的差别在于，前一个战略方针、战略原则凸显城镇化的速度要加快，提醒我们身处发达国家高度城市化的城市体系和全球城市化的"包围圈"中，应始终怀有"尖兵跑得快、追兵逼得紧、发展慢也是落后"的紧迫感，在已经认识到城镇化对实现农业现代化、工业化、信息化的综合载体效应，及其对促进城乡统筹发展和实现现代化的重要意义后，亟须加快制定发展规划、发展战略和具体的制度体系，全力推动我国城镇化健康发展。显然，真正的健康发展必然包括可持续的元素，换句话说，这里的城镇化健康发展是持续健康发展之意，我们正是要"站在世界看中国"，在对世情和国情综合体察之基础上，紧密结合国情，走中国特色新型城镇化道路，即坚定地从旧的"重物轻人""政市失调"的不健康城镇化老路中走出来，步入"以人为核心""政市协调"的新型城镇化道路，以促进中国城镇化稳健快速发展。

为呼应并服务于这个主题，本书是从货币供给扩大下的制度安排这个视角，围绕中国城镇化如何稳健快速发展的大命题，来阐明如下两方面递进的逻辑内涵：首先，除了其他内生、外生的条件外，中国城镇化稳健快速发展这一命题的破解建立在充裕资金的支持，即货币供给扩大的基础上。正如发展经济学理论的经典论断：发展中国家要获得发展，最紧缺的就是资本、资金，而作为国家经济社会现代化实现的必由路径，城镇化的发展也是这样。因而，要推动庞大的农户顺利地转移进城，保证城镇化较快而稳健地发展，一个根本的前提就是要通过多元化的渠道扩大货币供给，以支持城镇化充分展开。其次，有了货币供给扩大的前提条件后，应围绕货币供给扩大而构建科学有效的制度体系，特别是设计可操作的制度安排体系，将扩大的货币供给投向转移农户就业、保障房和生活补贴发放等基本生活保障的关键领域，推动城镇化进入稳健、快速的轨道。与此同时，这自然就会规避半城镇化、贫困的城镇化、逆城镇化等种种不和谐的城镇化现象。毫无疑问，扩大货币供给并不意味着主要依靠逐年增发货币，关于这一点，书中有详细的阐述和论证。

需要提及的是，本专著是基于作者早期的博士论文，并根据此后十余年来中外城镇化理论与实践的发展情况，结合自己这些年来在我国东中西部的教学科研、政策探讨的体会，不断思考，修改和完善而成。正如本书内容所示，近几年来国家和地方城镇化的有关新政策，在我原有的博士论文中可以找到大致的"对应物"。当然，不排除在比我还早的正规文献中，也能找寻出近几年来国家和地方城镇化有关新政策的某些"对应物"。在导师的启示下，我也较早赞成中国应该重视城镇化战略的实施与推动，这在 21 世纪初"农本"地位高，新农村战略一呼百应且如火如荼，而城镇化快速发展战略少有人问津的氛围下，似乎显得"与众不同"或"思维独特"。不过，自 2014 年国家制定新型城镇化战略以来，目前城镇化对中国现代化的战略意义，对经济社会持续健康发展的战略意义，都已经为绝大多数有识之士所认同。基于这一理论和政策的艰辛探索过程，为保持曾经的理论和政策创新的记忆痕迹，本书在对我国城镇化发展进程中的总产出与总投入进行测算时，所选择的基期年度，仍然主要基于博士论文撰写阶段的 2006 年，而不是本书付梓的 2019 年。进一步需指出的是，模型分析的思路和基本结论，应该不会由于该基期年度选择的不同，而有根本性的变化。并且，该书早期撰写时提出的像城镇化进程中目标城市的准入门槛政策、人口转移入城的规范化严格管理政策等，都在附录中的"国家新型城镇化规划与相关政策"内容中出现。

跋　二

　　我对城镇化这个概念的认识，最初是从对农民工进城这个现象的观察开始的。正如托达罗在《经济发展与第三世界》中所描述的那样，在发展中国家的大城市，盲目进城的农民往往在相当长的时间内，只能以失业或就业严重不足的状态徘徊在城市的边缘，难以真正融入城市社会。一方面，庞大的农民因城市高昂的生活成本，而被迫继续滞留在零散细碎的农村土地上，农业机械化规模经营无法充分展开，农民收入难以有效地提高；另一方面，农户转移的步履蹒跚所导致的城镇化缓慢而不彻底，又直接造成了中国内需仍显不足，进而阻碍了城市经济的发展与城市繁荣。如何推动庞大的农村富余人口转移进城，通过城镇化的稳健快速发展，以实现城市与乡村的共同繁荣？

　　在导师柳欣教授的指导下，我对此进行了研究。研究中发现了一些看似简单却非常复杂的难题，这可能是由于城镇化问题涉及多门学科，加上中国国情的特殊性，使得农户转移，而不是单个劳动力的转移这个兼具经济性、社会性的问题，更难找到适宜的制度安排与解决措施。也正是这种艰难，促使我连续不断地思考，翻阅多个学科的文献，利用自己儿时在农村的生活经历、20 世纪 90 年代中期在农村扶贫的直接经验，以及曾经在公共部门实践的体会，反复检验阶段性政策与结论。导师的鼓励和支持，同学间的交流，使我慢慢地找到了积极稳健地推动农户转移进城的相关政策措施与系列制度安排。

　　通过研究，我深刻地体会到，一些主流经济学家的所谓的城市化自由演进政策主张，可能并不适合当下中国的发展情境。世界城市化的滚滚车轮，已经使得中国不可能再走一条上百年的城镇化自然演进式的完成之路；与此同时，我惊讶地发现，西方著名的城市经济学家中，赞成中国城镇化应该快速发展的占多数，而且还结合发达国家城镇化中的经验和拉美国家过度城镇化中的教训，提醒发展中国家的城市政府应高度重视给转移进城的农户提供"公共住房""保护性就业""大公交战略管理体系"等公共产品，在城镇化率达到30%以后的加速阶段后，尤其应该如此。中国在新世纪进入城镇化加速期后，城市体系，特别是大城市频频出现的"房困""首堵"等现象印证了这一点。

通过研究，我还感到的另一个惊讶之处是，西方市场经济国家在重视政府调控的力度上，往往不是停留在对"看不见的手"的崇拜上，所不同的是，政府的调控与制度安排，应该建立在依法与科学规划的基础上，这对已经展开并正在积极向前的城镇化快速发展过程中的政府调控体系，无疑提出了"硬约束"：不应把城镇化过程理解为仅仅是盖房子、修道路，而反复拆建房屋与反复开挖道路的行为，则应该受到有效的约束和治理。

感谢导师对论文的悉心指导。城镇化过程的经济性、社会性，城镇化理论本身的多学科挑战性和城镇化实践的极端复杂性，使得本书的理论阐述和政策体系建构，肯定存在疏漏和不当之处，恳请专家和同人不吝指教。而这个问题的战略意义和趣味性，激励着我在今后的岁月中，继续对此展开研究。

忆往昔，在南开大学攻读博士学位期间，我有幸多次聆听经济学院谷书堂、熊性美和朱光华等老先生，以及逢锦聚、陈宗胜、周立群、蒋殿春等老师的课程或讲座，收益良多。

忆往昔，在南开大学周恩来政府管理学院做博士后期间，我的导师朱光磊老师所开设的讲座，以及《当代中国政府过程》等课程，使我从中受到很大的启发，从而促进我更全面地认识了城镇化的社会性或公共性，以及政府调控部门依法与科学执政的重要性。给过我指导和帮助的老师很多，恕我不能一一列出。

感谢师兄郭金星、师姐王璐。感谢南开大学的魏占宁老师、王霞老师、索海军老师、邢丽芳老师、杜婴老师、蓝海等老师，经研所博士同班的张庆宝、孙波、祝茂、于化龙、曹静、吴老二、秦海林、邹卫星、霍焰、管晓铭、张庆、万举等同学，经济学院博士薄文广、倪学志、林孔团、焦未然、燕安和周恩来政府管理学院的高飞博士等。

在本书即将出版之际，要感谢我攻读硕士时的导师——东南大学交通运输学院刘松玉老师，他的治学精神对我影响也很大；此外，东南大学交通运输学院李峻利老师的《运输经济学》课程，给了我研究城镇化问题的"交通视角"。

我在天津、江苏、浙江、江西、贵州等中国的东中西部省市工作、学习和生活的这些年，许多朋友在本书撰写和成果形成过程中，给予了多种形式的调研支持、观点启示和学术鼓励。一些机关、企事业单位的领导与同志，对我完成学业也给予了无私的关心和帮助，只是由于一些缘故不便列出名字，在此默默地道谢。

衷心感谢中国社会科学出版社的编辑张林老师和冯斌老师，正是由于他们热情而耐心的指导帮助，才使得本书在经历一段较长的修改期后，最终仍能付梓面世。国家发改委、香港中文大学、北京大学、清华大学、复旦大学、中国人民大学、南昌大学、贵州大学的师生和朋友，对我研究城镇化问题给予一些帮助和启示；贵州大学经济学院研究生王曦、河南大学经济学院研究生陈超然等，承担了本书一些文字校对、文献资料收集、检查核实等工作，在此表示感谢。

特别要感谢年岁已高的父母的培育之恩，并请他们在天之灵宽恕理解我读博期间不能经常回去尽孝心的实际困难；特别感谢我的哥哥姐姐在学习、生活等各方面，给予我的长期支持和关爱。感谢像兄弟姐妹一样的我的师兄弟、师姐妹，以及我曾经朝夕相处的同事和朋友。

最后，我也要感谢窗外的小鸟和葱茏的白杨树，在我伏案劳顿之时，清甜的啁啾激活了我的创作能力，在我眼涩疲倦时，浓密的绿叶像阵阵微风轻轻地拂过我的眼睛。在新型城镇化稳健快速发展的咚咚脚步声中，在大都市圈的广袤空间中展开的城镇化与新农村共同发展的美好前景中，会使我与你们之间的"对话"更加从容不迫。

马先标

2019 年 4 月